COLLECTION DE TEXTES
POUR SERVIR A L'ÉTUDE ET A L'ENSEIGNEMENT DE

HISTOIRE DU MEURTRE
DE
CHARLES LE BON
COMTE DE FLANDRE
(1127-1128)
PAR
GALBERT DE BRUGES
SUIVIE DE
POÉSIES LATINES CONTEMPORAINES
Publiées d'après les Manuscrits

AVEC UNE INTRODUCTION ET DES NOTES
PAR
HENRI PIRENNE
Professeur à l'Université de Gand.

PARIS
ALPHONSE PICARD, ÉDITEUR
Libraire des Archives nationales et de la Société de l'École des Chartes
82, Rue Bonaparte, 82

1891

HISTOIRE DU MEURTRE

DE

CHARLES LE BON

MACON, PROTAT FRÈRES, IMPRIMEURS

COLLECTION DE TEXTES
POUR SERVIR A L'ÉTUDE ET A L'ENSEIGNEMENT DE L'HISTOIRE

HISTOIRE DU MEURTRE
DE
CHARLES LE BON
COMTE DE FLANDRE
(1127-1128)
PAR
GALBERT DE BRUGES
SUIVIE DE
POÉSIES LATINES CONTEMPORAINES
Publiées d'après les Manuscrits
AVEC UNE INTRODUCTION ET DES NOTES
PAR
HENRI PIRENNE
Professeur à l'Université de Gand.

PARIS
ALPHONSE PICARD, ÉDITEUR
Libraire des Archives nationales et de la Société de l'École des Chartes
82, RUE BONAPARTE, 82

1891

PRÉFACE

I

Peu d'évènements ont fait autant de bruit en leur temps que l'assassinat à Bruges du comte de Flandre Charles le Bon, le 2 mars 1127. Des annales en très grand nombre le mentionnent, et il est l'objet de plusieurs poèmes contemporains. Suger[1], Herman de Tournai[2], l'auteur de la translation de saint Jonatus[3], et ceux des miracles de sainte Rictrude[4] lui ont chacun consacré de longs développements. Enfin, nous en possédons trois relations détaillées. La première est due au Brugeois Galbert, la seconde a été écrite par Walter ou Gauthier, archidiacre de Térouanne[5],

---

1. Vie de Louis VI, éd. Molinier, p. 110 et suiv.
2. *Historia restaurationis S. Martini Tornacensis*, éd. Waitz, *Mon. Germ. hist. Script.*, XIV, p. 284, sqq.
3. Ed. Sackur, *Neues Archiv der Gesellschaft für ältere deutsche Geschichtskunde*, XV, p. 448 et suiv.
4. *Acta Sanctorum Boll.* Mai, III, p. 88 et suiv., et 117 et suiv.
5. *Vita Karoli, comitis Flandriae*, éd. Köpke, *Mon. Germ. hist., Script.*, XII, p. 537 et suiv. Cette vie a été écrite sur l'ordre de l'évêque Jean de Térouanne, probablement dès l'année 1127. Le *Catalogus van de provinciale bibliotheek van Zeeland* (nieuwe uitgaf), Middelburg, 1863, en mentionne (p. 156) un manuscrit du xiii° siècle qui a échappé à Köpke. — La chronique dite de Baudoin d'Avesnes (*Mon. Germ.*

la troisième est l'œuvre d'un anonyme qui vivait sans doute au xiiie siècle[1].

Parmi tous ces auteurs, Galbert l'emporte de loin pour l'importance et pour l'intérêt.

Ce que l'on peut savoir de sa biographie se réduit malheureusement à presque rien. Il était certainement Brugeois, comme le prouvent les nombreux passages où il appelle Bruges sa ville (*urbs nostra*) et les Brugeois ses concitoyens (*cives, burgenses nostri*[2]). Une phrase du § 114 nous apprend qu'il était prêtre[3]. Peut-être faut-il l'identifier avec un diacre Walbertus mentionné par une charte de 1101[4]; peut-être aussi est-ce son nom qui, sous la forme *Gualbertus*, figure avec ceux d'autres ecclésiastiques brugeois aux souscriptions de deux actes, l'un de

---

hist. Script., XXV, pp. 441-443) contient, à la suite d'une traduction française de la *Vita Karoli*, le texte d'une enquête sur les meurtriers de Charles, également traduite en français. On peut croire avec Heller son éditeur, que cette enquête formait originairement la fin du récit de Walter. Quoi qu'il en soit, le texte en est fort précieux : il est cité fréquemment dans les notes de la présente édition.

1. *Passio Karoli comitis auctore anonymo*, éd. Köpke, *Mon. Germ. hist., Script.*, XII, p. 619 et suiv. Ce texte fourmille d'inexactitudes. Il est impossible de déterminer exactement et la nationalité de l'auteur et l'époque à laquelle il a écrit. Il commet des erreurs si grossières en parlant des comtes de Flandre qu'il est difficile d'admettre qu'il ait été Flamand. Il était probablement Danois. C'est à Copenhague qu'a été donnée la première édition de ce texte en 1602. Le seul manuscrit connu au siècle dernier se trouvait dans la même ville : il a péri depuis dans un incendie.

2. Voy. surtout § 120, *nos Brudgenses*.

3. ...*Nos quidem, contra preceptum metropolitani nostri et episcopi nostri, divinum officium peragebamus mortuosque in bello tumulabamus in sanctis atriis et Willelmum et fautores ejus ex nomine anathemate percussimus.*

4. Miræus-Foppens, *Opera diplomatica*, II, p. 114.

l'évêque de Noyon, en 1105 [1], l'autre de l'évêque d'Utrecht, en 1116 [2]. Quoi qu'il en soit, la connaissance très exacte que Galbert possède des moindres particularités de la collégiale de Saint-Donatien permet de croire qu'il faisait partie du clergé de cette église. Toutefois, il n'a pas dû appartenir au chapitre. Dans aucun des nombreux passages où il parle des chanoines de Saint-Donatien, on ne surprend, en effet, un seul mot autorisant à penser qu'il ait été leur collègue.

Galbert a connu personnellement Charles le Bon [3]. L'enthousiasme qu'il manifeste d'ailleurs pour ce prince et la sincérité de son désespoir après sa mort, prouvent qu'il devait exister entre eux des rapports très étroits. Galbert a été aussi dévoué à son maître Charles que l'excellent Gislebert de Mons devait l'être un peu plus tard à son maître Baudouin V de Hainaut. Et cela s'explique facilement quand on sait que, comme Gislebert, Galbert a été notaire, c'est-à-dire employé dans la chancellerie comtale.

Ce nom de notaire, en effet, ne doit pas nous faire tomber ici dans l'erreur commise par les Bollandistes [4]. Les notaires de Flandre, au XIIe siècle, étaient

---

1. Miraeus-Foppens, *Opera diplomatica*, I, p. 272.
2. *Ibid.*, II, p. 961. La forme *Gualbertus* doit s'être trouvée aussi dans des manuscrits. Duchesne, qui a le premier publié des fragments de l'Histoire du meurtre de Charles le Bon, d'après un manuscrit perdu, dit qu'ils sont extraits de « *Gualbert, notaire de Bruges* ».
3. ...*Sicut in comitatu sedens saepe retulit*, § 12.
4. Les Bollandistes disent que Galbert a été *urbis suae publicus notarius*. Tous les auteurs postérieurs ont commis la même erreur. Dans la traduction française de l'histoire du meurtre de Charles le Bon imprimée au t. VIII de la *Collection des mémoires sur l'histoire*

fort loin de ressembler aux notaires de la fin du moyen-âge et de l'époque moderne. C'étaient des fonctionnaires du comte chargés de jouer le rôle de greffiers auprès des tribunaux, de tenir note des revenus du domaine et sans doute aussi de servir de scribes dans la chancellerie. Des chartes assez nombreuses nous font connaître l'existence de ces notaires à Bruges, à Gand, à Furnes, à Aire, etc. On voit par un passage de notre auteur que certains d'entre eux jouissaient d'un grand crédit auprès du comte et vivaient dans sa familiarité[1]. Peut-être Galbert a-t-il été du nombre de ces privilégiés. En tout cas, ses fonctions devaient l'appeler souvent auprès de Charles le Bon, et l'on comprend ainsi qu'il ait été à même de le bien connaître

Il est vrai que Köpke, le dernier éditeur de Galbert, a cru qu'il n'y avait aucune raison de lui donner le titre de notaire[2]. Mais les deux manuscrits d'après lesquels a été faite la présente édition ne peuvent laisser subsister aucun doute sur la question. Non seulement Galbert y est, au titre, appelé notaire de Bruges (*notarius Brudgensis*), mais lui-même, au § 35, s'y donne formellement cette qualité. D'ailleurs, quand bien même on ne saurait pas quelles fonctions Galbert a exercées, on pourrait assez aisément les

---

de France de Guizot, Galbert est appelé syndic de Bruges. M. Wauters (article Gualbert, dans la *Biographie nationale* publiée par l'Académie royale de Belgique) ne veut pas que Galbert ait été notaire, parce qu'il n'existait pas encore de notaires (publics) en Flandre au XIIe siècle.

1. §§ 18, 112.
2. *Mon. Germ. hist., Script.*, XII, p. 533.

deviner. Le luxe de notations chronologiques qu'il étale complaisamment, le soin qu'il a d'intercaler dans son récit des actes officiels, la connaissance approfondie du droit et des institutions judiciaires de son temps dont il fait preuve, trahissent une personne versée dans les usages de la chancellerie et de l'administration[1]. On peut voir, en outre, dans une phrase du § 2, une allusion aux occupations de l'auteur auprès des tribunaux[2]. Enfin, quelques mots du § 6 permettent de croire que Galbert, en sa qualité de notaire, avait fait partie d'ambassades envoyées par les comtes de Flandre aux princes voisins[3].

Galbert devait avoir un âge assez avancé déjà quand il entreprit, en 1127, la rédaction de son histoire du meurtre de Charles le Bon. Il parle en effet des anciens chanoines de Saint-Donatien et du prévôt Letbert expulsé par Bertulf vers 1091[4], comme quelqu'un qui les a connus et fréquentés. Ailleurs, il nous apprend qu'il a vécu sous les règnes de plusieurs rois et empereurs[5]. Enfin, on pourrait encore alléguer, pour prouver son grand âge, qu'il compte

---

1. Aussi l'*Histoire littéraire de la France*, XI, p. 141, fait-elle de Galbert un « homme d'état ». M. Wauters (article cité.) pense qu'il faut voir en lui « un clerc attaché à l'échevinage ».

2. *Unde qui statum pacis et placitorum injurias notabant, futurae fumis et mortis periculum minabantur universis.*

3. *Cum multos vidimus imperatores, reges, duces ac consulares viros.* Cette supposition est d'autant plus légitime que nous savons que Gislebert de Mons, notaire de Baudouin V de Hainaut, fut fréquemment envoyé en ambassade par son maître.

4. Voy. p. 91, n. 2.

5. Voy. le texte cité n. 3.

les années à partir de Noël et non à partir de Pâques[1]. Ce dernier usage étant devenu presque général en Flandre au cours du xii° siècle[2], le fait qu'on ne le trouve pas chez Galbert permet de croire que notre auteur a dû naître assez avant dans le xi° siècle. Galbert est mort probablement très peu de temps après avoir écrit le dernier chapitre de son récit. Cet ouvrage contient, en effet, des contradictions et des incorrections si visibles, qu'il est difficile d'admettre que l'écrivain ne se fût pas cru obligé de les faire disparaître si le temps lui en avait été laissé.

Le récit de Galbert présente un caractère bien rare dans l'historiographie du moyen-âge : c'est un journal. Il a été écrit d'après des notes prises jour par jour, au fur et à mesure que se déroulaient les évènements. Comme il nous l'apprend, Galbert consignait brièvement sur ses tablettes, « au milieu des périls et des combats, » tout ce qui arrivait à sa connaissance[3]. Puis, quand il en trouvait le loisir, il rédigeait quelques pages d'après les notes informes qu'il avait, à la hâte, jetées sur la cire. C'est cette rédaction faite ainsi, à intervalles irréguliers, que nous possédons. Dans son état actuel, le texte est quelque

---

1. Voy. p. 6, n. 5 et le commencement du § 15.
2. Wauters, *Table chronologique des chartes et diplômes imprimés concernant l'histoire de la Belgique*, I, p. LXII.
3. *Et notandum, quod in tanto tumultu rerum et tot domorum incendiis... et inter tot noctium pericula et tot dierum certamina, cum locum scribendi ego Galbertus notarius non haberem, summam rerum in tabulis notavi, donec, aliquando noctis vel diei expectata pace, ordinarem secundum rerum eventum descriptionem presentem et sic, secundum quod videtis et legitis, in arcto positus, fidelibus transcripsi* (§ 35).

chose d'intermédiaire entre des notes prises au jour le jour et une rédaction définitive. On peut remarquer aisément, en effet, que plusieurs chapitres, dans la forme où nous les possédons, ont été composés un peu postérieurement aux dates auxquelles ils se rapportent. Il en est ainsi, par exemple, du § 35 consacré au 17 mars et écrit après le 19 [1]; du § 61 relatif au 13 avril et écrit après le 4 mai [2]. La même observation s'applique aux §§ 21, 28, 29, 35, 46, 64, 85, etc [3]. Toutefois, sauf quelques exceptions dont je vais parler, l'époque de la rédaction n'est jamais postérieure que de quelques jours à la date des évènements qui en sont l'objet. Galbert n'a jamais attendu bien longtemps avant de reporter sur le parchemin ce qu'il avait noté sur la cire. Le § 30 (10 mars) a été écrit avant le 17 mars [4]; le § 80 (1er mai), avant le 7 mai [5]; le § 117 (11 juillet), avant le 25 juillet [6]. Il serait inutile de multiplier ces exemples. Le ton du récit prouve surabondamment qu'il est contemporain

---

1. Voy. p. 58, n. 1.
2. Voy. p. 100, n. 3.
3. Le lecteur s'apercevra facilement, par les allusions que ces §§ font à des évènements postérieurs, que la rédaction n'en est pas strictement contemporaine.
4. Voy. p. 52, n. 4.
5. Au § 80, Galbert ne connaît pas encore sur la mort de Borsiard certains détails qu'il donne au § 84. Voir aussi dans ce même § les détails supplémentaires sur la mort d'Isaac rapportée antérieurement.
6. Cf. dans les §§ 117 et 118 les détails relatifs à Walterus Pennatum-Mendacium. — Il est aisé de voir que la rédaction des §§ 19, 57, 76, 96, 109, 114, etc., a eu lieu sinon immédiatement, au moins très peu de temps après les évènements. En général, la rédaction de la dernière partie du récit suit les évènements de plus près que celle de la première.

et que l'auteur a écrit sous l'impression immédiate des évènements[1].

Il n'est pas probable que Galbert ait eu en vue un but bien précis quand il commença à prendre des notes. Témoin des évènements tragiques dont Bruges fut le théâtre après le meurtre de Charles le Bon, il en entreprit le récit sans savoir naturellement jusqu'où il serait entraîné. Après le châtiment des meurtriers et le rétablissement de la paix en Flandre (§ 85), il a considéré sa tâche comme terminée. C'est alors qu'il a rédigé les quatorze premiers chapitres de son livre, qui en forment à proprement parler la préface. Il y raconte, en partie d'après ses souvenirs personnels, en partie d'après des renseignements qu'il tenait du comte lui-même, quelques anecdotes servant à faire ressortir les vertus de Charles le Bon. Il y a joint l'exposé des évènements qui provoquèrent l'assassinat. Toute cette partie du récit trahit visiblement la date relativement tardive de sa rédaction. Dès le début, l'auteur rappelle les conditions déplorables dans lesquelles il s'est trouvé pour écrire et demande l'indulgence du lecteur[2]. Ce qui est plus clair encore, c'est qu'en terminant le § 14, il fait allusion au châtiment des assassins qui est raconté, dit-il, à la fin de l'ouvrage[3]. A l'époque où il rédigea cette préface,

---

1. Galbert a si bien pris ses notes au jour le jour qu'il lui arrive d'indiquer le temps qu'il fait au moment où il écrit. V. §§. 76, 94.

2. Voy. p. 2 : *Neque equidem locum et temporis opportunitatem, cum animum in hoc opere intenderem, habebam, quandoquidem noster locus eodem tempore sollicitabatur metu et angustia.*

3. *In hac passionis subscriptione consequenter inveniet lector distinctiones dierum et gestorum, quae in ipsis facta sunt diebus, usque ad vindictam subnotatam in fine opusculi.* (§ 14.)

Galbert intercala dans son texte certains chapitres contenant des détails sur Robert le Frison (§ 68 à 70) et sur les ancêtres des meurtriers (§ 71). Il ne peut exister nul doute là-dessus, puisqu'à la fin des §§ 70 et 71 l'auteur suppose déjà connu le supplice des meurtriers qui n'est relaté qu'au § 81 [1]. Les §§ 86 à 92, consacrés à quelques évènements des mois de septembre, d'octobre et de décembre 1127, constituent une sorte d'épilogue au récit. Galbert y a recueilli des renseignements relatifs à plusieurs des principaux acteurs du drame qu'il venait de raconter. Ces §§ ne forment pas la suite, mais bien le supplément d'un livre que son auteur, ainsi qu'il le dit dans sa préface, considère comme terminé.

Heureusement, Galbert ne devait pas tarder à reprendre la plume. Le repos momentané qui avait suivi l'avènement de Guillaume de Normandie ne dura pas. La conduite maladroite du nouveau comte, les intrigues du roi d'Angleterre qui soutint contre Guillaume les prétentions de Thierry d'Alsace, rallumèrent la guerre civile. Bruges fut de nouveau le théâtre d'évènements des plus importants. Aussi, depuis le mois de février 1128, Galbert recommença-t-il, comme il l'avait fait l'année précédente, à tenir jour par jour note des évènements. Il ne cessa plus d'écrire jusqu'au triomphe de Thierry d'Alsace sur son rival.

---

1. *Deus vindicavit consequenter in genere traditorum scilicet antiquam traditionem novis periculis, novo genere precipitationis.* (§ 70.) — *In hoc ergo gradu quarto punita est in successores suos antiqua precipitatio Boldranni nova ista precipitatione quae facta est ab propugnaculis camerae comitis in Brudgis.* (§ 71).

Dans son état actuel, le texte de Galbert se compose donc de trois parties écrites à des époques différentes :

1° §§ 15 à 67 ; 72 à 85, écrits pendant les mois de mars, avril et mai 1127 ;

2° §§ 1 à 14 ; 68 à 71 ; 86 à 92, écrits après le 22 mai 1127 et avant le mois de février 1128 ;

3° §§ 93[1] à 122, écrits pendant les mois de février à juillet 1128[2].

Galbert n'a pas eu le courage ou, plus probablement, n'a pas eu le temps de mettre la dernière main à son travail. Tel que nous l'avons conservé, son récit n'était certainement pas destiné à paraître devant le public. Cela est visible dès la préface. Celle-ci, en effet, ne s'applique pas à tout le récit, mais seulement à sa première partie. Elle n'a aucun rapport avec les chapitres postérieurs au § 92, puisque le lecteur y est prévenu que le livre se termine au châtiment des meurtriers du comte[3]. D'ailleurs, d'un bout à l'autre de l'œuvre du notaire de Bruges, il est visible que l'on n'a pas devant soi une

---

1. Le § 93, bien que relatif au 1er août 1127, appartient certainement à la troisième période de la rédaction. Les mots *Kal. augusti retro* par lesquels il commence, prouvent que Galbert l'a écrit en 1128. Il l'aura fait entrer dans son texte après avoir rédigé le § 94 (3 février 1128). Ce dernier, racontant l'insurrection des bourgeois de Saint-Omer contre Guillaume de Normandie, a tout naturellement amené dans le récit les détails que le § 93 donne sur une émeute antérieure, à Lille, contre le même prince.

2. Le § 122 doit avoir été écrit toutefois postérieurement au mois de juillet, car il a dû se passer quelque temps avant que Thierry d'Alsace ait été reconnu comme comte de Flandre par les rois de France et d'Angleterre.

3. Voy. p. VIII, n. 2.

rédaction définitive. Plusieurs évènements sont racontés deux fois [1]; d'autres, arrivés tardivement à la connaissance de l'auteur, sont placés longtemps après leur date et interrompent l'ordre chronologique du récit [2]. En beaucoup d'endroits on remarque des contradictions frappantes [3]. Ailleurs, un *notandum* introduit brusquement, au cours de la narration, des détails complémentaires. Enfin, après avoir annoncé au § 57 qu'il ne racontera pas la généalogie de Bertulf, Galbert l'expose tout au long au § 71.

S'il avait eu le temps de se relire, l'écrivain n'eût certainement pas laissé subsister dans son œuvre des imperfections aussi choquantes. Mais surtout, après la victoire de Thierry d'Alsace, il se serait sans doute cru obligé d'en faire disparaître certains passages compromettants. Car c'est un des caractères les plus

---

1. Par exemple : l'histoire du chevalier libre qui a épousé la nièce de Bertulf, §§ 7 et 25 ; le meurtre du châtelain de Bourbourg, §§ 16 et 17 ; l'arrestation des marchands par Guillaume d'Ypres, §§ 20 et 25 ; l'envoi de la lettre de Bertulf à l'évêque de Noyon, §§ 21 et 25 ; la mort d'Isaac, §§ 48 et 85 ; la mise en liberté de Guillaume d'Ypres, §§ 101 et 102. A la fin du § 61, Galbert répète ce qu'il a déjà raconté au commencement. Ces faits prouvent suffisamment qu'il est impossible d'admettre qu'il ait revu son ouvrage.

2. Le § 84, qui suit immédiatement le récit de faits qui se sont passés le 7 mai, contient des détails sur la mort d'Isaac, arrivée le 23 mars. Le même § contient des renseignements supplémentaires sur la mort de Borsiard racontée au § 60. Toute la partie du récit qui va de la 2e ligne de la p. 56 jusqu'à l'avant-dernière ligne de la p. 58, a été intercalée maladroitement au milieu de la description des échelles de siège construites par les Gantois. Il en est de même du § 90 qui coupe en deux le récit des §§ 89 et 91. Le § 93, relatif au 1er août, n'est pas à la place qu'il doit occuper suivant l'ordre chronologique de la narration.

3. Voir ce que Galbert dit de Didier, frère d'Isaac, aux §§ 29 et 92 ; de Baudoin d'Aloat, §§ 30 et 91 ; de Walter de Vlaedsloo, §§ 21 et 89 ; de Thancmar, §§ 9 et 113 ; du doyen Helias, §§ 61 et 83.

frappants de l'histoire du meurtre de Charles le Bon, que la versatilité politique, en quelque sorte inconsciente, qui s'y manifeste naïvement. Après le couronnement de Guillaume de Normandie, le nouveau comte est pour Galbert, sans conteste, le seul prince légitime [1]. Toutefois, il ne laisse pas de considérer pour cela les prétentions de Baudoin de Hainaut à la succession de Flandre comme parfaitement justes [2]. C'est même pour les expliquer qu'il a intercalé dans sa narration les §§ 68 à 71. Plus tard, quand la maladresse de Guillaume l'a rendu impopulaire, quand Thierry d'Alsace accouru à Gand voit augmenter de jour en jour le nombre de ses partisans, le pauvre notaire est visiblement en proie à un malaise qu'il ne cherche pas à cacher. Thierry, qui n'est d'abord pour lui que l'*adoptivus comes Gendensium* [3], devient bientôt *heres naturalis Flandriae et comes justus et pius*, tandis que Guillaume n'est plus qu'un *comes inhonestus et civium terrae persecutor* [4]. Et cependant toute indécision n'a pas disparu, car Galbert reproche leur perfidie à ceux qui ont abandonné Guillaume et considère la Flandre comme lui appartenant encore [5]. Mais, après la mort du malheureux comte sous les murs d'Alost, il accepte le fait accompli et pour mettre en paix sa conscience et laver ses compatriotes du reproche de trahison,

---

1. § 56 : *Verum novumque comitem.*
2. §§ 67, 69.
3. § 99 ; v. aussi § 101.
4. §§ 108, 111.
5. *Ibid.*

il cherche à se prouver, par des subtilités, que Guillaume n'est pas mort par leur faute et que le droit héréditaire était du côté de Thierry d'Alsace¹. Ce n'est pas d'ailleurs seulement au sujet des deux prétendants que les opinions de Galbert se sont modifiées au cours de son travail. Sur Didier, frère d'Isaac², sur Bertulf³, sur Baudoin d'Alost⁴, sur Guy de Steenvoorde⁵ et Walter de Vlaadsloo⁶, ses jugements ont varié d'une manière non moins frappante.

En voilà assez pour prouver que le récit de Galbert n'a pas été revu par son auteur. C'est dire qu'il est d'une naïveté complète, d'une absolue bonne foi. Le narrateur y parle à cœur ouvert. Nulle part il ne s'efforce de dénaturer les évènements. Tels que ceux-ci lui sont rapportés, il les accueille. Il se fait l'écho des bruits qui courent dans la foule⁷. Il partage les sympathies et les antipathies populaires. Il interroge les marchands revenant de Londres, les étudiants qui arrivent de Laon⁸, les écuyers de l'abbesse d'Origny⁹, tous les porteurs de nouvelles qui passent par Bruges¹⁰. Lui-même n'est pas sorti de cette ville pendant les années 1127 et 1128. Aussi est-il assez mal informé de ce qui s'est passé dans le reste de la

---

1. §§ 120, 121.
2. Voy. p. 48 n. 3.
3. Voy. §§ 13 et 45.
4. §§ 30, 91.
5. Voy. §§ 64 et 94.
6. Voy. p. 37, n. 5.
7. Voy. § 113, p. 161.
8. Voy. § 12.
9. Voy. § 39.
10. Voy. § 58.

Flandre. Walter et Herman de Tournai sont, sous ce rapport, de meilleures sources que lui. Il ne sait presque rien de l'importante entrevue d'Arras entre Louis VI et les nobles flamands [1]; il se trompe complètement sur l'accueil fait à Guillaume de Normandie par les bourgeois de Saint-Omer [2]; il connaît mal les détails du siège d'Ypres [3], de la mort de Borsiard [4], de celle d'Ysaac [5], etc.

Etant donné le caractère de l'œuvre de Galbert, il est presque inutile de faire observer qu'il ne faut s'attendre à y trouver aucune trace d'érudition. Les seuls documents écrits que l'auteur ait eus à sa disposition sont les lettres envoyées à Bruges par Louis VI et Thierry d'Alsace, et par les Brugeois au roi de France, lettres dont il a reproduit plus ou moins exactement la teneur [6]. La supposition de M. Schmiele [7], qu'un poème perdu sur la bataille de Cassel aurait été utilisé aux §§ 68-70 est tout à fait sans fondement.

Personne ne s'étonnera de trouver, dans une œuvre inachevée, bien des négligences de style. Les tournures obscures et incorrectes abondent dans Galbert et les répétitions y sont fréquentes. La préface seule semble avoir été rédigée avec plus de soin. Galbert,

---

1. Voy. p. 82, n. 1.
2. Voy. p. 107, n. 2.
3. Voy. p. 123 n. 1.
4. Voy. p. 124 n. 2.
5. Voy. p. 129 n. 1.
6. §§ 47, 52, 99, 106.
7. Schmiele, *Robert der Friese*, Sondershausen, 1872, p. 9. Cf. Wattenbach, *Deutschlands Geschichtsquellen*, 4º éd., II, p. 133, n.

en effet, l'écrivit lentement pendant une période de calme. Il l'a ornée des élégances à la mode de son temps. On y trouve des allitérations, des citations des livres saints et un vers et demi des Métamorphoses d'Ovide. L'auteur y fait en outre preuve de ses connaissances grammaticales et philosophiques. Il est heureux pour nous que le temps lui ait manqué pour récrire dans le même goût le reste de son livre. Nous y aurions gagné quelques citations, quelques allitérations, quelques digressions pédantes. Mais nous y aurions perdu ce qui fait le charme du récit : la vie, la couleur, le pittoresque et maints détails pleins de saveur qui n'auraient sans doute pas trouvé grâce devant l'auteur quand il se serait relu. Comparées à celles de Walter, les phrases de Galbert sont certainement moins correctes, moins conformes au goût de l'époque, mais en revanche combien plus vivantes! Le château de Bruges, l'église de Saint-Donatien, les machines de guerre construites par les Gantois, les moyens de défense mis en œuvre par les assiégés sont décrits avec une vérité frappante. Les personnages principaux, Bertulf, Robert l'Enfant, Borsiard, Isaac, Fromold, Gervais de Praet, ont chacun leur physionomie caractéristique. Les épisodes dramatiques abondent. La description du meurtre du comte, le supplice de Bertulf, la lutte dans l'église de Saint-Donatien, produisent sur le lecteur une impression tragique. M. Henning a fort bien montré, dans un travail récent[1], qu'il y a dans Galbert

---

1. Henning, *Niebelungenstudien*, Strasbourg, 1883, p. 27 et suiv.

un élément poétique incontestable, qu'on retrouve chez lui quelques-uns des procédés et parfois même le style des Niebelungen. Il a même été plus loin et voulu prouver que Galbert est une sorte de poète épique, un trouvère en prose, un *Spielman* dont le moindre souci a été de nous faire connaître les évènements dans leur réalité. Dans la phrase où Galbert affirme avoir pris des notes au jour le jour, il ne voit que ce procédé bien connu des poètes du moyen-âge, qui cherchent à se donner l'apparence de l'exactitude pour augmenter l'intérêt de leurs fictions.

On comprendra facilement, par ce qui précède, qu'il soit impossible d'admettre cette opinion. D'ailleurs les raisons invoquées par M. Henning contre la véracité de Galbert ne résistent pas à l'examen. Pour rejeter son récit, il l'oppose en effet à celui du biographe anonyme de Charles le Bon. Mais on sait que ce biographe est bien postérieur au xii° siècle et manifestement inexact[1]. Prétendre d'ailleurs que Galbert n'a pas écrit au fur et à mesure des évènements, considérer son récit comme une œuvre d'art où l'intérêt est savamment gradué, c'est fermer les yeux sur les contradictions, les redites, les additions que ce récit contient en si grand nombre. S'il est beaucoup plus vivant, plus pittoresque, plus poétique, que ceux des autres contemporains, c'est qu'il a été rédigé sous l'impression immédiate

---

1. Voy. p. II n. 1. Köpke pense que cet auteur doit avoir écrit à la fin du xiii° siècle ou au commencement du xiv°.

et poignante des faits qu'il rapporte. Mais il serait impossible de démontrer que, sur aucun point essentiel, ses données s'écartent de celles de Walter ou de Herman de Tournai. Tous les personnages qui y figurent sont bien réels. Ce que nous savons d'eux, par ailleurs, concorde parfaitement avec ce qu'en dit Galbert. M. Henning veut voir dans plusieurs de ces personnages des créations poétiques. Pour lui, par exemple, Robert l'Enfant, qui a dans Galbert un rôle si sympathique, ne serait, comme le Giselher des Niebelungen, que le type du jeune homme loyal que le destin condamne à périr avec toute sa famille. Ce rapprochement est ingénieux. Mais il suffit, pour prouver que Robert est un personnage bien réel, de faire observer que Walter, qui n'est certes pas un poète épique, nous le dépeint absolument sous les mêmes couleurs que Galbert[1]. Le duel de *Hermannus ferreus* et de Guy de Steenvoorde serait également, d'après M. Henning, un épisode poétique. Pourtant, ce combat est aussi décrit par Walter[2]. Qu'après cela on puisse comparer le récit de la conjuration des meurtriers de Charles le Bon avec celle des meurtriers de Siegfried, la mort de Walter avec celle de Dankwart et celle de Giselher, on n'en pourra rien conclure qu'en faveur du talent littéraire de Galbert. M. Henning est tombé d'ailleurs dans d'étranges méprises. Comme il trouve entre la belle description du château des Bourguignons, dans

---

1. Walter, § 50.
2. *Ibid.*, § 39.

la *Saga*, et celle du *bourg* de Bruges, dans l'histoire de Charles le Bon, certaines ressemblances, il croit pouvoir affirmer que cette dernière est un pur produit de l'imagination de son auteur. Or, s'il est précisément une partie du récit où nous puissions apprécier l'exactitude scrupuleuse de Galbert, c'est cette description. Elle est absolument d'accord avec les données des chartes et avec les plans anciens de la ville de Bruges que l'on possède encore. Elle est même tellement fidèle qu'elle pourrait s'appliquer, sans grands changements, au château des comtes de Flandre, à Gand, qui existe encore aujourd'hui et qui date du XII° siècle.

Le récit de Galbert est resté profondément inconnu durant le Moyen Age. Le seul auteur qui l'ait peut-être utilisé est l'écrivain anonyme de la relation du meurtre de Charles le Bon [1]. La narration de Walter répondait beaucoup mieux que celle de Galbert au goût de l'époque et c'est à elle que se sont adressés les chroniqueurs à partir du XII° siècle. Encore l'influence de cette source s'affaiblit-elle après le XIV° siècle. La tradition populaire qui attribue le meurtre de Charles à la famille de Straeten domine dès lors dans l'historiographie flamande [2]. Elle est encore adoptée au XVI° siècle par Meyer, le meilleur historien belge de son temps. Et pourtant Meyer a lu Galbert et le cite avec éloge [3]. C'est là,

---

[1]. Köpke, *Mon. Germ. hist., Script.*, XII, p. 535.
[2]. Sur cette version légendaire voir l'excellent commentaire des Bollandistes, *loc. cit.*, p. 154 et suiv.
[3]. Meyer, *Annales Flandriae*, Anvers, 1461, f° 40 v°.

sans doute, une preuve caractéristique de la force de la légende et qui fait suffisamment comprendre l'oubli dans lequel est restée plongée pendant si longtemps l'œuvre du notaire de Bruges.

II

Les manuscrits d'un ouvrage aussi peu répandu que l'a été l'histoire du meurtre de Charles le Bon n'ont jamais dû être bien nombreux. Au XVI° siècle Meyer en avait un dans sa bibliothèque [1]. Plus tard, les Bollandistes parvinrent à s'en procurer quatre. L'un d'eux était contemporain de Galbert ou peu postérieur à son époque; nous ne savons rien de l'âge des trois autres. Deux d'entre eux provenaient de Bruges. Le quatrième avait été utilisé déjà par André Duchesne qui en avait publié quelques fragments en 1631 dans son *Histoire généalogique des maisons de Guines, d'Ardres, de Gand et de Coucy* [2].

Tous ces manuscrits sont perdus. On ne connaît plus aujourd'hui du texte de Galbert que deux manuscrits, tous deux du XVI° siècle, conservés l'un à Arras, l'autre à Paris [3].

A. Arras, bibliothèque de la ville, 115 (papier). *Galbertus notarius Brudgensis, de multro traditione et occisione gloriosi Karoli comitis Flandriarum.* Ce

---

1. Voy. p. 152 aux variantes.
2. Voir la préface des Bollandistes à leur édition de Galbert, *Acta sanctorum*, mars, I, p. 153.
3. Ces manuscrits ont été signalés par Bethmann dans *Archiv der Gesellschaft für ältere deutsche Geschichtskunde*, VIII, pp. 88 et 324, et plus récemment par Heller, *Neues archiv*, etc., II, p. 317.

manuscrit provient du monastère de S. Vaast. Il est tout entier écrit de la même main. Dans son état actuel il comprend 70 feuillets, mais toute la partie du texte qui va du commencement § 53 au milieu du § 70 a été arrachée.

P. Paris, Bibliothèque nationale, ms. Baluze 43 (fol. 200 à 318, papier). *Galbertus notarius Brudgensis, de multro, traditione et occisione gloriosi Karoli comitis Flandriarum.* Ce manuscrit, comme l'apprend une note de la première page, a été copié sur un manuscrit d'Anvers. La copie semble avoir été faite avec assez de négligence par deux scribes. Une troisième personne a collationné le texte sur l'original et corrigé plusieurs fautes commises par les deux premières.

Ces deux manuscrits sont étroitement apparentés. Dans tous deux on rencontre les mêmes variantes caractéristiques et parfois les mêmes mots exponctués aux mêmes passages. Au § 106 on lit dans chacun d'eux une note mentionnant dans les mêmes termes une variante du manuscrit de Meyer. On serait tenté de croire que l'un de ces manuscrits n'est qu'une copie de l'autre, si A ne contenait pas certains mots qui manquent dans P, et réciproquement. Il faut admettre, en tous cas, que A et P dérivent d'un même original. Celui-ci, comme le prouve l'existence de la note du § 106, avait été collationné sur le manuscrit de Meyer[1].

---

1. Le texte des mss. A et P se rapproche beaucoup de celui du ms. de Duchesne. La plupart des variantes qu'il apporte à l'édition des Boll. se retrouvent, en effet, dans les fragments publiés par cet érudit.

Il existe à la bibliothèque royale de Hanovre un manuscrit du xvi° siècle d'une traduction française de Galbert (n° XXV, 1499). La langue semble indiquer que cette traduction a été faite au xv° siècle. Elle est malheureusement incomplète et s'arrête au milieu de la première phrase du § 37. Le texte latin qui a servi à son auteur diffère quelque peu de celui que nous ont conservé les éditions et les manuscrits A et P. Les divergences ne sont pas toutefois assez importantes pour qu'il ait paru utile d'en tenir compte [1].

Les éditions de l'ouvrage de Galbert sont les suivantes :

André Duchesne, *Histoire généalogique des maisons de Guines, d'Ardres, de Gand et de Coucy.* (Paris, 1631, in-fol.) Des extraits de « *l'Histoire de la mort de Charles, comte de Flandre, escrite par Gualbert, notaire de Bruges* », sont insérés aux preuves de cet ouvrage, pp. 69, 70, 196, 197, 205, 206, 207, 208, 234, 235 [2].

---

1. Je mentionne ici la seule particularité de quelque importance que présente cette traduction. Au § 12, la phrase *et sciendum — inhumani* (p. 21) est remplacée par le passage suivant : « Come dist le philosophe, « *opposita juxta se posita magis elucescunt*, c'est-à-dire : deulx « choses contraires situéez l'ung auprès de l'aultre sont plus appa- « rentes. Pareillement, oy la noblesse, bonté et prudence du bon conte « Charles et au contraire la faulseté, malice et orgueil des meschants « traistres, entenderés facilement la indignité du cas advenu et quo « non pas sans cause le monde en estoit troublé, quant tel noble « homme tant excellent et paternel genereux, ses serfs meschants et « inhumains, ennemis à Dieu et aux hommes, tant vilainement ont trahy. » — La traduction française de Galbert, dont P. Scriverius a imprimé quelques lignes dans ses *Principes Hollandiae*, p. 42, est la même que celle du manuscrit de Hanovre.

2. La partie du texte de Galbert publiée par Duchesne comprend

G. Henschen et D. Papebroch, *Acta sanctorum*, Mars I (Anvers, 1668, in-fol.), pp. 179 à 219 : *Vita B. Caroli boni comitis Flandriae, auctore Galberto notario ex aliquot mss.* Cette édition est précédée d'un excellent commentaire et pourvue de notes.

Dom Brial, *Recueil des historiens des Gaules et de la France*, XIII, pp. 347 et suiv., a réimprimé plusieurs fragments de Galbert d'après l'édition des Bollandistes.

J. Langebek, *Scriptores rerum Danicarum medii aevi*, IV (Copenhague 1776, in-fol.), pp. 110 à 192, s'est également borné à reproduire le texte des Bollandistes sous le titre : « *Historia vitae et passionis S. Caroli comitis Flandriae, auctore Galberto notario.* » Cette réimpression est malheureusement peu correcte. Langebek l'a enrichie de quelques notes originales et de tableaux généalogiques assez exacts.

R. Köpke, *Monumenta Germaniae historica. Scriptores*, XII, pp. 561 à 619. « *Passio Karoli comitis auctore Galberto.* » Bien que signalant les manuscrits A et P, Köpke ne s'en est pas servi. Il a pris comme base de son édition le texte des Bollandistes, se contentant d'en régulariser l'orthographe et de proposer

---

des fragments des §§ suivants que je cite dans l'ordre des pages de son édition : 30, 52, 56, 67, 72, 91, 95, 96, 98, 99, 100, 101, 102, 103, 113, 118, 119, 31, 114, 30, 65, 95.

O. Vredius, *Genealogia comitum Flandriae* (Bruges, 1641), Preuves, p. 151, a reproduit le fragment de Galbert, publié par Duchesne, p. 207. Vredius a donné, p. 149, les §§ 1 et 2 de Walter qu'il appelle à tort *Gualterus notarius Brugensis*. Les Boll., p. 153, ont cru que ce fragment provenait de Galbert et disent que Vredius s'est servi du manuscrit de cet auteur qui avait été utilisé par Duchesne.

quelques corrections. Malheureusement, par une négligence inexplicable chez un érudit de sa valeur, il n'a pas eu recours au texte original des *Acta sanctorum*, et s'est servi de la réimpression de Langebek. Les nombreuses fautes typographiques de cette dernière ont ainsi passé dans l'édition de Köpke. Cette édition ne présente donc pas un texte meilleur que celui des précédentes. En revanche, elle est pourvue de notes dont plusieurs sont excellentes. La division du texte en paragraphes est plus rationnelle que celle qu'ont adoptée les éditeurs antérieurs.

On a publié de Galbert deux traductions françaises. La première se trouve au t. VIII de la *Collection des mémoires relatifs à l'histoire de France*, de Guizot. La seconde est l'œuvre de Delepierre et Pernel, qui l'ont insérée dans leur *Histoire de Charles le Bon* (Bruxelles, 1850). Cette traduction qui fourmille de contre-sens trahit une connaissance tout à fait insuffisante de la langue latine du moyen age. Un fait qui montre bien l'intérêt que présente le récit de Galbert, c'est que la plus grande partie de la traduction Guizot a été réimprimée en 1853 dans la Bibliothèque des chemins de fer sous ce titre : *La légende du bienheureux Charles le Bon, comte de Flandre, récit du XIIe siècle par Galbert de Bruges.*

Comme on a pu le voir par la liste qui précède, il n'existe, en réalité, jusqu'ici qu'une seule édition originale de Galbert : celle des Bollandistes. Toutes les autres, sauf les fragments publiés par Duchesne, n'en sont que des reproductions. Grâce aux manuscrits d'Arras et de Paris, j'ai pu rétablir, dans la présente édition, plus d'un passage corrompu. On trouvera en outre aux §§ 113, 114, 115 et 118, des passages inédits qui ne sont pas sans intérêt[1]. J'ai indiqué les variantes des manuscrits par rapport à l'édition des Bollandistes. Toutefois, l'orthographe adoptée est celle du texte de Köpke, qui est moins arbitraire et plus conforme à l'usage du XII° siècle. La mention *ms.* indique une variante donnée à la fois par le manuscrit d'Arras et par celui de Paris. Les lettres A et P désignent respectivement les variantes que l'on ne rencontre que dans l'un d'eux. Il était inutile de marquer les variantes purement orthographiques. Je ne l'ai fait que lorsqu'elles produisent un changement de sens. Pour les noms propres cependant, j'ai cru devoir toujours indiquer les leçons des manuscrits quand elles diffèrent du texte des Bollandistes.

Les notes explicatives sont assez nombreuses. Je ne leur ai donné un aussi grand développement que dans le but d'épargner au lecteur des recherches longues et pénibles sur la géographie, l'histoire et les institutions de la Flandre, sans la connaissance desquelles le texte de Galbert ne peut être pleinement intelligible. J'y ai joint deux tableaux généalogiques

---

[1]. Ces passages renfermant des attaques très violentes contre le clergé, il est probable que les Bollandistes se seront fait scrupule de les insérer dans leur édition. Il est, en effet, difficile d'admettre qu'ils aient manqué dans tous les manuscrits que ces savants ont eu à leur disposition. Ils devaient tout au moins figurer dans le manuscrit de Duchesne dont ils se sont servis, puisque, comme je l'ai dit (p. xx, n. 1), ce manuscrit est étroitement apparenté à ceux d'Arras et de Paris.

et un plan de Bruges au xii° siècle. Dans ce dernier, les noms de lieu placés entre parenthèses sont ceux qui ne se trouvent pas dans le texte de Galbert, mais qui sont fournis par des chartes contemporaines ou peu postérieures.

On trouvera à la fin du volume cinq petits poèmes contemporains sur la mort de Charles le Bon. Il en a existé au xii° siècle un bien plus grand nombre. Il a semblé intéressant de réunir ceux d'entre eux qui se sont conservés jusqu'à nous.

Gand, mars 1891.

Le texte de la présente édition était déjà complètement imprimé, lorsque M. le comte T. de Limburg-Stirum a retrouvé dans sa bibliothèque et a eu l'obligeance de me communiquer une copie moderne d'un manuscrit de Galbert. Cette copie a appartenu à feu M. le chanoine Carton de Bruges. Il y manque la partie du texte qui va de la ligne 33 du § 19, à la ligne 22 du § 27. Le copiste a malheureusement fait preuve d'une incurie extraordinaire : les fautes qu'il a commises sont si nombreuses et si grossières qu'il est permis de croire qu'il ne savait pas le latin. Il a transcrit quelques annotations marginales contenues dans le manuscrit qu'il a eu sous les yeux. Parmi celles-ci figure la note du § 106 que les manuscrits A et P attribuent à un manuscrit de J. Meyer. Il est donc fort probable que la copie en question a été faite d'après ce manuscrit ou d'après une copie de ce manuscrit. Je n'y ai rencontré d'ailleurs aucune variante méritant d'être signalée. Le texte qu'elle fournit est identique à celui des manuscrits A et P et contient notamment les passages inédits que l'on trouve dans ces derniers. La copie semble remonter tout au plus à une cinquantaine d'années. Il est peu probable que le manuscrit qu'elle reproduit ait été détruit. Toutefois, mes démarches pour le retrouver n'ont donné aucun résultat.

SOMMAIRE

Prologue.

1. Charles le Bon, fils de Canut, roi de Danemark, et d'Adèle de Flandre, succède à son cousin le comte Baudoin VII (1119). Dès son avènement, il promulgue des lois de paix. Les guerres privées sont remplacées par des procès réguliers en justice.

2. La Flandre est désolée par la famine (1124-1125).

3. Charles prend des mesures pour combattre le fléau. Il fait distribuer ses biens aux pauvres.

4. A la mort de l'empereur Henri V, les princes de l'empire offrent la couronne à Charles. Il refuse (1125).

5. Il repousse également l'offre de la couronne de Jérusalem (1123).

6. Eloge des vertus de Charles.

7. On découvre, à l'occasion d'un duel judiciaire, que la famille du prévôt de Bruges, Bertulf, est d'origine servile. Charles revendique ses droits sur cette famille (1126).

8. Bertulf et ses neveux vouent à Charles une haine mortelle.

9. Pendant l'absence du comte, Borsiard, neveu de Bertulf, ravage les terres de son ennemi Thancmar de Straeten (1127).

10. Les paysans de Thancmar viennent se plaindre au comte à Ypres. Celui-ci, conformément aux lois de paix,

fait abattre la maison de Borsiard. De retour à Bruges, il est averti que Bertulf et ses neveux s'apprêtent à le trahir. Il refuse cependant de restituer à Borsiard le terrain sur lequel s'élevait la maison détruite (28 février 1127).

11. Isaac, Borsiard, Guillaume de Wervicq, Enguerrand complotent, pendant la soirée, la mort du comte. Ils font entrer par ruse Robert l'Enfant dans le complot malgré ses répugnances (28 février).

12. Assassinat de Charles le Bon par Borsiard et ses complices, dans l'église de Saint-Donatien à Bruges (2 mars). — Lamentations de l'auteur sur la mort du comte. — La nouvelle du meurtre se répand immédiatement en France et en Angleterre.

13. Détails rétrospectifs sur le prévôt Bertulf. Sous la direction de ce prélat orgueilleux et simoniaque, la discipline et les bonnes mœurs ont disparu du chapitre de Saint-Donatien. Bertulf n'a en vue que les intérêts de sa famille.

14. Détails sur des présages qui ont annoncé la mort de Charles le Bon. — Galbert prévient le lecteur que son récit s'arrête au châtiment des meurtriers du comte.

15. Nouveaux détails sur l'assassinat de Charles le Bon (2 mars).

16. Après avoir tué le comte, les conjurés massacrent Thémard, châtelain de Bourbourg, et ses deux fils. — Fuite de Walter de Woumen, de Gervais de Praet et de Jean, serviteur de Charles. — En apprenant la mort de Charles, les marchands venus à la foire d'Ypres se dispersent (2 mars.)

17. Nouveaux détails sur le meurtre de Thémard. — Assassinat de Walter de Locres (2 mars).

18. Le chapelain Baudouin, le chambrier Arnold, Godebert, Odger et Fromold le jeune, réfugiés dans le sanctuaire de l'église, sont découverts par les conjurés (2 mars).

19. Fromold le jeune, sur le point d'être mis à mort, est sauvé par l'intercession de son oncle, le chanoine Fromold le vieux, qui va se jeter aux pieds de Bertulf (2 mars).

20. Bertulf essaie de se disculper devant les chanoines d'avoir participé à la trahison du comte. — Ses neveux dévastent les terres de Thancmar. — Guillaume d'Ypres, qui espère succéder à Charles, se fait jurer fidélité par les marchands réunis à Ypres. — Bertulf se fait livrer par Fromold le jeune les clefs du trésor comtal (2 mars).

21. Les chanoines ensevelissent le corps de Charles. — Bertulf mande à l'abbé de Saint-Pierre de Gand de venir à Bruges et d'emporter le cadavre. Il fait fortifier la tour de l'église afin de s'y réfugier en cas d'attaque (2 mars). Il écrit à Simon, évêque de Noyon-Tournai pour se disculper (6 mars), et à Walter de Vlaadsloo pour lui demander son alliance (2 et 3 mars). — L'évêque de Noyon excommunie les assassins.

22. Arrivée à Bruges de l'abbé de Saint-Pierre. Les bourgeois et les chanoines l'empêchent d'emporter le corps du comte. Miracle arrivé sous le cercueil. Bertulf renonce à ses projets. Les chanoines font rapidement construire un tombeau (3 mars).

23. Service funèbre célébré pour Charles. Le corps est mis au tombeau (4 mars).

24. Fromold le jeune, mis en liberté, préfère l'exil à une réconciliation avec les assassins de Charles (5 mars). — Thancmar repousse une attaque des neveux de Bertulf.

25. Godescalc Thaihals arrive à Bruges de la part de Guillaume d'Ypres. Celui-ci est reconnu comme comte de Flandre par Bertulf et ses partisans. Il se fait prêter serment de fidélité par les marchands réunis à Ypres. — Bertulf écrit aux évêques de Noyon et de Térouanne ainsi qu'à plusieurs seigneurs flamands pour leur demander assistance (6 mars). — Sur l'ordre du châtelain Hacket les Brugeois fortifient la ville.

26. Gervais de Praet, jadis chambrier de Charles, entreprend de venger son maître. Il attaque à l'improviste Raverschoot, château appartenant aux traîtres, et s'en empare. La garnison s'enfuit à Bruges pendant la nuit et y répand la nouvelle. Robert l'Enfant tente une sortie contre Gervais. Il est forcé de reculer devant la supériorité numérique des forces de ce dernier (7 mars).

27. Gervais de Praet incendie Raverschoot et la maison de Wulfric Knop, frère de Bertulf. Les bourgeois de Bruges, qui jusque-là n'ont rien osé entreprendre contre les traîtres, se réjouissent de ses succès. Ils lui promettent secrètement de l'introduire dans la ville (8 mars).

28. Gervais de Praet livre aux flammes les propriétés des traîtres situées autour de la ville. Ceux-ci sortent en armes contre lui. Trop faibles pour lui résister, ils s'enfuient dans la ville. Gervais s'y introduit par la porte du Sablon que lui livrent les bourgeois. Combats dans les rues. Les traîtres sont refoulés dans le bourg où ils se renferment (9 mars).

29. Isaac, l'un des chefs des meurtriers, se réfugie dans son *steen*. Les traîtres Georges, Robert, Fromold sont massacrés. Commencement de l'attaque du bourg. — Anticipant sur la suite du récit, Galbert donne quelques détails sur l'attitude respective des assiégés et des assiégeants pendant le siège (9 mars).

30. Le châtelain de Gand, Baudouin et Iwan d'Alost, viennent renforcer les troupes des assiégeants. — Fuite d'Isaac pendant la nuit. Son *steen* avec ses dépendances est livré aux flammes (10 mars).

31. Arrivée dans le camp des assiégeants de Daniel de Termonde, de Riquard de Woumen, de Thierry, châtelain de Dixmude et du boutillier Walter de Vlaadsloo. Les chefs des assiégeants jurent aux bourgeois de respecter leurs propriétés (11 mars).

32. Les assiégeants tentent vainement de s'emparer du bourg par assaut (12 mars).

33. Suspension des hostilités le dimanche (13 mars). — Les Gantois, mandés par leur châtelain, arrivent à Bruges. Ils ne sont reçus dans la ville qu'après avoir renvoyé un grand nombre de pillards qui se sont joints à eux et avoir juré de respecter les propriétés des bourgeois. — Arrivée du boutillier Raes de Gavre (14 et 15 mars).

34. Arrivée de Gertrude, comtesse de Hollande, et de son fils Thierry. Gertrude essaie de faire proclamer son fils comte de Flandre par les assiégeants. — Guillaume d'Ypres fait répandre la nouvelle que le roi de France lui a donné le comté. Indignation des assiégeants qui jurent de ne pas reconnaître Guillaume, soupçonné d'avoir participé au meurtre de Charles (16 mars).

35. Les chanoines, avec l'autorisation des assiégés, enlèvent du bourg les reliques de l'église de Saint-Donatien et les archives comtales. — Galbert donne des détails sur la manière dont il a rédigé son récit. — Description des échelles de siège construites par les Gantois (17 mars).

36. Galbert fait observer que tous les assiégés ne sont pas coupables du meurtre de Charles. — Détails sur Benkin Coterellus et Weriot. — Les assiégés bouchent les portes du bourg avec de la terre, du fumier et des pierres.

37. Autres mesures de défense prises par les assiégés. — Les chefs des assiégeants permettent à ceux des défenseurs qui ne sont pas coupables de la mort de Charles de sortir du bourg.

38. Discours du châtelain Hacket aux assiégeants. Il leur propose, s'ils veulent lever le siège, de prouver en justice son innocence et celle de ses compagnons. Walter, répondant au nom des assiégeants, rejette toute proposition d'entente.

39. Isaac (qui s'est enfui le 10 mars) est découvert dans un monastère de Térouanne où il s'est réfugié. Il fait d'importantes révélations sur ses complices.

40. Nouvel assaut du bourg au moyen des machines de guerre construites par les Gantois (18 mars).

41. Des Brugeois s'emparent du bourg par surprise de bon matin. Les assiégés se réfugient dans l'église de Saint-Donatien qu'ils ont fortifiée (19 mars).

42. Bertulf s'enfuit avec la complicité du boutillier Walter (17 mars). — Détails sur l'attaque et la défense de l'église.

43. Un jeune Gantois s'étant introduit dans l'église ne revient pas. Ses concitoyens veulent aller à son secours. Les Brugeois, craignant qu'ils ne s'emparent du corps de Charles, les en empêchent. Le tumulte calmé, les assiégeants, par une attaque énergique, parviennent à s'emparer de l'église. Les assiégés se réfugient dans le *solarium* et dans la tour. Combat dans l'église.

44. Gervais de Praet et Didier, frère d'Isaac, plantent leurs bannières sur la maison du comte, dans le bourg. Robert l'Enfant accuse Didier d'avoir pris part au complot contre Charles.

45. Thancmar et ses neveux plantent leur bannière sur la maison du prévôt et la mettent au pillage. Ils sont attaqués par les bourgeois qu'excitent du haut de la tour le châtelain Hacket et Robert l'Enfant. — Mesures de précaution prises pour la nuit par les assiégeants.

46. Détails sur la fuite de Bertulf.

47. Le roi de France Louis VI mande à Arras les seigneurs flamands pour s'entendre avec eux sur l'élection d'un nouveau comte. — Le même jour arrive une lettre de Thierry d'Alsace qui revendique ses droits à la succession de Charles. — Attaque de la tour (20 mars). — Départ des seigneurs flamands pour Arras (23 mars).

48. Supplice d'Isaac. — Fuite et arrestation de Lambert Archei (23 mars).

49. Guillaume d'Ypres fait annoncer mensongèrement

à Bruges, par Woltra Cruual, qu'il est soutenu par le roi d'Angleterre (24 mars).

50. Les Gantois complotent, avec la complicité de quelques Brugeois, d'enlever le corps du comte. Leurs projets sont déjoués (25 mars).

51. Les bourgeois de Bruges et les habitants du Franc-de-Bruges s'engagent par serment à être solidaires les uns des autres pour l'élection du futur comte (27 mars).

52. Les seigneurs flamands reviennent d'Arras. Walter le boutillier annonce aux bourgeois qu'ils ont élu comte Guillaume de Normandie. Ceux-ci, avant de prendre une décision, convoquent les habitants du Franc-de-Bruges (30 mars).

53. Les Brugeois et les Gantois envoient des députés à la rencontre de Louis VI qui se dirige vers Bruges (30 mars).

54. Fuite du châtelain Hacket (1er avril). — Retour des députés envoyés au roi. Ratification par les bourgeois de l'élection de Guillaume de Normandie. — Gervais de Praet est fait châtelain de Bruges (2 avril). — Le jour de Pâques, un prêtre inconnu porte la communion aux assiégés (3 avril).

55. Arrivée à Bruges de Louis VI et de Guillaume de Normandie (5 avril). Lecture des chartes octroyées par le nouveau comte au chapitre de Saint-Donatien et aux bourgeois. Lettre des assiégeants d'Ardenbourg exposant certaines demandes que le comte promet d'exécuter. — Les vassaux de Charles le Bon prêtent serment à Guillaume (6 avril).

56. Cérémonie de la prestation du serment de fidélité à Guillaume de Normandie. — Mort d'Eustache de Stenvoorde à Saint-Omer (7 avril). — Continuation de la prestation du serment (8 avril). — Guillaume d'Ypres ne vient pas à une entrevue avec le roi de France à Winendael (9 avril). —

Guillaume de Normandie part pour Saint-Omer, mais rentre à Bruges dès le soir (10 avril).

57. Bertulf est arrêté et remis à Guillaume d'Ypres qui le fait exécuter pour se laver du soupçon d'avoir participé au meurtre de Charles (11 avril).

58. Duel judiciaire, en présence de Guillaume d'Ypres, entre *Hermannus Ferreus*, et Guy, l'un des assassins de Charles. Victoire d'*Hermannus Ferreus*.

59. Détails sur le siège de la tour de Saint-Donatien. — Un homme de Gervais de Praet ayant arrêté un bourgeois, une émeute éclate dans la ville.

60. Continuation du siège. — Les bourgeois implorent le roi en faveur de Robert l'Enfant (12 avril).

61. Continuation du siège. — Le doyen Helias remet au roi les clefs du trésor comtal. — Simplicité du prêtre Eggard (13 avril).

62. Construction d'un bélier pour abattre la tour (14 avril).

63. Prise du *solarium* après un combat acharné.

64. Honneurs rendus au tombeau de Charles par Fromold le jeune et par le roi. — Les assiégés se réfugient au sommet de la tour.

65. Les bourgeois, le châtelain de Gand et Arnold de Grimberghen implorent de nouveau le roi en faveur de Robert l'Enfant (15 et 16 avril).

66. *Joyeuse entrée* de Guillaume de Normandie à Saint-Omer (17 avril).

67. Siège d'Aire où s'est retiré Guillaume d'Ypres, par Hugues de Saint-Pol et Walter de Vlaadsloo. — Siège d'Audenarde, dont s'est emparé Baudouin de Mons, par Baudouin d'Alost, Raes de Gavre et les Gantois.

68-70. Digression : généalogie et histoire des comtes de Flandre, de Baudouin de Lille à Charles le Bon.

71. Digression : généalogie de Bertulf.

72. Baudouin de Mons force les Gantois à lever le siège d'Audenarde. Il s'empare de Ninove.

73. Nouvelles supplications des Brugeois au roi de France en faveur de Robert l'Enfant. — Souffrances des assiégés. Le roi donne l'ordre de saper la tour (18 avril).

74. Les assiégés se rendent et sont emprisonnés dans les cachots de la maison du comte, sauf Robert l'Enfant que le roi laisse à la garde des bourgeois (19 avril).

75. Détails sur la misère des assiégés pendant les derniers jours du siège. — Fuite de Benkin le Cotereau. — Gervais de Praet s'empare des vivres laissés dans la tour par les assiégés.

76. Le roi va assister au siège d'Ardenbourg. — Purification de l'église de Saint-Donatien (20 avril). — Préparation d'une peau de cerf et fabrication d'un cercueil en vue de la translation des restes de Charles le Bon (21 avril).

77. Le corps de Charles est transporté du tombeau provisoire construit à Saint-Donatien, dans l'église de Saint-Christophe. L'évêque de Noyon y célèbre un service solennel. — Arrestation et supplice de Benkin le Cotereau (22 avril).

78. Organisation d'une expédition contre Ypres (23 avril). — Consécration de l'église de Saint-Sauveur à Bruges (24 avril). — Le corps de Charles, ramené de l'église de Saint-Christophe dans celle de Saint-Donatien, est déposé dans un nouveau tombeau. — Roger est nommé prévôt de Bruges. — Départ du roi et des Brugeois pour Ypres (25 avril).

79. Les Yprois livrent leur ville au roi. Guillaume d'Ypres, fait prisonnier, est envoyé en prison à Lille. Détails sur ses partisans (26 avril).

80. Arrestation et supplice de Borsiard à Lille. — Le roi se dirige vers Gand. — Guillaume de Normandie brûlé le faubourg d'Audenarde où est toujours enfermé Baudouin de Mons (1er mai).

81. Retour du roi à Bruges (4 mai). Retour de Guillaume de Normandie. Le roi, le comte et les seigneurs flamands décident la mort des défenseurs de la tour emprisonnés depuis le 19 avril. Ils les font précipiter l'un après l'autre du haut de la tour de la maison du comte (5 mai).

82. Départ du roi. Il emmène avec lui Robert l'Enfant (6 mai).

83. Le doyen Helias restitue à Guillaume de Normandie une partie du trésor comtal qui lui avait été confiée par Bertulf (7 mai).

84. Nouveaux détails sur la mort de Borsiard et sur celle d'Isaac. — Présages qui avaient annoncé la fin de Bertulf. — Robert l'Enfant est décapité à Cassel sur l'ordre du roi.

85. Oldger, chambrier de Bertulf, accuse mensongèrement plusieurs personnes d'avoir reçu des sommes enlevées au trésor du comte (21 mai). — Détails rétrospectifs sur le chanoine Robert qui a fait sortir de Bruges des sommes considérables. — Les seigneurs flamands jurent de maintenir la paix dans le comté (22 mai).

86. Guillaume d'Ypres, et son frère Thibaut Sorel sont incarcérés à Bruges (10 septembre).

87. Guillaume de Normandie fait procéder à une enquête sur les meurtriers de Charles (16 septembre).

88. Il s'aliène les sympathies des Brugeois en exigeant le tonlieu et en ne faisant pas juger les coupables par les échevins, contrairement au serment qu'il a prêté lors de son avènement (17 septembre).

89. Mort de Walter de Vlaadsloo. Détails sur ce personnage.

90. Guillaume d'Ypres est confié à la garde du châtelain de Lille (18 octobre). — Détails rétrospectifs sur des sortilèges pratiqués par les meurtriers de Charles pendant le siège de la tour.

91. Mort de Baudouin d'Alost (24 octobre).

92. Mort de Didier, frère d'Isaac (17 décembre).

93. Emeute à Lille contre Guillaume de Normandie (1er août).

94. Soulèvement des bourgeois de Saint-Omer qui introduisent dans la ville le prétendant Arnold (1128, 3 février). Craignant un assaut de la part de Guillaume de Normandie, ils se soumettent et lui payent une amende de 600 marcs.

95. Révolte des Gantois contre leur châtelain. — Daniel de Termonde et Iwan d'Alost accusent le comte d'avoir violé ses serments. Ils proposent de réunir à Ypres une assemblée qui jugera sa conduite. Guillaume offre le duel à Iwan : celui-ci le refuse. Au jour fixé pour l'assemblée, le comte arrive en armes à Ypres. Iwan, Daniel et les Gantois déclarent ne plus le reconnaître comme leur seigneur. Ils mandent à toutes les villes de Flandre de se révolter (16 février).

96. Arrivée de Thierry d'Alsace à Gand (11 mars). — Baudouin de Mons et Arnold continuent de leur côté à revendiquer le comté.

97. Les Brugeois, décidément hostiles à Guillaume de Normandie, lui ferment les portes de la ville (16 mars). — Sur l'ordre du comte, Gervais de Praet les convoque à Thourout pour marcher contre Iwan d'Alost et Daniel de Termonde (17 mars). — Seconde introduction d'Arnold à Saint-Omer (21 mars). Il en est chassé par le comte.

98. Iwan d'Alost et Daniel de Termonde invitent les Brugeois à se déclarer formellement pour eux ou pour le comte (23 mars). — Les Brugeois ferment de nouveau au comte les portes de la ville (24 mars). — Ils somment Gervais de Praet de choisir entre leur parti et celui de Guillaume. — Plusieurs seigneurs flamands abandonnent ce dernier.

99. Lettre de Thierry d'Alsace aux Brugeois. — Gervais de Praet se rend auprès de Guillaume à Maldeghem et lui conseille de se retirer à Ypres (25 mars). — Le roi d'Angleterre donne des secours au prétendant Arnold.

100. Gervais de Praet se déclare pour Guillaume et abandonne les Brugeois. — Thierry d'Alsace est introduit à Bruges par Iwan d'Alost et Daniel de Termonde (26 mars).

101. Incendie des propriétés de Thancmar et de ses neveux à Straeten (27 mars). — Iwan et Daniel agissent d'accord avec le roi d'Angleterre et le duc de Brabant sans l'assentiment desquels ils ont promis de ne pas reconnaître comme comte Thierry d'Alsace. — Guillaume d'Ypres se rallie à Guillaume de Normandie. Les chevaliers d'Oostkerke abandonnent ce dernier (29 mars).

102. Election de Thierry d'Alsace comme comte de Flandre par les Brugeois, les Gantois et plusieurs seigneurs flamands. — Le nouveau comte accorde des privilèges aux bourgeois (30 mars).

103. Serments réciproques de Thierry d'Alsace d'une part, et des Gantois et Brugeois d'autre part (31 mars). — Inauguration du nouveau comte. Les Brugeois interviennent auprès de lui pour faire rappeler Gervais de Praet à Bruges (1er avril).

104. Gervais de Praet vient à Bruges rendre hommage à Thierry d'Alsace (2 avril).

105. Lambert de Reddenbourg prouve qu'il est innocent du meurtre de Charles (6 avril). — Les Yprois font secrètement appel à Thierry d'Alsace (9 avril).

106. Le roi de France convoque les Flamands à une nouvelle assemblée à Arras. Réponse négative et longuement motivée des Brugeois (10 avril).

107. Combat entre les Brugeois et les neveux de Thancmar (11 avril). — Thierry d'Alsace s'empare de Lille. —

Lambert de Wynghene et les neveux de Thancmar ravagent les environs de Bruges (23 avril). — Guillaume de Normandie se rend à Compiègne auprès du roi de France. — L'évêque de Noyon excommunie les partisans de Thierry d'Alsace.

108. Lambert de Reddenbourg est tué en attaquant ses ennemis à Ostbourg (30 avril). — Galbert blâme ceux qui ont abandonné Guillaume de Normandie.

109. Les partisans de Guillaume de Normandie, renfermés dans le château du comte à Gand, sont attaqués par les bourgeois de la ville. — Une expédition de Gervais de Praet contre Wynghene est repoussée par les partisans de Guillaume (2 mai).

110. Partisans de Thierry d'Alsace tués au combat d'Ostbourg. — Le roi de France réunit une assemblée à Arras pour décider entre Guillaume et Thierry (6 mai). — Situation déplorable de la Flandre. — Supplice d'une sorcière qui a jeté un sort au comte Thierry. — Les Brugeois creusent de nouveaux fossés autour de leur ville.

111. Nouvelle attaque infructueuse des Brugeois contre Wynghene (14 mai). — Guillaume de Normandie ravage le territoire d'Ostcamp malgré les efforts des Brugeois (15 mai).

112. Le roi de France, après avoir vainement tenté de s'emparer de Lille où s'est réfugié Thierry d'Alsace, lève le siège (21 mai). — Guillaume de Normandie attaque Bruges sans résultat (29 mai). — Il fait plusieurs prisonniers à Ostcamp (30 mai). — Arrestation du moine Basile dépêché par lui à l'un de ses notaires (31 mai). — Guillaume fortifie Aardenbourg.

113. Arrivée de Thierry d'Alsace à Bruges (10 juin). — Il fait échouer un coup de main de quelques partisans de Guillaume sur un château des environs de Bruges (11 juin). Escarmouches sous les murs de la ville. — Daniel de Termonde et Iwan d'Alost font prisonniers 50 chevaliers du duc de Brabant (12 juin). — Le clergé de Bruges ne tient pas compte de l'excommunication lancée par l'évêque de Noyon. — Les Yprois proposent secrètement une entrevue aux Brugeois.

114. Thierry d'Alsace lève des troupes autour de Gand (18 et 19 juin). — Il assiège le château de Thielt. — Les Brugeois lui amènent des renforts (20 juin). — Thierry est vaincu par Guillaume à Axpoel (21 juin). — Nouveaux détails sur l'attitude du clergé de Bruges.

115. Présage observé à Bruges (24 juin).

116. Guillaume de Normandie attaque la maison du *praeco* d'Ostcamp pendant six jours (4 juillet). — Il se retire après avoir dévasté les environs (9 juillet). — Détails sur l'état d'esprit des Brugeois.

117. Arrivée d'otages à Bruges (11 juillet).

118. Guillaume de Normandie va rejoindre le duc de Brabant au siège d'Alost (12 juillet). — Réflexions de Galbert sur la conduite du clergé et des Brugeois. — Les otages quittent Bruges (25 juillet).

119. Guillaume de Normandie est tué sous les murs d'Alost (27 juillet).

120. Thierry d'Alsace s'empare d'Ypres (29 juillet). — Les Brugeois s'emparent de Ruddervoorde. — Les partisans de Guillaume se réfugient dans les châteaux de Winendael et de Voormezeele. — Galbert essaie de prouver que les Flamands ne sont pas responsables de la mort du comte Guillaume.

121. Examen des droits respectifs de Thierry d'Alsace et de Guillaume de Normandie au comté de Flandre.

122. Thierry d'Alsace est reçu dans les différentes villes de Flandre et reconnu comme comte par les rois de France et d'Angleterre.

TABLEAU GÉNÉALOGIQUE DES COMTES DE FLANDRE
DE BAUDOUIN DE LILLE A THIERRY D'ALSACE

(Les noms précédés d'un astérisque sont cités dans le récit de Galbert.)

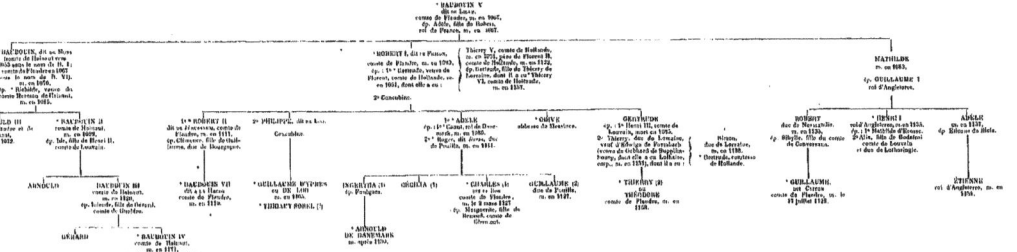

TABLEAU GÉNÉALOGIQUE DE LA FAMILLE DE BERTULF

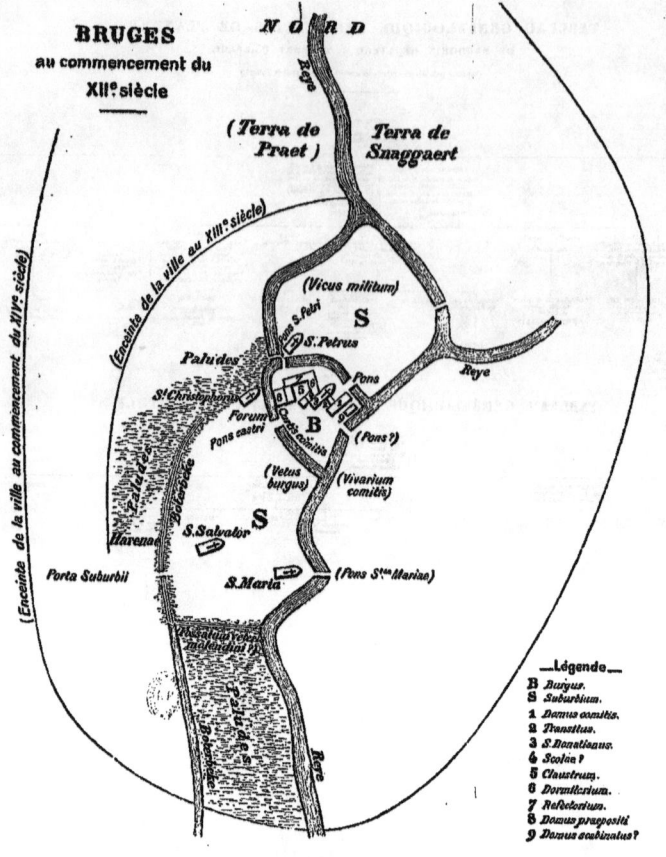

DE MULTRO, TRADITIONE ET OCCISIONE GLORIOSI KAROLI COMITIS FLANDRIARUM [a].

Cum inter regnorum principes, quos circa nos cognovimus, summum gloriae ac laudis sibi adscribendi studium per militiae facinora enituisset, et eisdem affectus consimilis ad bene regendum inesset, minoris potentiae et famae principabatur imperator Romanorum Heinricus[1], qui, cum annos plures sedisset, sine herede diem obiit; minoris quoque famae ac virium rex Anglorum[2] sine liberis[3] degebat in regno, quam[b] comes[c] Karolus, Flandriarum marchio[4], naturalis noster dominus et princeps, qui quidem[d], militiae fama et generis nobilitatus regio sanguine[5], septennis[6] in comitatu pater et advocatus ecclesiarum Dei preerat, erga pauperes largus, inter proceres suos jucundus ac[e] honestus, adversus hostes crudelis et cautus, qui etiam sine herede a

---

a. A et P *font précéder ce titre des mots* : Galbertus notarius Brudgensis. Ed. : Passio Karoli comitis auctore Galberto. *Titre donné au texte par Köpke à cause de ces mots du § 14* : ... in hac passionis subscriptione. — b. quando ms. — c. deest ms. — d. quod ed. — e. corr. Köpke.

---

1. Henri V, mort le 23 mai 1125.
2. Henri I, mort le 1 décembre 1135.
3. Galbert veut dire sans héritiers légitimes. Parmi les dix-sept enfants de Henri I, en effet, le seul fils légitime, Guillaume Atheling, était mort en 1120.
4. Ce pluriel *Flandriarum*, qui cesse d'être en usage à la fin du XIIe siècle, s'explique par ce fait que le mot *Flandria* ne désignait primitivement que le N.-O. de la Flandre, c'est-à-dire le Franc de Bruges. Il s'est étendu aux pays voisins au fur et à mesure de l'extension de la domination comtale.
5. V. plus loin, p. 3, n. 1.
6. Charles fut comte de 1119 (après le 17 juin) au 2 mars 1127.

suis, imo nefandissimis servis, traditus et occisus, pro justitia occubuit. Tanti quidem principis mortem descripturus, non elaboravi eloquentiae ornatum seu diversorum colorum distinguere modos, sed rerum veritatem solummodo exequi, et *a* quamquam stilo arido tamen memoriae fidelium scribendo commendavi peregrinum mortis ipsius eventum. Neque equidem locum et temporis oportunitatem, cum animum in hoc opere intenderem, habebam, quandoquidem noster locus eodem tempore sollicitabatur metu et angustia, adeo ut, sine alicujus *b* exceptione, tam clerus quam populus indeficienti *c* periclitaretur *d* occasu et rerum suarum et vitae. Igitur inter tot adversa et angustissimos locorum fines, cepi mentem fluctuantem et quasi in Euripo jactatam compescere, et juxta scribendi modum cohibere. In qua animi mei exactione una *e* caritatis scintillula suo igne fota et exercitata omnes virtutes spirituales cordis funditus ignivit, et subsequenter hominem meum quem a foris timor possederat, scribendi quadam libertate donavit. Super hoc igitur mentis studio, quod in tam arcto positus, vestro [1] et omnium fidelium auditui in communi commendavi, si quis quicquam obgarrire et detrahere contendat, non multum curo. Securum enim me facit, quod veritatem omnibus apertam qui mecum eodem percellebantur periculo loquor, et eam posteris nostris memorandam commendo. Rogo ergo et moneo, si cui hujus *f* stili ariditas et hujus opusculi exiguus manipulus ad manus venerit, non derideat et contempnat, sed nova admiratione quae scripta sunt et Dei ordinatione congesta nostro solummodo tempore admiretur, et discat potestates terrenas non despicere vel morti tradere, quas credendum est Deo ordinante nobis esse prepositas, unde apostolus : *Omnis anima omni potestati subjecta sit, sive regi tamquam precellenti sive ducibus tamquam a Deo missis* [2]. *Tamquam* enim non est similativum, sed confirmativum;

---

a. quae *ed.* — *b.* aliorum *ed.* — *c.* indifferenti A, *ed.* — *d.* periclitabatur *ed.* — *e.* illa *ms.* — *f.* sub qui haec *ms.*

---

1. D'après les Bollandistes, l'auteur s'adresserait ici aux Brugeois.
2. 1. Petr. 2, 13.

tamquam vero dicitur in scriptura sacra[a] pro eo quod vere[b] est, sicut est ibi *tamquam sponsus*, hoc est vere sponsus. Non quidem promeruerant homicidae et potatores et scortatores et omnium vitiorum servi nostrae terrae, ut praeesset eis bonus princeps, religiosus et potens, catholicus, post Deum pauperum sustentator, ecclesiarum Dei advocatus, patriae defensor, et talis in quo terreni imperii reliqua potestas bene regendi formam et Deo serviendi materiam assumeret. Videns ergo diabolus ecclesiae et fidei christianae profectum, sicut subsequenter audituri estis, commovit terrae hoc est ecclesiae Dei stabilitatem, et conturbavit eam dolis, traditionibus et effusione innocentium sanguinis.

[1.] Karolus itaque filius[c] Cnutonis[d] regis Datiae, et matre oriundus quae terrae Flandrensis comitum de sanguine processerat, ea affinitate cognationis a puero in patria nostra altus est usque ad[e] virile robur corporis et animi[1]. Postquam vero militiae titulis armatus est, egregium facinus in hostes arripuit, famam bonam et gloriam sui nominis penes regnorum potentes obtinuit. Quem quidem per plures annos in principem preoptaverant[f] proceres nostri, si[g] forte sic evenire potuisset[2]. Igitur comes Balduinus, adolescens fortissimus, moriendo, nepoti suo Karolo regnum simul cum[h] principibus contradidit et sub fidei securitate commendavit[3]. Cepit utique majoris consilii prudentia pius

---

a. sancta *ed*. — b. verum *ms*. — c. filius itaque A. — d. Cnutionis *ed*. — e. in *ms*. — f. peroptaverant *ed*. — g. sicut *ms*. — h. et *ed*.

---

1. Charles était fils de Canut IV, roi de Danemark, et d'Adèle, fille du comte de Flandre Robert le Frison. Après l'assassinat de son mari, le 10 juillet 1086, Adèle se réfugia en Flandre avec son jeune fils. Cf. *Vita s. Canuti*, Boll. Juill. III, p. 118, et Walter, *Vita Karoli* § 2. Charles fut élevé dès lors à la cour comtale et devint même plus tard (Walter § 5) le précepteur et le conseiller de son cousin Baudouin VII.
2. C'est-à-dire pour le cas où le comte Baudouin mourrait sans héritiers, ce qui arriva.
3. Le comte Baudouin VII, petit fils de Robert le Frison, succéda à son père Robert II en 1111 et mourut très jeune, le 17 juin 1119, d'une blessure reçue pendant une expédition en Normandie contre le roi d'Angleterre (Walter § 6; Herman de Tournai, *Mon. Germ. hist.*, *Script*. XIV, p. 284; *Flandria generosa*, *Ibid*. IX, p. 324). A part Guillaume d'Ypres, fils naturel de Philippe, fils de Robert le Frison, que soutenait la comtesse Clémence, mère de Bau-

comes de pacis reformatione disponere, leges et jura regni revocare[1], ita ut, paullatim pacis statu undecumque correcto [a] in quarto sui comitatus anno per illum omnia florerent, omnia riderent et [b] omnia justitiae et pacis securitate et multiplici jucunditate fruerentur. Tantam [c] videns gratiam pacis omnibus jucundam, indixit per terminos regni, ut sub quiete et securitate absque armorum usu communiter degerent, quicumque aut in foro aut infra castra manerent et conversarentur [d], alioquin ipsis plecterentur armis quae ferrent[2]. Sub hac ergo observantia arcus et sagittae et subsequenter omnia arma postposita sunt in forinsecis locis sicut et [e] in pacificis[3]. Qua pacis gratia legibus et justitiis sese regebant homines, omnia ingeniorum et studiorum argumenta ad placita componentes, ut in virtute et eloquentia rhetorices unusquisque se defensaret, cum impetitus fuisset vel cum hostem impeteret, qua colorum varietate oratorie fucatum deciperet. Tunc vero habuit rhetorica sua exercitia et per industriam et per naturam, erant enim multi illiterati, quibus natura ipsa [f] eloquentiae modos et rationabiles prestiterat conjecturandi et argumentandi vias, quibus nullatenus illi qui disciplinati erant et docti artem rhetoricam obviare vel avertere poterant. Sed quia iterum suis fallaciis minus cautis fideles et oves Christi in placitis illi convenerunt, Deus qui omnia ab alto speculatur, corripere fallaces

a. collecto *ed.* — *b.* deest *ed.* — *c.* tandem *ed.* — *d.* conversarent *ms.* — *e.* deest *ms.* — *f.* ipsa natura *ms.*

douin (Walter, § 7), ses héritiers les plus proches étaient ses cousins germains, Charles et Thierry d'Alsace. Il ne semble pas que ce dernier ait essayé alors de faire valoir ses droits et Charles fut reconnu comme comte de Flandre, Guillaume ayant été écarté à cause de sa naissance illégitime.

1. *revocare* a ici le sens de renouveler, v. Waitz, *Verfassungsgeschichte*, VI, p. 448, n.

2. Walter, § 12, dit : *et quia sagittis maxime homicidia quasi de insidiis perpetrare consueverant, ne omnino arcus aut sagittas quisquam eorum auderet habere prohibuit*. Les deux passages font évidemment allusion à une loi de paix analogue à celles que plusieurs comtes de Flandre promulguèrent depuis la fin du XIe siècle. Sur le rôle de ces paix dans la constitution du pays, v. Waitz, *Verfassungsgeschichte*, VII, p. 447, et Warnkoenig-Gheldolf, *Histoire de Flandre*, II, p. 294. — Cf. Walter § 19.

3. Waitz, *Verfassungsgeschichte*, IV, p. 448, n. 1, citant ce passage, le traduit par : den offenen und befestigten Orten. On peut rapprocher du *pacificis* de Galbert l'expression : *vrede* (paix), par laquelle on désignait en Flandre, au moyen-âge, l'enclos emmuraillé précédant la maison.

suos non despexit, ut, quibus eloquentiae bonum prestiterat ad salutem, ipsis per flagella insinuaret, quia eo bono usi sunt ad propriam perditionem.

[2.] Inmisit ergo Dominus flagella famis et postmodum mortalitatis omnibus qui in regno degebant nostro, sed prius terrore signorum revocare dignabatur ad penitendum, quos pronos previderat ad malum. Anno ab incarnatione Domini MCXXIV, in augusto mense, universis terrarum inhabitatoribus[a] in corpore solari circa nonam horam diei[b] apparuit eclipsis[1], et luminis non naturalis defectus, ita ut solis orbis orientalis obfuscatus paullatim reliquis partibus ingereret nebulas alienas, non simul tamen totum solem obfuscantes, sed in parte, et tamen eadem nebula totum pererravit[c] solis circulum, pertransiens ab oriente usque ad occidentem tantummodo in circulo solaris essentiae, unde qui statum pacis et placitorum injurias notabant, futurae famis et mortis periculum minabantur universis. Cumque neque sic correcti sunt homines, tam domini quam servi, venit repentinae famis inedia, et subsequenter mortalitatis irruerunt flagella. Unde in psalmo[2] : *Et vocavit famem super terram, et omne firmamentum panis contrivit*[d]. Qua tempestate non poterat solito more sese quisque cibo et potu sustentare, sed contra morem tantum panis insumpsit epulator semel in prandio, quantum ante hoc tempus famis in diversis diebus sumere consueverat, atque sic per insolentiam est gurgitatus, et omnes naturales receptaculorum meatus distenti nimietate repletionis cibi et potus, natura languebat[e]. Cruditate quoque[f] et indigestione tabescebant homines, et adhuc fame laborabant, donec spiritum exhalarent ultimum. Multi quoque inflati sunt, quibus cibus et potus

1124.

---

a. habitatoribus A *ed. corr.* Köpke. — *b.* diei horam *ms.* — *c.* penetravit *ms.* — *d.* concurrit *ed.* — *e.* cibi et potus cruditate quoquo indigestionis natura languebat *ms.* — *f.* deest *ms.*

---

1. Une éclipse centrale de soleil, visible en Europe à midi ou méridien de Paris, eut effectivement lieu le 11 août 1124.
2. Ps. 104, 16.

fastidiebat, quibus tamen utique abundabant[a]. Quo tempore famis, in media quadragesima[1], etiam homines terrae nostrae, circa Gandavum et Legionem[2] et Scaldim[b] fluvios commanentes[c], carnes comederunt, eo quod panis eis prorsus defecisset. Quidam vero ipso itinere cum[d] transitum facerent ad civitates et castra in quibus panem sibi compararent, nondum semiperfecto transitu suffocati, fame perierunt; juxta[e] villas et curtes divitum et castra seu munitiones, pauperes cum ad elemosinas misero gressu devoluti venissent, mendicando mortui sunt. Mirabile dictu, nulli in terra nostra manserat naturalis color, sed talis pallor affinis et proprius mortis inerat universis. Languebant scilicet[f] sani et aegri, quia, qui sanus erat in compositione corporis, aeger effectus est, visa miseria morientis[3].

[3.] Neque sic quidem correcti sunt impii, qui eodem tempore, sicut aiunt, in[g] piissimi comitis Karoli mortem conspiraverant[4]. At comes egregius satagebat omnibus modis pauperes sustentare, elemosinas largiri in castris et in locis suis, et presens ipse et per ministros suos. Eadem tempestate centum pauperes in Brugis omni die sustentabat, singulis illorum unum panem admodum grandem tribuens ab ante quadragesimam praedictam usque in novas ejusdem anni messes[5]. Similiter in aliis castris suis idem disposuerat. Eodem anno edixerat dominus comes, quod, quicumque duas mensuras terrae seminarent tempore sementis[h], alte-

---

a. quibus tamen utramque abundabat *ms.* — b. Scaldum *ed.* — c. commorantes *ed.* — d. dum A. — e. circa *ed.* — f. similiter *ed.* — g. deest *ms.* — h. sermentis *ms.*

---

1. C'est-à-dire le 4 mars 1125.
2. La Lys. La forme *Legio* employée par Galbert est très rare, on trouve presque toujours : *Legia* ou *Leia*.
3. Sur cette grande famine de 1125, cf. Walter, § 11 ; les *Annales Blandinienses* (*Mon. Germ. hist., Script.*, V, p. 28); *Sigeberti contin. Anselmi* (*Ibid.*, VI, p. 376); *Sigeberti contin. Praemonstratensis* (*Ibid.*, VI, p. 449); *Sigeberti contin. Burburgensis* (*Ibid.*, VI, p. 456); *Roberti de Monte Chronicon* (*Ibid.*, VI, p. 488); *Ekkehardi Chronicon* (*Ibid.*, VI, p. 264).
4. D'après ces mots il faudrait croire que le meurtre de Charles était déjà décidé en 1125.
5. On voit par là que Galbert ne fait pas commencer l'année à Pâques contrairement à l'usage habituel en Flandre.

ram mensuram terrae seminarent *a* faba et pisa, eo quod hoc genus leguminis citius et tempestivius fructum proferret, unde pauperes citius sustentari potuissent, si famis miseria atque inedia eo anno non cessaret. Similiter per omnem comitatum suum preceperat, per hoc in futuro consulens pauperibus quantum poterat. Illos etiam ex Gandavo turpiter redarguit, qui passi sunt ante ostium domus suae mori pauperes fame, quos pavisse poterant[1]. Cervisiam quoque interdixit confici, ut eo levius et melius abundarent pauperes, si a cervisia conficienda cessarent tempore famis cives et incolae terrae. Nam ex avena panes fieri jussit, ut saltem in pane et aqua vitam continuarent pauperes. Vini quartam sex pro *b* nummis vendi precepit, et non carius, ideo ut cessarent negotiatores ab abundantia et emptione vini, et merces suas commutarent pro necessitate famis pro victualibus aliis, quibus levius abundarent et facilius pauperes susterrent. A propria mensa sibi quidem subtraxit cotidie victum, unde centum pauperes et tredecim sustentabantur. Indumenta insuper nova, scilicet camisiam, tunicam, pelles, cappam, braccas, caligas[2], subtulares[3] a principio illius quadragesimae et devoti jejunii sui, in quo statim traditus in Domino obdormivit, cotidie uni pauperum erogavit[4], usque ad diem quem obiit in Christo; atque dispensatione tali et misericordi erogatione in pauperes peracta, sic ibat ad ecclesiam, ubi in oratione decumbens psallebat Deo psalmos, ibique audito *c* ex more sacro denarios pauperibus distribuit, sic Domino prostratus[5].

---

a. seminarent terrae *ms.* — *b.* pro sex *ms.* — *c.* deest *ms.*

---

1. Ce passage fait allusion aux accapareurs de grains. D'après la tradition postérieure, ce sont ces mesures contre les accapareurs qui auraient provoqué le meurtre de Charles; voy. *Chron. comit. Flandr.* dans De Smet, *Corpus chronicorum Flandriae*, I, p. 80 sqq.
2. Chaussure attachée à des bandelettes croisées autour de la jambe. C'était un article de fabrication à Bruges au XII⁰ siècle : *Bruga, quae caligis obumbrat crura potentum.* (Guill. Brito.)
3. Ou mieux : *subtalares* : souliers; on y entrait le pied chaussé de la *caliga*.
4. D'après Walter, § 25, Charles habillait journellement cinq pauvres.
5. Sur les mesures prises par Charles pendant la famine, cf. Walter, § 11, dont les renseignements concordent avec ceux de Galbert en les complétant; *Sigeberti contin. Praemonstrat.* (*l. c.*) et *Chronic. Turonense* (*Rec. hist. Franc.* XII, p. 470).

1125,
23 mai.

[**4.**] Cumque in comitatu suo Flandriarum marchio Karolus pacis et gloriae decore degeret, Heinricus *a* imperator Romanus diem obiit, et desolatum est regnum imperii illius et sine herede exheredatum [1]. Igitur sapientiores in clero et populo regni Romanorum et Teutonicorum satagebant omnibus modis, quem sibi ad imperium regni providerent virum nobilem tam genere quam moribus. Igitur, circumspectis terrarum et regnorum principibus, considerate inierunt consilium, quatenus illi sapientiores et potentiores in regno legatos idoneos, scilicet cancellarium archiepiscopi Coloniensis [2] civitatis, et cum eo comitem Godefridum [3] sollempniter transmitterent ad consulem Flandriarum Karolum Pium, ex parte totius cleri et ex parte totius populi regni et imperii Teutonicorum, expostulantes et obsecrantes *b* potentiam et pietatem ipsius, ut imperii honores et *c* dignitates regias cum suis facultatibus pro sola caritate assumeret. Omnes enim meliores tam in clero quam in populo eligendum sibi cum *d* justissimo desiderio expectabant, ut si Deo donante ad ipsos dignaretur adscendere, coronatione et imperii exaltatione unanimiter sublimarent, ac *e* regem illum lege predecessorum catholicorum imperatorum constituerent [4]. Cumque legationem et expostulationem audisset Karolus comes, consilium cum nobilibus et paribus suae terrae *f* subiit, quid super hoc ageret. At illi, qui ipsum justo amore et dilectionis virtute dilexerant et ut patrem venerabantur, ceperunt dolere et discessum ejus deflere, et ruinam

---

a. Hindricus *ms.* — *b.* et postulantes et observantes P. — *c.* ac A. — *d.* cum *ms.* — *e. deest ms.* — *f.* terrae suae *ms.*

---

1. Henri V mourut le 23 mai 1125.
2. Frédéric, archevêque de Cologne (1099-1131).
3. Les Bollandistes croient qu'il s'agit de Godefroi, comte de Namur (1105-1139) frère d'Albert, évêque de Liège. Bernhardi, *Lothar von Supplimburg*, p. 9, admet cette conjecture.
4. Otton de Freising, VII, 17, est la seule source qui confirme les renseignements de Galbert sur l'offre faite à Charles de la couronne impériale. Giesebrecht (*Kaiserzeit*, IV, p. 417), pense toutefois que Galbert a exagéré en disant que *tous* les princes ont fait des avances au comte de Flandre. Bernhardi, (*l. c.*, p. 9 sq.), pense que c'est l'archevêque Frédéric qui aura mis en avant la candidature de Charles : il voulait un prince peu influent dans l'Empire et tout dévoué à l'Église.

patriae gravem fore, si forte eam desereret. Tandem illi traditores pessimi qui vitae ipsius inimicabantur consuluerunt ei ut regnum et ejus honores preriperet inter Teutonicos, persuadentes ei quantae gloriae et quantae famae sibi foret regem Romanorum esse. Laborabant miseri illi qua astutia, quibus dolis carerent eo, quem *a* postmodum, dum amovere non poterant, viventem tradiderunt, pro lege Dei *b* et hominum cum ipsis decertantem. Remansit itaque in comitatu suo Karolus comes pro expostulatione suorum dilectorum [1], pacem et salutem patriae, quantum in se erat, omnibus demandans et constituens, catholicus, bonus, religiosus, cultor Dei hominumque rector providus. Qui cum secularis militiae facinora acturus foret, non habebat hostes circa terram suam, sive in *c* marchiis sive in confiniis et terminis suis, quia *d* timebant eum, aut pacis et dilectionis foedere conjuncti, potius munera et donaria in invicem transmiserant; sed certamina militiae secularis pro honore terrae suae et pro exercitio militum suorum apud aliquem comitum vel principum Normanniae vel Franciae, aliquando vero ultra regnum Franciae, arripuit, illicque *e* cum ducentis equitibus tornationes exercuit, qua in re famam suam et comitatus sui potentiam ac gloriam sublimavit [2]. Quicquid ergo levitatis hujus culpa deliquit, elemosinarum multiplici redemptione apud Deum *f* emendavit [3].

[5.] Hujus *g* quoque vitae tempore contigit regem Hieroso-   1123.

a. quod *ms.* — *b.* Domini *ms.* — *c.* deest *ms.* — *d.* qui *ms.* — *e.* illucque *ms.* — *f.* dominum *ms.* — *g.* ejus *ms.*

1. D'après Bernhardi (*l. c.*), ce ne seraient pas les instances des Flamands qui auraient décidé Charles à refuser une candidature à l'Empire, mais l'impossibilité où il se voyait de pouvoir résister au duc de Souabe, le plus puissant des princes qui briguaient la succession de Henri V. Galbert a cherché ici, comme dans le chapitre suivant, le motif le plus honorable pour son héros.
2. Sur les tournois du XIIe siècle, dans les Pays-Bas, très différents de ceux de la fin du moyen-âge et analogues à des manœuvres militaires, voyez plusieurs passages très instructifs dans Gislebert, *Chronicon Hanoniense*, *Mon. Germ. hist.*, *Script.*, XXI, p. 481 sqq.
3. On sait que l'église considérait comme un péché le fait de prendre part à un tournoi. V. *Conc. Lateran.* an. 1139 c. 14. César de Heisterbach (*Liber miraculorum*, VII, 39) rapporte que les chevaliers tués dans les tournois n'étaient pas enterrés dans les cimetières et il ajoute (XII, 16) qu'ils étaient damnés.

lymorum¹ in captivitatem Saracenorum cucurrisse, et desolata sedebat civitas Hierusalem absque rege suo, quem, sicut didicimus, christiani nominis milites qui militiae christianae ibidem studuerant odio habebant, eo quod tenax et parcus fuisset rex ille captus, nec bene rexisset populum Dei. Inierunt ergo consilium et communi consensu litteras direxerunt comiti Karolo, ut adscendens Hierosolymam, regnum Judeae assumeret, et in loco et in[a] sancta civitate imperii catholici coronam dignitatemque regiam possideret². Noluit igitur, super hoc accepto fidelium suorum consilio[b], deserere patriam Flandriarum, quam vita comite bene recturus foret, et satis melius quam adhuc rexisset, nisi traditores illi pessimi, pleni demonio, dominum et patrem plenum spiritu pietatis et consilii et fortitudinis enecassent. Proh dolor! quod tantum virum ab ecclesia Dei tollerent, de quo regem ecclesiae³ et populus orientalis imperii⁴ et Hierosolymorum civitas sancta simul cum populo christianorum peroptaverat et disposuerat simulque expostulaverat constituere.

[6.] Deficiunt quidem mihi vires animae et ejus memoria simulque major vis in anima, scilicet ratio ad laudandum bonum consulem Karolum, cujus meritis impares omnes estis vos terrarum principes, minus potentes, imperiti, indiscreti, incompositi moribus. Nam talis erat comes Karolus in fine vitae apud religiosos filios ecclesiae, qualis in meritis suis precellebat rectores et plures philosophos fidei christianae, et quamvis olim peccator et criminosus fuerit, in fine vitae bonae ex[c] penitentiae fructu omnia coopera-

a. *deest ms.* — b. consilio... accepto P. — c. et *ms.*

---

1. Baudouin II, roi de Jérusalem, fait prisonnier par Belek-Ibn-Behram, en avril 1123, ne fut mis en liberté qu'après le 7 juillet 1124.
2. Je n'ai trouvé nulle part ailleurs mention d'ouvertures faites à Charles le Bon, au sujet de la couronne de Jérusalem.
3. Il faut sans doute lire : *ecclesia*.
4. L'empire romain-germanique. On sait que, plus tard, les marchands de la Hanse étaient désignés en Flandre par le nom d'*Oosterlingen*, c'est-à-dire d'*Orientaux*.

bantur ei in bonum et salutem *a* animae perpetuam. Unde et ille ait *dicique beatus*

Ante obitum nemo supremaque funera debet [1].

Et apostolus : *Scimus, quoniam diligentibus Deum omnia cooperantur in bonum, his qui secundum propositum vocati sunt sancti* [2]. In sacro loco igitur et in sacris orationibus, et in sacra cordis devotione, et in sacro quadragenarii tempore, et in sacra elemosinarum largitione, et ante sacrum altare, et ante *b* sacras reliquias sancti *c* Donatiani archiepiscopi Remorum et beati Basilii magni et sancti Maximi trium mortuorum suscitatoris [3], canes immundi, demonio pleni, servi dominum suum jugulaverunt. Nemo quippe ita est absurdus, ita hebes, ita stolidus, qui non adjudicaret traditores illos penis infimis et inauditis; qui inaudita traditione dominum suum, ipsi servi qui observasse debuerant, disperdiderunt. Igitur mirandum erat et singulariter memorandum, quod, cum *d* multos vidimus *e* imperatores, reges, duces ac consulares viros, nullum vidimus vel audivimus adhuc, quem ita deceret fuisse dominum ac patrem, advocatum ecclesiarum Dei, sicut ipsum condecuit. Sciebat enim esse dominus, pater, advocatus, pius, mitis, exorabilis, ad honorem Dei et decorem ecclesiae idoneus, quod vere satis probabile est, quia post mortem tanti viri protestati sunt super ipsius meritis omnes, et amici et inimici, extranei et vicini, nobiles et ignobiles, et cujuscumque terrae habitatores, qui saltem egregiam famam de ipso audierant, quanti meriti foret credendus *f* apud Deum et homines, qui, propter justitiam Dei exequendam, et propter salutem eorum quos regebat, more christiani rectoris occubuit. Quem homines suae pacis super illum magnificantes supplantatio-

---

a. consulem *ms.* Dans P ce mot est expliqué dans la marge par custodiam. — *b.* inter *ed.* — *c.* sanctorum *ms.* — *d.* et *ed.* — *e.* viderimus *ed.* — *f.* credendus foret *ms.*

---

1. Ovide, Métamorph. III, 136, 137.
2. Rom. 8, 28.
3. Les reliques de ces trois saints étaient conservées dans l'église du château de Bruges, consacrée à S. Donatien, où Charles fut assassiné.

nes tradiderunt, ut in psalmo : *Etenim homo pacis meae, qui edebat panes meos, magnificavit super me supplantationes*[1].

1126. [**7.**] Postquam ea[a] igitur clementia Dei flagella subtraxerat[2], et molestiam temporis prorsus remotam frustraverat, cepit suae dignationis copiam terris commodare, et jussit vegetabilitate frugum horrea repleri, vino[3] et ceteris victualiis mundum redundare, et quadam amenitate temporum jussu divino tota terra refloruit. Volens itaque comes pius iterum revocare honestatem regni, perquisivit qui fuissent de pertinentia sua proprii[4], qui servi, qui liberi in regno. Dum[b] placitorum negotia agebantur, saepe comes presens aderat, audiens de disceptatione libertatis secularis et conditione servorum, scilicet quod in magnis negotiis et generalibus causis[5] liberi responsa non dignabantur reddere servis. Quos quidem comes de pertinentia sua perquirere poterat, sibi vindicare laborabat. Unus prepositus, Bertulfus ille[c] Brugensis[6], et frater ejus castellanus in Brugis[7] cum nepotibus suis Bordsiardo[d][8], Roberto[9], Alberto et ceteris

a. deest ed. — b. Qui dum ms. — c. deest cd. — d. Borsiardo ms.

1. Psal, 40, 10.
2. Les mots *ea flagella* désignent la famine dont il a été parlé aux § 2 et 3. Ils annoncent évidemment un récit qui devait être placé immédiatement après celui de la famine. Il est donc probable que les §§ 4, 5 et 6 sont une intercalation postérieure.
3. La vigne était cultivée, en Flandre, au moyen âge; ce serait le comte Baudouin V (1036-1067) qui l'y aurait introduite, v. une lettre adressée à ce comte par Gervais, archevêque de Reims, *Miracula s. Donatiani*, dans *Mon. Germ. hist., Script.*, XV, p. 854.
4. Les mots *de pertinentia sua proprii* désignent les *ministeriales* du comte.
5. Dans les affaires intéressant la haute justice et dans les plaids généraux(?).
6. Bertulf, fils du châtelain de Bruges Erembald (mort après 1089, v. § 71), est cité pour la première fois, comme chanoine, en 1089 (Miraeus-Foppens, *Opera diplomatica*, III, p. 567). En 1093, il apparaît déjà comme prévôt de S. Donatien (*Ibid.*, II, p. 1142). D'après le § 57 il aurait acquis cette dignité en 1091. Comme prévôt de S. Donatien, Bertulf était le premier ecclésiastique de Flandre : depuis 1089, en effet, le prévôt de cette église était en même temps chancelier de Flandre. Cf. Walter, § 14 et Miraeus-Foppens, *Op. dipl.*, I, p. 359.
7. *Desiderius Hacket*, châtelain de Bruges depuis 1115 au plus tard (v. Miraeus-Foppens, *Op. dipl.*, III, p. 30). Hacket était, comme Bertulf, fils du châtelain de Bruges Erembald, v. § 71.
8. Walter appelle ce personnage *Burchardus*; l'auteur de la *Passio* anonyme de Charles, *Mon. Germ. hist., Script.*, XII, p. 620, lui donne le nom de *Fromoldus* surnommé *Borchardus*. Il était fils de Lambert Nappim, frère de Bertulf (§ 71).
9. Il s'agit ici de *Robertus puer* qui joue un grand rôle dans la suite du

de illa cognatione precipuis, elaborabat omni astutia et ingenio, quomodo a servitute et pertinentia comitis sese absentaret et subterfugeret; nam et ipsi de comitis pertinentia erant conditione servili. Accepto tandem consilio, prepositus ille neptes suas nubiles, quas educaverat in domo sua, militibus liberis in conjugium tradidit, ut quasi occasione illa nubendi ad libertatem secularem quodammodo accederent ipse et sui. Sed contigit, quod miles, qui neptem prepositi duxerat in uxorem [1], ad singulare bellum alium [a] quemdam in presentia comitis appellaret militem, qui secundum suae cognationis propagationem liber erat; at appellatus indignationis sibi repulsa viriliter [b] respondit, scilicet se non fuisse de servili conditione, imo liberae dignitatis, secundum lineas sui generis propagatum, et ob hoc ad bellum singulare non se fore parem appellanti congressurum. Quicumque enim, secundum jus comitis, ancillam liber in uxorem duxisset, postquam annuatim eam obtinuisset, non erat liber [c], sed ejusdem conditionis erat effectus cujus et uxor ejus [2]. Indoluit ergo miles ille qui propter uxorem suam libertatem amiserat, per quam liberiorem se fore crediderat cum eam accepisset; indoluit ergo prepositus et sui, et ideo enitebantur omnibus modis se subtrahere a servitute comitis. Igitur, cum veritatis judicio [d] et seniorum regni relatu comes intellexisset, quod sibi sine cunctatione pertinuissent, conabatur ipsos suae servituti vendicare; et tamen quia prepositus et cognati ejus a comitis [e] predecessoribus usque ad hoc tempus de servili conditione non [f] interpellatus nec pulsatus fuit, quasi sopitum et multis temporibus neglectum foret [g], omnium oblivioni tradebatur, nisi in predicta belli appellatione ad recordationis veritatem revocatum fuisset.

a. deest ms. — b. viliter ed. — c. liber non erat ms. — d. indicio ed. — e. comitibus ms. — f. deest ms. — g. fera ms.

récit. Il était fils de Robert, châtelain de Bruges (c. 1101-c. 1109), frère de Bertulf, v. Walter, § 24, et *Passio Karoli comitis auctore anonymo*, § 2. Son frère Albert n'apparaît plus dans le reste de l'ouvrage.
1. Ce chevalier est Robert de Kerseka, comme on le voit au § 25. Il avait été appelé en justice pour violation de trêves. Cf. Walter, § 15.
2. Cf. § 25. — Walter, § 15, raconte la même chose.

[8.] Ceterum prepositus cum tota nepotum successione post comitem in regno potentior et fama atque religione gloriosior, se liberum fuisse et cognationis tam antecessores quam successores suos confirmabat, et quadam superstitione et arrogantia sic esse *a* contendebat. A comitis igitur mancipatione et pertinentia se et suos subtrahere consilio et potentia laborabat, et ideo saepe improperabat comiti sic : « Iste Karolus de Dacia numquam ad comitatum conscendisset, si ego voluissem. Nunc ergo, cum per me sit comes effectus, non recordatur quod bene sibi fecerim, imo laborat prorsus me cum toto genere meo retorquere in servum, perquirens a senioribus utrum simus ejus servi. Sed querat, quantum velit, nos semper erimus et sumus liberi, et non est homo super terram, qui possit nos constituere servos. » Frustra tamen jactanter loquebatur; nam consul precautus *b* detractionem prepositi et suorum intellexerat, et fraudem simul et traditionem audierat. Quandoquidem cum *c* defensionis *d* suae effectum habere non poterat prepositus et sui, quin libertate sibi usurpata carerent, maluit ipse cum tota nepotum successione perire quam servituti *e* comitis mancipari. Perverso tandem et nefandi consilii dolo ceperunt de morte piissimi consulis seorsum tractare *f*, et tandem locum et oportunitatem occidendi illum pretendere [1].

[9.] Laetus ergo prepositus erat, quod lites et seditiones ortas inter nepotes suos et Thancmarum [2], cujus parti justae

---

a. so ed. — b. percautus ms. — c. deest ed. — d. defectionis ms. — e. servitute ed. — f. deest ms.

1. Walter, § 15, Herman de Tournai, *Mon. Germ. hist.*, *Script.*, XIV, p. 285, et Suger, *Vie de Louis le Gros*, éd. Molinier, p. 111, considèrent aussi, comme la cause du meurtre de Charles, la tentative faite par celui-ci de récupérer ses droits sur la famille de Bertulf.

2. Thancmar de Straeten (auj. S. André, à 3 kil. O. de Bruges) est cité dans des chartes depuis 1105. D'après les Bollandistes, p. 159, il serait le fils d'Athelardus de Straeten cité en 1067 et 1089. La tradition populaire a faussement attribué le meurtre de Charles à la famille de Straeten, dans laquelle elle range Bertulf, Hacket, etc. La haine que les Straeten soulevèrent contre eux en soutenant, en 1128, Guillaume de Normandie contre Thierry d'Alsace et les Brugeois, aura contribué à produire cette confusion. Il semble d'ailleurs que les Brugeois aient été fort hostiles au lignage de

comes favebat, occasiones haberet tradendi comitem; nam universos milites provinciae nostrae, tum pretio, tum potentia, tum petitione, acciverat in auxilium nepotum suorum contra Thancmarum [1]. Quem quidem obsedit circumquaque in loco, quo se vallaverat, et tandem collecta manu invasit validissime obsessos, et claustra portarum confringens, detruncavit pomeria et sepes inimicorum suorum. Absens tamen et quasi nihil fecisset consilio et dolo omnia fecit, omnem benevolentiam a foris pretendebat, et inimicis dicebat sese dolere, quod nepotes sui tot lites, tot homicidia peragerent, quos quidem ad omnia nefaria animaverat. In congressione ergo predicta utrimque ceciderunt eo die plurimi vulnerati et mortui. Quod cum intellexisset prepositus, quod jam congressio fieret, ipsemet descendit ad carpentarios, qui in claustro fratrum operabantur, et jussit ferramenta eorum, scilicet secures, illuc deferri, quibus detruncarent turrem et pomeria et domos inimicorum suorum. Misit ergo per singulas domos in suburbio [2] ad colligendas secures, quae illuc[a] citissime delatae sunt. Cumque in nocte redissent nepotes ejus cum quingentis militibus armigeris et peditibus infinitis, induxit eos in claustrum et fratrum

a. corr. Köpke illic.

Thancmar, v. § 45, 101, 113. On trouve la version légendaire complètement développée dans le *Cronicon comitum Flandrensium*, éd. De Smet, *Corpus Chronicorum Flandriae*, I, p. 80 sqq. Mais elle est déjà en germe dans le récit anonyme du meurtre de Charles (*Mon. Germ. hist.*, XII, p. 621), car l'auteur de ce texte fait de Burchard l'assassin du comte, le châtelain de Straeten.

1. Il s'agit ici d'une guerre privée. Ces guerres furent particulièrement fréquentes en Flandre au XIe et au XIIe siècle; v. des textes caractéristiques dans: *Miracula s. Ursmari in itinere per Flandriam facta*, Mon. Germ. hist., Script., XV, p. 839; Hariulf: *Vita Arnulfi Suess.*, Ibid., p. 879; *De s. Donatiano*, Ibid., p. 858; Walter, *Vita Johannis Warnestun.*, Ibid., p. 1146. Pour la guerre entre Thancmar et les neveux de Bertulf, cf. Walter, § 18.

2. Le mot *suburbium*, qui revient fréquemment dans Galbert, désigne l'agglomération formée autour du *castrum* ou *burgus* de Bruges. C'est la ville marchande établie à côté de la forteresse comtale. Cf. Jean d'Ypres, *Mon. Germ. hist., Script.*, XXV, p. 768. Plusieurs villes flamandes se sont formées de la même manière. Le *suburbium* de Bruges ne fut entouré de fortifications qu'après le meurtre de Charles (Galbert, § 25). En 1127 il s'étendait au sud-ouest du *castrum* jusqu'à un endroit appelé *Harenas*: c'est actuellement le *Zandberg* ou *Marché du Vendredi* (Galb., § 16, 51). Il comprenait alors déjà plusieurs églises: S. Sauveur, Notre-Dame, S. Christophe, S. Pierre. On doit croire que les limites de la franchise de Bruges, telles qu'elles sont indiquées dans la première charte de cette ville (éd. Warnkœnig-Gheldolf, *Hist. de Flandre*, II, p. 417), sont celles du *suburbium*.

refectorium, in quo refecit universos diverso ciborum et potuum apparatu, et super hoc laetus et gloriosus erat. Cumque assidue sic affligeret inimicos et maximam in eis expensam faceret, qui nepotes suos juvarent, ceperunt primo armigeri, postea milites depredari rusticos, adeo ut pecudes et armenta villicorum raperent et devorarent. Quicquid in suum usum possederant rustici, hoc nepotes prepositi violenter rapiebant et suorum sumptui deputabant. Sed a principio regni nullus comitum perpessus est rapinam fieri in regno[1], eo quod maxima mors et pugna inde contigisset.

[10.] Audierunt ergo rustici comitem venisse apud Ipram, ad quem nocte et clanculo usque ad ducentos transierunt, pedibusque[a] ipsius convoluti, obsecrantes paternum et consuetum ab eo auxilium, ut res ipsorum reddi juberet, scilicet pecudes et armenta, vestes et argentum, insuper omnem ceteram suppellectilem domuum suarum, quae omnia rapuissent nepotes prepositi, et illi[b] qui in expeditionem illius obsidionis cum illis et nocte et die pugnassent. Quas proclamorum conquestiones comes graviter ferens, convocavit consiliatores suos et plures etiam qui de cognatione prepositi fuere, perquirens ab eis qua vindicta et quo rigore, justitia[c] hoc facinus justificaret[2]. At illi consilium dederunt, ut sine dilatione domum Borsiardi incendio destrueret, eo quod rapinam in rusticos comitis exercuisset, atque ideo maxime consiliati sunt domum prefatam destrui, quia[d] quamdiu staret tamdiu lites et rapinas Borsiardus insuper et homicidia perageret, et sic viciniam illam[e] protinus[f] vastaret. Descendit ergo super hoc

1127.
27 février.

a. pedibus ms. — b. omnes P. — c. justitiae ed. — d. quae ed. — e. deest ed. — f. prorsus ed.

1. Sur l'énergie avec laquelle les comtes de Flandre firent respecter la paix, dans leur territoire, voir Herman de Tournai, *Mon. Germ. hist., Script.*, XIV, p. 283; *Chron. S. Andreae*, ibid., VII, p. 546. Charles le Bon était en France dans l'armée que Louis VI conduisait contre Guillaume d'Aquitaine, lorsque se passèrent les évènements racontés ici par Galbert. Cf. Walter, § 19, et Suger, *Vie de Louis VI*, éd. Molinier, p. 108.

2. Le comte convoqua sa cour à Ypres, le 27 février 1127, v. Walter, § 20.

consultus *a* consul, et incendit domum et funditus mansionem ejus destruxit[1]. Tunc ille Borsiardus et prepositus et ipsorum complices ultra modum indoluerunt, tum quia comes in hoc facto videbatur consensum et auxilium prestitisse inimicis eorum, tum quia comes cotidie ipsos de servili conditione pulsaret, et ad sibi mancipandos omni modo *b* laboraret. Sicque domo conflagrata, comes Brugas *c* adscendit[2]. Conscensa *d* igitur domo cum consedisset, venerunt ad eum qui familiares erant ei, et precautum reddiderunt dicentes, quod nepotes prepositi eum traderent, eo quod jam occasionem aptam pretenderent a conflagratione domus prefatae, quamquam, etsi hoc non fecisset comes, non minus tamen ab illis traderetur. Postquam vero comes cenaverat, adscenderunt coram eo intercessores[3] ex parte prepositi et nepotum ipsius, qui exorarent comitem, ut indignationem suam ab eis averteret, et sub amicitia sua miseratus eos reciperet. At consul omnia justa se cum illis acturum et misericorditer etiam *e* respondit, si lites et rapinas postponere deinceps voluissent, et meliorem domum insuper restituere Borsiardo se debere promisit. In loco tamen in quo domus combusta est jurabat, se comitatum obtinente, amplius Borsiardum nullam possessionem obtenturum, eo quod usque tunc juxta Tancmarum manens, numquam nisi lites et *f* seditiones in hostes et in cives cum rapina et cede ageret. Qui vero intercessores fuere, partim conscii traditionis, non multum super reconciliandis vexabant comitem, et quoniam *g* propinatum ibant ministri, rogabant comitem ut de vino meliore afferre *h* juberet. Quod cum ebibissent *i*, sicut potores solent, rogabant semel sibi propinari et abundanter adhuc, ut *j* posteriore licentia et

1127, 28 février.

28 février.

---

a. consultus super hoc *ms.* — *b.* omnino P. — *c.* Bruggas *ms.* — *d.* concessa *ed.* — *e.* deest *ms.* — *f.* deest *ms.* — *g.* quando *ed.* — *h.* afferri *ms.* — *i.* ebibisset *ms.* — *j.* et *ms.*

---

1. L'incendie de la maison de Borsiardus eut lieu le 28 février, v. Walter, § 21. L'*arsin* est un des châtiments caractéristiques de la législation de paix; c'est de là qu'il a passé dans le droit de toutes les villes flamandes.
2. Charles arriva à Bruges le 28 février, v. Walter, § 21.
3. Walter, § 22, nomme ici Gui de Steenvoorde ou d'Estanfort.

ultima a consule accepta, quasi dormitum abirent; et jussu comitis abundanter propinatum est omnibus illis qui aderant, donec accepta licentia ultima ipsi abissent.

[11.] Igitur Isaac[1] et Borsiardus et Willelmus ex Wervi[2] [a]. Ingrannus[3] et eorum complices, accepto assensu a preposito, quod ex [b] necessitate divinae ordinationis per liberam voluntatem quidem facturi erant, accelerabant. Nam statim hi [c] qui mediatores et intercessores erant inter comitem et nepotes prepositi, conscensa [d] domo ejusdem prepositi, denunciaverunt responsum comitis, scilicet quod nullam gratiam potuissent acquirere aut nepotibus aut eorum fautoribus predictis, sed hoc solum cum eis ageret, quod justitiae districtione censura primatum terrae constituisset. Tunc prepositus et sui nepotes intro in [e] cameram abeuntes, accitis quos voluissent, custodiente ipso preposito camerae januam, dederunt dexteras in invicem, ut traderent consulem, et ad hoc facinus advocaverunt Robertum puerum[4], convenientes illum, ut ipsis [f] daret dexteram, id [g] idem simul cum ipsis peracturus, quod et ipsi peractum irent, pro quo et dexteras in invicem contradidissent. At puer nobilis animi virtute precautus [h] animadvertebat [i] grave fore, pro quo ipsum urgerent, restitit nolens ignoranter in taxationem illorum subduci, nisi presciret quid rerum acturos sese confirmassent, et cum ad hoc [j] cogerent illum, subtrahens se exire januam festinabat. Sed Isaac et Willelmus [5] et ceteri proclamabant preposito qui tunc janitor erat, ne Robertum

a. Willelmus ex Wervi, deest ms. — b. nec ed. — c. deest ed. — d. concessa ed. — e. deest ed. — f. deest ed. — g. deest ed. — h. quod... precautus, deest ms. — i. anima advertebat A. — j. adhuc ed.

1. Il s'agit ici d'Isaac, chambrier de Charles. Il est cité pour la première fois dans une charte de 1115 (Miraeus-Foppens, *Op. dipl.*, III, p. 30). Il était parent de Bertulf, v. Walter, § 24. Galbert l'appelle, au § 28, *caput traditionis*.
2. Wervicq, sur la Lys, à 18 kil. S.-E. d'Ypres.
3. Ce personnage était neveu de Thierry, châtelain de Dixmude, dont il sera parlé plus loin; v. Walter, § 51.
4. V. plus haut, p. 12, n. 9. L'épithète de *puer* ne signifie pas que Robert fût encore enfant; plus loin, Galbert appelle Guillaume de Normandie *puer*, bien que ce personnage eût alors une trentaine d'années.
5. Guillaume de Wervicq dont il est parlé plus haut.

exire permitteret, donec jussu ipsius coactus quod ab eo postulassent perageret. Statim prepositi blanditiis et minis juvenis circumventus, rediit et dedit sub eorum conditione dexteram, ignarus quidem quid cum illis acturus foret, et statim confirmatus cum traditoribus *a* requisivit quid fecisset. At illi : « Comes iste Karolus laborat omnibus modis ad destructionem nostram, et ut in servos sibi nos vindicet festinat, cujus traditionem jam conjuravimus, et debes amodo nobiscum eandem traditionem tam consilio quam opere peragere. » Igitur territus puer et totus in lacrimas fusus ait : « Absit a nobis, ut dominum nostrum tradamus et patriae consulem. Imo revera, si non desistitis, ego vadam et aperte traditionem vestram comiti et universis eloquar, nec *b* super hoc pacto consilium vel auxilium, volente Deo, umquam prestabo. » At illum fugientem ab eis violenter retinuerunt dicentes : « Audi, amice, quasi serio facturi essemus prefatam traditionem, tibi *c* eam intimavimus, ut per hoc probaremus utrum in aliquo gravi facto nobiscum velis permanere ; est *d* quidem aliud quiddam quod adhuc tibi celavimus, causa cujus obligatus es nobis fide et taxatione, quod in futuro dicemus. » Et quasi in risum conversi *e*, dissimulabant traditionem *f*. Descendit utique in locum suum unusquisque illorum, exeuntes a camera. Isaac cum tandem domum venisset, quasi dormitum ibat — expectabat enim silentium noctis — et mox conscenso equo rediit in castrum [2], descendens in hospitium Borsiardi et evocans eum ceterosque quos voluit, seorsum descenderunt in aliud hospitium, scilicet Walteri militis [3]. Et cum introissent, ignem prorsus qui in domo erat extinxerunt, ne forte per

a. contradictoribus *ms.* — b. neque *ms.* — c. jam *ed.* — d. et *ed.* — e. versi *ed.*

1. Il est fort probable que tous ces détails sont imaginés par Galbert afin d'excuser la conduite de Robert, pour lequel il éprouvait, comme tous les Brugeois et pour des raisons inconnues, une grande sympathie, v. § 41, 65, 73, 74, 82, et Walter, § 50. Henning, *Niebelungenstudien*, p. 31, compare le rôle de Robert dans le récit de Galbert à celui de Giselher dans les Niebelungen.
2. Dans le bourg de Bruges.
3. C'est probablement le même Walter que le § 57 mentionne comme homme de Bertulf.

ignem accensum innotesceret expergefactis in domo qui essent et quid negotii contra morem, illa noctis tempestate, agerent. Securi igitur in tenebris consiliabantur traditionem fieri statim in mane, eligentes de familia Borsiardi animosiores et audaces ad hoc facinus, et spondebant eis divitias multas. Militibus vero qui interficerent comitem marcas quatuor, et servientibus qui idem agerent marcas duas obtulerunt, et confirmaverunt sese nequissima rerum taxatione. Reversus est itaque Isaac in domum suam circa crepusculum diei, postquam suo consilio ceteros animaverat et promptos ordinaverat in tantum scelus.

1127. 2 mars.

[12.] Igitur cum dies obvenisset[1] obscura valde et nebulosa, ita ut hastae longitudine nullus a se discernere posset rem aliquam, clanculo servos aliquot misit Borsiardus in curtem comitis[2], precavere exitum ejus in[a] ecclesiam[3]. Surrexerat quidem comes multo mane et distribuerat pauperibus, sicut consueverat, in propria domo, et sic ad ecclesiam ibat. Sed sicut referebant capellani ejus, nocte, cum in lectum se composuisset ad dormiendum, quadam vigilantiae sollicitudine laborabat, mente quidem confusa et turbata, ita ut multiplici rerum meditatione pulsatus, modo in altero cubans latere modo residens in stratu totus languidus sibi ipsi videretur[4]. Cumque in itinere versus ecclesiam beati Donatiani processisset, servi qui ejus exitum precavebant recurrentes, denuntiaverunt traditoribus consulem in

a. ad ms.

---

1. Le mercredi 2 mars 1127.
2. La cour qui s'étendait devant la maison du comte dans le bourg.
3. L'église de S. Donatien. Cette église était située dans le bourg et communiquait par une galerie avec la maison du comte (v. § 41). Jean d'Ypres, loc. cit., en attribue la construction à Baudouin bras-de-fer (mort en 878). L'église était une partie essentielle du bourg dans les villes flamandes : il y en avait dans les bourgs de Lille (Saint-Pierre), de Gand (Sainte-Pharaïlde), de Saint-Omer. L'église S. Donatien a été démolie à la fin du xviii° siècle. On en trouve une gravure dans Sanderus, *Flandria illustrata*, II, p. 62. Cette gravure ne donne à l'église qu'une seule tour placée à la croisée de la nef et du transept. En 1127, S. Donatien, outre cette tour, en avait une autre à l'ouest, qui se terminait par une double flèche; v. Galbert, § 37.
4. Walter, § 24, rapporte que le comte aurait été averti pendant la nuit des projets des conjurés; cf. de même Herman de Tournai, loc. cit., p. 568.

solarium¹ ecclesiae conscendisse cum paucis. Tunc ille furibundus Borsiardus et milites et servientes ejus, simul acceptis gladiis nudis sub palliis, persequebantur comitem in eodem solario, dividentes se in duas partes, ita ut ex utraque via solarii nullus eorum aufugeret quos tradere voluissent, et ecce! comitem prostratum suo more juxta altare in humili scabello viderunt, ubi Deo psalmos decantabat, et orationes devotus simul et pauperibus denarios erogabat.

Et sciendum quam [a] nobilem virum et egregium consularem tradiderunt servi impiissimi et inhumani. Meliores et potentiores, qui a principio sanctae ecclesiae, sive in Francia, sive in Flandria, sive in Datia, sive tandem sub Romano imperio floruissent, progenitores ejus fuerunt², de quorum traduce comes pius nostro tempore concretus et in virum perfectum a puero educatus³, numquam paternos [b] et regios excessit nobiles mores et naturales vitae honestates. Cumque ante comitatum multa insignia et egregia fecisset, arripuit sanctae peregrinationis viam Hierosolymitanorum [c], atque maris profunda transnavigando, tandem post multa pericula et vulnera pro amore Christi saepe perpessa, voto peroptato et laetissimo in Hierusalem adscendit, ubi etiam [d] contra hostes christianae fidei strenue dimicavit, et sic veneranter adorato Domini sepulchro repatriavit⁴. In qua peregrinationis necessitate et angustia didicit pius Domini vernaculus,

a. quoniam ms. — b. patrios ms. — c. Hierosolymorum ed. — d. et A.

---

1. Le *solarium* était une sorte de tribune (cf. § 102). On voit par le § 61 qu'il se trouvait sous la tour de l'église. D'après Herman de Tournai, *Mon. Germ. hist., Script.*, XIV, 285, le comte se trouvait dans un *solium lapideum*. Walter, § 25, dit : *coram altare S. Dei genitricis Marie quod in superiori parte ecclesie S. Donatiani constructum erat*. Lambert d'Ardres, éd. Ménilglaise, p. 281 : *ante altare S. patris Basilii*. — *Contin. Tornac. Sigeberti, Mon. Germ. hist., Script.*, VI, 444 : *Karolus comes Flandriae interficitur Brugis in ecclesia Sancti Donatiani, coram altari quod est super obsidam*.
2. Galbert fait ici allusion à Adèle, fille du roi de France Robert le Pieux et femme de Baudouin V, bisaïeul de Charles ; à Gertrude, veuve de Florent, comte de Hollande, et par conséquent princesse d'empire, qui épousa Robert le Frison et fut la grand'mère de Charles, enfin à Canut, roi de Danemarck, père de Charles. Cf. Walter, § 2.
3. V. Walter, §§ 2, 7.
4. D'après Walter, § 2, Charles alla à Jérusalem : *annis pueritie transactis... postquam milicie cingulum accepit*; v. aussi : *Chron. comit. Flandr.*, dans De Smet, *Corpus chronicorum Flandriae*, I, p. 80.

sicut in comitatu sedens saepe retulit, quanta egestate pauperes laborarent, qua superbia divites extollerentur, et tandem quota totus mundus miseria concuteretur. Unde condescendere solebat egentibus, et fortis fieri in adversis, non elevari in prosperis, et sicut psalmista docet: *Honor regentis judicium diligit*[1], judicio princip um et virorum prudentum comitatum regebat. Cumque tam gloriosi principis martirium vita suscepisset, terrarum universi habitatores infamia[a] traditionis ipsius perculsi, nimis indoluerunt, et mirabile dictu, occiso consule in castro Brugensi[b], in mane unius diei, scilicet feriae quartae, fama impiae mortis ejus in Londonia civitate, quae est in Anglia terra, secundo die postea circa primam diei perculit cives[2], et circa vesperam ejusdem secundae diei Laudunenses turbavit, qui in Francia a nobis longe remoti sunt; sicut didicimus per scholares nostros, qui eodem tempore Lauduni studuerunt[3], sic etiam[c] per negotiatores nostros intelleximus, qui eodem die Londoniae mercaturae intenti fuere. Intervalla ergo vel temporum vel locorum predictorum nec equo nec navigio quisquam transiisse tam velociter poterat.

[13.] Ad[d] hoc quoque traditionis facinus peragendum dispensatum est a Deo, ut audaces et presumptuosi de sanguine predecessorum prepositi Bertulfi relinquerentur, cete-

a. in fama A. — b. Burgensi ed. — c. et A. — d. deest P.

1. Psal., 98, 4.
2. Ce passage de Robert de Torigni, *Mon. Germ. hist.*, *Script.*, VI, 488 (reproduit par Henri de Huntingdon), confirme ce que dit Galbert de la rapidité avec laquelle le bruit du meurtre de Charles se répandit en Angleterre: *Rex Anglorum Henricus... in quadragesima et pascha fuit apud Vndestoc, ubi nuntius dixit ei: Carolus comes Flandrensis tibi dilectissimus nefanda proditione occisus est a proceribus suis in templo apud Bruges. Rex autem Francorum dedit Flandriam Willelmo nepoti et hosti tuo, qui jam valde roboratus, diversis cruciatibus omnes proditores Karoli multavit.* Le supplice des assassins de Charles ayant eu lieu le 5 mai et Pâques tombant, en 1127, le 3 avril, on voit que le chroniqueur normand a fait dire au *nuntius* beaucoup plus qu'il n'a pu le faire en réalité.
3. Les écoles de Laon semblent avoir été très fréquentées par les Flamands, au XI° et au XII° siècle. Guibert de Nogent, III, 57, mentionne deux jeunes Flamands conduits à Barisis (Aisne), dans le diocèse de Laon, pour y apprendre le français. Cf. aussi: Hariulf, *Mirac. s. Richarii*, *Mon. Germ. hist.*, *Script.*, XV, p. 919.

ris morte preventis, qui potentes in patria, dum viverent, fuerunt personae graves et divitiis affluebant, sed predictus prepositus in clero severitate gravissima degebat et non modice superbus. Nam sui moris erat, cum *a* in presentiam ejus aliquis accessisset quem optime novisset, ut, superbia animi sui dissimulante, ex indignatione juxta se sedentes interrogaret quisnam esset, at tunc primum si placuisset ei *b* accitum salutaret. Cum vero alicui prebendulam vendidisset canonicam, nulla electione canonica imo violenter illi investituram dedit [1]; non enim aliquis canonicorum suorum audebat vel tacite ipsum redarguere vel aperte. In predicto fratrum loco ecclesiae beati Donatiani, canonici valde religiosi et perfecte litterati olim, scilicet in principio prepositurae hujus arrogantissimi prelati, fuerunt, qui ejus superbiam reprimentes, et *c* consilio et doctrina catholica constrictum tenebant, ne quid inhonestum in *d* ecclesia presumeret. Postquam vero in Domino obdormierunt, relictus sibi ille prepositus ad quicquid sibi videbatur, et quo eum impetus arrogantiae impulit, ferebatur. Siquidem, cum esset caput sui generis, nepotes suos admodum enutritos et tandem militia precinctos omnibus in patria preferre studuit, et ut fama eorundem ubicumque innotesceret laboravit, unde ad lites et seditiones cognatos suos armavit, hostes eis quos impugnarent opposuit, ut sic fama per universos volaret, scilicet quantae potentiae ac virium ipse et nepotes ejus fuissent, cui nullus in regno resisteret vel prevaleret. Tandem de servorum conditione pulsatus in presentia comitis, et simul a comite ad hoc elaborante, ut probaret eum cum tota successione servum fuisse, sugillatus, sicut predictum est, satagebat, qua fuga et qua astutia sese servituti opponeret et qua virtute libertatem usurpatam conservaret. Et cum aliter obstinatus non posset, traditionem, quam diu detrectaverat, tam inter suos quam inter regni pares nefando exitu consummavit per se et per suos.

a. quando *ms.* — *b.* cum P. — *c. deest ed.* — *d. deest ms.*

1. Cf. § 57.

[14.] Sed piissimus Deus iterum suos revocare dignatus est per terrorem signorum; nam circa viciniam nostram in fossatis aquae cruentae apparuerunt in signum futurae cedis[1], per quod a suo scelere revocari[a] poterant, si indurato cordis zelo non conspirassent in tradendo comitem. Insuper saepius conferebant, si comitem interficerent, quis eum vindicaret, et quamvis ignorarent quid dicerent, « quis, » infinitum nomen, infinitos, et qui[b] sub certo numero non adscriberentur, notavit; quandoquidem rex Franciae cum gravi exercitu, et simul principes terrae nostrae cum infinita multitudine ad vindicandam consulis piissimi mortem convenerunt. Sed adhuc nondum hujus fati miseria devoluta est ad finem, quin de die in diem non desinant vindicare prefatam comitis mortem in omnes suspectos et reos et ubicumque profugos et exules. Nos itaque terrae Flandriarum incolae, qui consulis et magni principis mortem deflemus, vitae ejus memores obsecramus, monemus et rogamus, ut, audita vera et certa descriptione et vitae et mortis ipsius, quicumque audiveritis, deposcatis animae ejus vitae aeternae gloriam et beatitudinem cum sanctis perennem. In hac passionnis subscriptione consequenter inveniet lector distinctiones dierum et gestorum, quae in ipsis facta sunt diebus, usque ad vindictam subnotatam in fine opusculi, quam solus Deus exercuit in principes terrae, quos ab hoc seculo mortis districtione exterminavit, quorum consilio et auxilio traditio incepta est et ad finem usque perducta.

1127, 2 mars.

[15.] Anno milleno centeno vicesimo septimo, sexto nonas martii, secundo die scilicet post introitum mensis ejusdem, preteritis duobus diebus de secunda hebdomade

a. evocari e.. — b. deest ms.

1. Cette apparition d'eau sanglante dans les fossés est confirmée par plusieurs textes : v. *Cartulaire de S. Bertin*, continuation de Simon, éd. Guérard, p. 298; *Genealogia comitum Flandriae*, Mon. Germ. hist., Script., IX, p. 324; *Sigeberti continuatio Anselmi*, Ibid., VI, p. 381; *Chron. comit. Flandr.*, De Smet, *Corpus chron. Flandr.*, I, p. 80.

quadragesimae, feria quarta subsequenter lucescente, concurrente quinto, epacta sexta, circa mane [1], dum pius comes Brugis in ecclesia beati Donatiani, Remorum quondam archipresulis, in oratione decumberet ut matutinalem missam audiret, ex pia consuetudine elemosinarum suarum largitiones pauperibus erogabat, fixis oculis ad legendos psalmos et manu dextra porrecta ad largitiones elemosinarum; plures enim denarios capellanus suus, qui hoc procurabat officium, comiti apposuerat, quos in orationis actione pauperibus distribuebat. Primae horae quoque obsequium finitum erat, et de tertia hora responsum finitum, quando *Pater noster* oratum est, quando comes more suo officiose et aperte legendo orabat, tunc tandem post tot consilia et juramenta et securitates inter se factas, primum in corde homicidae et traditores pessimi comitem devote orantem et elemosinas dantem, divinae majestati suppliciter prostratum, gladiis confossum et saepius transverberatum, mortuum dimisere; sic [a] sui [b] sanguinis rivulis a peccatis abluto, et in operibus bonis vitae cursu terminato martirum palma Deus comitem [c] donavit. In supremo ergo articulo vitae et mortis accessu vultum dignissime atque regales ad coelum manus inter tot verbera, et [d] ictus gladiatorum, quantum potuit, converterat, sicque suum Domino universorum spiritum tradidit, et se ipsum Deo obtulit sacrificium matutinum. Jacebat quidem corpus cruentum tanti viri et principis solum, sine veneratione suorum et debita reverentia servorum. Unde quicumque eventum ejus mortis [e] audierunt, miserandum funus lacrimis executi, tantum principem illo martirum [f] fine finitum [g] Deo commendaverunt defletum [2].

a. ac *ms.* — *b.* suis A. — *c.* comitem Deus *ms.* — *d. deest ed.* — *e.* mortis ejus *ms.* — *f.* martirii *ed.* — *g.* functum *ed.*

---

1. Le 2 mars étant le jour de la mort de Charles, on s'explique ce luxe de notations chronologiques.
2. Le récit de Galbert est, en ce qui concerne le meurtre, moins animé et moins précis que ceux de Walter et de Herman de Tournai. Il ne sera pas inutile de le compléter par ces derniers. *In quo loco*, dit Walter, § 25, *cum*

[**16.**] Occiderunt quoque castellanum ex Brudburch [a] [1], prius ad mortem vulneratum, postea per pedes a solario, in quod conscenderat comes et ipse, viliter detractum in januas [b] ecclesiae, foras gladiis dismembrabant. Hic tamen castellanus confessionem peccatorum suorum presbiteris ecclesiae ipsius confessus, corpori et sanguini Christi communicatus est more christiano. Nam statim occiso comite gladiatores illi, relicta comitis gleba et ad mortem castellano isto relicto [c] in solario, excursum fecerunt in hostes illos,

a. Bruburch *ms.* — b. januis *ms.* — c. reducto *ed.*

---

genua frequenter flectendo diutius oraret et semet ipsum Domino commendaret attentius, tandem pronum se in pavimento projecit et septem penitentiales psalmos pro suorum ablutione peccatorum, libello suo, in quo conscripti erant, in conspectu suo apposito, supplex decantare incepit. Interim autem clero, cappellanis ejus videlicet, horas diei primam et terciam more ecclesiastico canente, cum, oratione dominica jam dicta, illi preces tercie, et ille quinquagesimum psalmum et ipsum quartum penitentialem tribus jam dictis, recitaret, nam ita orare consueverat ut a circumstantibus audiri valeret, magister fraudis et ductor sceleris Burchardus, sex sibi spatariis ex clientela prepositi et sua adjunctis, lateri ejus retro improvisus astitit et nudo eum gladio, ut caput feriendum erigeret, prius leniter tetigit. Qui cum faciem elevato capite ad eum converteret, frontem illam reverentissimam, superborum dejectricem, humilium erectricem, furibundus valido ictu percussit et cerebrum ejus in pavimentum excussit; complicibus quoque ejus in hoc ipsum perpetrandum concurrentibus et eum unanimiter, nequidquam tamen, cum primus ad mortem ejus suffecisset ictus, ferientibus, pluribus caput ejus vulneribus conciderunt et brachium ejus dextrum cum manu, qua eadem hora pauperi mulieri elemosinam petenti nummum vel potius nummos porrexerat et alias petituris porrigendos tenebat, fere amputaverunt. — Le récit de Herman, *loc. cit.*, p. 285, complète celui-ci : *cum jam in epistola Hester legeretur et comes in oratione prostratus psalterio aperto psalmos legeret, quedam paupercula superveniens, elemosinam ab eo popascit et de tredecim nummis quos more suo comes super psalterium posuerat, de manu ejus unum accepit. Quo accepto, cum ei eadem mulier exclamasset :* « *Domine comes, cavete !* », *levante caput comite ut videret quidnam esset, ecce Burcardus prefati prepositi nepos, qui loricatus, evaginato gladio, tacite advenerat, fronti ejus gladium infixit, multisque vulneribus superadditis eum ibidem coram altari interfecit unaque cum eo occiso, ceterosque qui advenerant perterritos in fugam convertit.* Joignez le récit anonyme du meurtre, § 6 ; la *Translatio s. Jonati* (texte écrit à Marchiennes immédiatement après 1127 et dont un fragment vient d'être publié dans le *Neues Archiv.*, XV, p. 448 sqq.) ; le récit très exact de Suger, *Vie de Louis VI*, éd. Molinier, p. 112, et enfin celui du *Chron. S. Andreae Camerac. Mon. Germ. hist., Script.*, VII, p. 547. Le crâne de Charles, conservé à Bruges, présentait encore nettement au XVIIe siècle, les traces de la blessure produite par le coup d'épée de Burchard. Il paraît qu'au moyen âge on buvait dans ce crâne pour être guéri de la fièvre ; v. la préface de l'édition des Bollandistes, p. 154.

1. Thémard, châtelain de Bourbourg (près Dunkerque). Il est cité dans des chartes de 1114 (Miraeus, II, p. 1142), de 1119 et de 1125 (Guérard, *Cartul. de S. Bertin*, pp. 239, 296), Lambert d'Ardres, *Chronicon. Gisnense et Ardense*, éd. Menilglaiae, p. 281, rapporte qu'il fut tué *cum comiti succurrere vellet nec posset*. Cf. Walter, § 29.

qui erant presentes de curia comitis, ut eos vagantes in castro interficerent, sicut vellent. Henricum militem quendam, quem suspectum habebat Borsiardus de morte fratris sui nomine Roberti, fugabant in domum *a* comitis. Qui prostratus est pedibus castellani Haket [1], qui et ipse in eandem domum cum suis conscenderat ad eam obtinendam, suscepitque Henricum et simul cum eo fratrem Walteri ex Locris [2], et ab invadentibus illos vitae conservavit. Ipso momento proditi sunt iisdem gladiatoribus duo filii castellani ex Brudburch *b*, interim in solario ecclesiae peccata sua sacerdotibus *c* confitentes, quorum scilicet filiorum militia bene apud omnes et simul eorum conversatio commendabatur. Walterus et Giselbertus dicti sunt [3]. fratres genere, militia pares, elegantioris formae nobilitate, digni ut ab omnibus amarentur qui eos agnovissent. Qui mox, audita cede in comitem et patrem, suffugere satagebant; sed illos apud Harenas [4] in exitu suburbii persequebantur equo *d* excurrentes post illos traditores pessimi. Quorum alterum fratrem, Eric [5] nomine nefarius miles, unus quidem illorum qui comitem tradiderant, ab equo quo insidens fugeret dejecit, et dejectum simul cum persecutoribus interfecit. Alterum quoque fratrem in ostio hospitii sui in fugam prosilientem, ex opposito ei occursitantes gladiis trajecerunt. Quem unus civium nostrorum nomine Lambertus Benkin *e* cadentem securi sua

a. domo *ms.* — *b.* Broburch *ms.* — *c.* deest *ed.* — *d.* eo *ms.* — *e.* Borakin, *ms. ed. Köpke corr.* Benkin (cf. § 36, 75, 77).

1. Il s'agit de Didier Hacket, châtelain de Bruges, frère de Bertulf, v. p. 12 n. 7. Le surnom de Hacket (qui signifierait brochet, v. Kervyn de Lettenhove, *Hist. de Flandre*, I, p. 367 n.) se rencontre très fréquemment en Flandre au XIIe siècle.
2. Walter de Locre, échanson (*dapifer*) de Charles. Il est cité dans une charte sans date de ce prince : *Cartul. de S. Nicolas de Furnes*, p. 81. Locre est situé à 14 kil. S. O. d'Ypres.
3. Giselbert, fils de Thémard, est cité dans une charte de 1125 (Guérard, *Cartul. de S. Bertin*, p. 296.)
4. Cet endroit était situé au sud du *burgus* : il est devenu, plus tard, le marché du Vendredi ou Sablon. A Gand, le marché du Vendredi semble avoir porté aussi au moyen âge le nom de Sablon.
5. Ce nom d'origine scandinave désigne probablement un chevalier Danois qui avait accompagné en Flandre Charles et sa mère, après le meurtre de Canut.

quasi lignum aliquod detruncavit; sicque illos fratres occisos beatitudini sanctae, quae in supercoelesti vita est, transmiserunt[1]. Ceterum Riquardum ex Woldman[a], illius oppidi virum potentem, cujus filiam nepos duxerat Thancmari, contra quem lites et seditiones hactenus prepositus et nepotes ejus exercitaverant, per leugam unam persequebantur fugientem[2], qui cum suis militibus ad comitis curiam ascenderat, sicut plures principum qui eodem die sese preparabant ad curiam ituros. In qua persecutione frustrati proditores[b], redierunt usque in castrum, in quod clerus et populus loci nostri confluxerant, et attoniti quidem pro eventu rerum vagabantur. Qui vero in comitis amicitia prius, scilicet dum viveret, constiterant, timebant procul dubio, et ad horam latitantes et[c] ab aspectu illorum traditorum declinabant; qui vero de curia comitis ab amicitia ejus pendebant, in fugam celeriter conversi, interim, dum tumultuabat populus, fugerunt. Gervasius camerarius comitis[3], quem priorem ad vindicandum domini sui mortem dextera Dei armavit, interim versus Flandrenses cognatos suos equo aufugit. Joannes quidam serviens comitis, qui cameram observare consueverat, et quem prae servis dilexerat comes, fugit a mane equo currendo per devia usque in meridiem, et eo tempore meridiei pervenit in Ipram, divulgans ibidem mortem comitis et suorum. Quo tempore negotiatores omnium circa Flandriam regnorum ad Ipram confluxerant in cathedra sancti Petri[4], ubi forum et nundinae universales seriebantur, qui sub pace et tutela piissimi comitis securi negotiabantur[5]. Eodem tempore ex Longobardorum regno

a. Vroldman *ms.* — *b*. traditores *ms.* — *c. deest ed.*

1. Sur le meurtre de Thémard et de ses fils, cf. Walter, § 28.
2. Cf. Walter, § 36, qui appelle ce personnage : *Riquardus Gualnensis*. Woldman est aujourd'hui Woumen, village près de Dixmude, à 42 kil. S.-O. de Bruges.
3. Gervais de Praet, camérier de Charles, qui joue dans le récit de Galbert un rôle si important, est mentionné pour la première fois dans la charte donnée par Guillaume de Normandie aux bourgeois de S. Omer, le 14 avril 1127 (Giry, *Hist. de S. Omer*, p. 375).
4. Le 22 février.
5. Sur la protection particulière dont jouissaient les marchés, protection qui

mercatores descenderant ad idem forum[1], apud quos comes argenteam kannam emerat marcis viginti una, quae miro opere fabricata, suis spectatoribus potum, quem in se continebat, furabatur. In cujus fori confluxu cum fama universos de diversis locis percelleret, accinctis rebus suis et die et nocte fugerunt, secum infamiam nostrae terrae ferentes et ubicumque divulgantes.

[**17**.] Planxit ergo illum consulem pacis et honoris omnis homo, quicumque vel famam ejus audierat. Sed in castro nostro, in quo occisus jacebat dominus noster et pater piissimus Karolus, nullus audebat aperte deflere eventum mortis ejus, quasi ignotum suum inspicientes dominum, et quasi peregrinum suum videntes patrem, dolores et suspiria sine lacrimis reprimebant. Quos tamen dolores tanto gravius intus tolerabant, quanto sibi per lacrimas et ejulatus mederi non audebant. Nam nepotes prepositi et ille sceleratissimus hominum Borsiardus, cum complicibus suis, statim post fugam inimicorum suorum in castrum reversus, Walterum ex Locris requirebant sui milites et ipse, quem maxime oderant; nam de consilio comitis fuit et nocivus eis in omnibus, qui instigaverat ad hoc comitem, ut in servos sibi subjugaret totam illam cognationem prepositi. At idem Walterus quoque prae mortis[a] angustia, se in organistro, scilicet in domicilio quodam organorum ecclesiae in eodem solario, quo occisus jacebat consul, occultaverat ab eo tempore quo interficiebatur comes usque ad reversionem nefandorum illorum in castrum, scilicet quando post fugatos hostes suos circa meridiem redierunt. Irruerunt igitur per januas intra templum et discursitantes[b] nudis gladiis et adhuc fluentibus[c], clamore maximo et armorum fragore

a. permotus ed. — b. discursantes ed. — c. cruentis ed.

a tant contribué à la formation des constitutions communales, v. Sohm : *Zur Entstehung des deutschen Städtewesens.* Leipzig, 1890. Pour un exemple très instructif de ce fait, en Flandre, v. Hariulf, *Vita Arnulphi*, *Mon. Germ. hist.*, Script., XV, p. 889.

1. Sur la présence de marchands italiens en Flandre, cf. Lambert d'Ardres *Chron. cit.*, p. 229.

circa scrinia et subsellia¹ fratrum ecclesiae requirebant, Walterum ex nomine vociferantes, et invenerunt castellanum ex Brudburch, quem in solario *a* vulneraverant ad mortem, adhuc spirantem. Hunc per pedes abstractum tunc tandem in januis ecclesiae occiderunt²; cujus annulum abbatissa ex Auriniaco³ ab eo in solario, dum spiraret, eo dante, susceperat, quatenus deferret uxori suae in signum suae mortis, et in signum omnium eorum quae per abbatissam demandasset uxori et liberis, quorum mortem ipse nisi post mortem suam ignorabat. Interea per loca et intra et extra ecclesiam requirebatur Walterus ex Locris; unus vero ex custodibus templi occultaverat illum, cui et ipse pallium dimiserat. Sed de loco in quo latuit dum strepitum armorum audiret et se ex nomine vociferatum, angustia mortis confusus, putans in ecclesia melius salvari, excurrit, et deorsum ab alta testudine scholarum *b* saltans, inter medios inimicos fugit usque infra chorum templi, magno et miserando clamore interpellans Deum et sanctos. Quem ad manus persecuti sunt ille miser Borsiardus et Isaac, servus et camerarius simul et homo comitis Karoli, furentes in sacro loco, extractis gladiis et horribiliter cruentatis. Erant quippe valde furibundi et ferocissimi vultus, grandes in statura et torvi, et tales quos sine terrore aspicere nemo poterat. Borsiardus igitur crine capitis arreptum et vibrato gladio se extenderat ad percutiendum, et nullo intervallo differre hoc voluit, eo quod tam optatum hostem in manus teneret. Tamen clericorum interventu distulit ejus mortem, donec, sicut ipsum arripuerat, educeret ab ecclesia. At ille captivus et mortis securus ibat clamitans : *Miserere mei Deus*.

a. in solario quem P. — *b*. scalarum *ms*.

---

1. *Subsellium* signifie proprement ce que l'on place sous la selle pour empêcher le cheval de se blesser. Il s'agit probablement ici de couvertures destinées à être étendues sur des coffres servant de sièges.
2. Galbert répète ici maladroitement ce qu'il a déjà raconté au commencement du chapitre.
3. Il s'agit de l'abbesse du monastère d'Origny, dans le diocèse de Laon, aujourd'hui Origny-Sainte-Benoîte, départ. de l'Aisne, 16 kil. S.-E. de S. Quentin.

Cui illi responderunt : « Talem tibi rependere debemus misericordiam, qualem erga nos promeruisti. » Et a se propulso cum in curte castri eduxissent, illum servis suis interficiendum projecerunt. At servi quam citissime morti tradiderunt gladiis et fustibus et clavis et lapidibus obrutum [1].

[**18.**] Iterum [a] recurrentes in sanctuarium, circa altare requirebant si quis latitaret quem interficiendum prejudicassent, et servientes intro miserunt qui requirerent illud. Erant in priore sanctuario latitantes juxta altare Balduinus capellanus et sacerdos [2], et Godebertus comitis clericus, qui solo timore angustiati, sic permanserunt considentes ad altare. In secundo vero sanctuario subterfugerant Odgerus clericus [3] et Fromoldus junior, notarius et ceteris de curia familiarior comiti Karolo [4], et idcirco magis suspectus erat preposito et suis nepotibus, simulque cum illis Arnoldus camerarius comitis [5] latuit. Nam Odgerus [b] et Arnoldus sub tapete uno sese cooperuerant, et Fromoldus subtus palmarum manipulos latibulum sibi composuerat, atque [c] sic mortem expectabant. Tunc servi qui intromissi erant perquirentes et revolventes omnes cortinas, pallia, libros, tapeta et palmas, quas in ramis palmarum annuatim fratres [d] detulerant, invenerunt primo Odgerum et Arnoldum. Fratrem quoque Walteri ex Looris Eustachium [e] clericum invenerant prius cum Balduino et Godeberto sedentem, ignorantes quis

a. Interim *ed.* — b. Nam quod Gerus *ms.* — c. et *ms.* — d. fratres annuatim *ms.* — e. Eustatium *ms.*

1. Cf. Walter, § 28.
2. On trouve mentionné dans une charte de 1123, *Balduinus, capellanus comitis*, (Miraeus-Foppens, *Op. dipl.*, I, p. 374.)
3. Des chartes de 1114 (Miraeus-Foppens, *Op. dipl.*, IV, p. 193), 1130 (*Ibid.*, II, p. 679), 1142 (*Ibid.*, I, p. 530), 1145 (*Ibid.*, II, p. 1166) et 1146 (*Cartul. S. Nicolas de Furnes*, p. 84) mentionnent *Otgerus notarius*. D'après les dates fournies par ces chartes, le notaire Odger devait être encore jeune en 1127 ; on voit par là que l'*Odgerus junior* du § 23 est probablement le même personnage qu'*Odgerus notarius*.
4. Ce personnage est mentionné deux fois en 1130 : *S. Frumaldi junioris breviatoris*; (Miraeus-Foppens, *Op. dipl.*, II, p. 679); *Fromoldus notarius*; (*Ibid.*, I, p. 381). Il était neveu du chanoine *Fromoldus senior* dont il est parlé plus bas. Il était également parent d'Isaac, comme le montrent les paroles qu'il adresse à celui-ci.
5. Une charte de Thierry d'Alsace de 1132 mentionne ce personnage : (*Cartul. de S. Martin d'Ypres*, I, n° 9.)

esset. Perquirentibus servis illis spoponderant qui invenit erant, pecuniam se daturos postea, si per eos celarentur. Cumque tandem redissent in chorum ad Borsiardum et Isaac et ceteros hi qui intromissi erant, adjuraverunt illos, ut accusarent, si quos reperissent, et facta revelatione, commotus est Isaac vehementissime in Fromoldum juniorem furore repentino et gravi, ita ut juraret Deum et sanctos, vitam ejus non posse redimi auro tantae quantitatis quantae ipsum templum fuisset. Omnium quoque furorem in Fromoldum illum convertit, clamando neminem magis preposito et nepotibus suis apud comitem detraxisse. Tunc discussis foribus, irruperat statim Isaac, et arripuit Fromoldum cominus et educere disposuit. Quem cum vidisset, non credebat se ab Isaac capi, sed per illum a morte redimi, et ait : « Amice mi Isaac, te obsecro per eandem quae hactenus fuit inter nos amicitiam, observa vitam meam, et liberis meis, scilicet tuis nepotibus, per me conservatum consule, ne forte, me occiso, ipsi stent sine tutore. » At ille respondit : « Illam habiturus es veniam quam detrahendo apud comitem nobis promeruisti. » Interim quidam sacerdotum seorsum venit ad Fromoldum, consulens ei, ut confessione peccatorum suorum Deo et sibi profiteretur. Quod cum fecisset, extraxit annulum aureum a digito suo vitae desperans, et per sacerdotem mandavit[a] eum filiae suae. Interim consiliabatur Isaac cum Borsiardo, quid melius faceret, utrum ibidem occideret an vitae adhuc reservaret, donec extorquerent ab eo omnem comitis thesaurum, simul et ab Arnoldo camerario quem presentem captivaverant.

[**19**.] Interea canonici loci illius cucurrerunt ad avunculum illius Fromoldi junioris[1], consulentes ei, ut prepositum conveniret pro vita nepotis sui, quem infra mortis actionem positum viderant, cujus mortem Isaac adjurasset. Tunc ille

---

a. desperans — mandavit, *deest ms. En marge dans* P : deest aliquid.

1. *Fromoldus senior.* Ce Fromold est déjà cité comme chanoine de Bruges par des chartes de 1109 (*Miraeus-Foppens*, III, p. 31) et de 1110 (*Cartul. de S. Martin d'Ypres*, I, n° 3).

senior properando ad prepositum, in domum ipsius conscendit cum fratribus ecclesiae, provolutus pedibus ejus, rogans et obsecrans, ut nepotis sui vitam defensaret. At ille tandem misit nuntium qui interdiceret nepotibus suis, ne Fromoldum juniorem laederent [a]. At illi, audito nuntio, remandaverunt hoc non posse fieri, etsi ipse [b] presens adesset. Quo relatu audito, iterum [c] senior ille procidit ad genua prepositi, expostulando ut ipsemet descenderet ad salvandum illum; et ibat quidem non celeri gressu, sed nimis tardo, utpote ille qui parum de illo curaret, quem valde suspectum habebat. Tandem pervenit in sanctuarium, in quo nihil sanctum, sed omnia perversa agebantur. Rogatu ergo clericorum in suum ducatum suscepit omnes ibidem captos, sub hac conditione tamen, ut quando Isaac et nepotes ejus requirerent commendatos sibi, ipse prepositus redderet captivos [d] illos. Reversus est ergo prepositus, et in suum ducatum commendatos in cameram domus suae induxit, observavitque illos cautissime, aitque Fromoldo, quem captum abduxerat: « Ah! [e] scias, Fromolde, te in proxima [f] pascha prepositum meam non possessurum, sicut sperabas; neque hoc apud te promerueram, ut sic detraheres mihi [1]. » Et ille se innocenter egisse jurabat. Verum tamen fuit, quod nullus de curia comiti ita familiaris esset, cum viveret, neque ita carus sicut prefatus Fromoldus. Nam domum regali aedificio funditus post combustionem sui reaedificavit meliori et decentiori compositione, quam unquam constitisset prius; comparatione quoque illius, nulla aestimabatur in mundo melior vel utilior. Igitur cum intus clausi et obserati in captivitatem custodirentur, habuerunt saltem locum et tempus deflendi consulem pium, non dominum, sed patrem, et in familiaritate sibi ipsis parem, misericordem, humilem, mansuetum, divitibus et pauperibus in

---

a. lederet ms. — b. deest ed. — c. interim ed. — d. captos ms. — e. deest ed. — f. proximo ed.

---

1. On voit par là qu'il y avait dans l'entourage de Charles des intrigues prêtes à éclater, contre Bertulf et ses neveux.

regno utilem. Loqui ergo ad invicem captivi illi non poterant prae dolore nisi suspiriis et singultibus, quos a profunda tristitia mentis trahebant. Miserandum facinus, in quo non licuit servis cum domino et patre suo mori, sed ad majorem miseriam post ipsum vivere, cum quo egregia et honestissima morte erga Deum et erga homines a seculo melius transissent, quam cum dolore mortis domini sui viverent, et sub alio presidente consule, quod absit, traditores florere viderent. Et dum in hoc mentis languore consternarentur, nullus amicorum audebat vel latenter accedere illis, qui consolationis verba faceret, imo, si quis accessit, a vita desolabatur.

[**20**.] Inter haec, cadavera occisorum, scilicet castellani et Walteri ex Locris, e castro efferebantur, et simul navibus imposita sunt [a], castellanus et dilectissimi filii ejus, et devehebantur ad proprias et domus et castra. Prepositus vero in domo sua cum canonicis suis deambulabat, excusans se verbis, quantum potuit, quia nihil hujus traditionis prenovisset. Eodem die excursum fecerunt traditores illi in hostes suos, scilicet contra Thangmarum [b] et suos apud Straten [1], et repererunt oppida eorum vacua et curtes desertas. Nam audito scelere quod factum est in morte comitis, timuerunt sibi maxime, eo quod defensorem suum perdidissent, et si forte obsidione angustiati includerentur a traditoribus, nullus foret ipsis adjutor, cum tandem intellexissent omnes regni pares in tradendo assensum prestitisse [2]. Credebant enim multo graviora pericula in futuro et sibi et toti regno imminere, nihil possessiones suas curantes,

a. *deest Köpke.*. — b. Thancmarum *ms.*

1. Sainte-Anne-ter-Straeten (auj. S. André), près de Bruges.
2. Il y a ici une exagération évidente que prouve suffisamment la suite même du récit. Toutefois, il est certain que le complot contre Charles n'a pas été tramé exclusivement par Bertulf et son lignage, et qu'il a dû avoir d'autres causes que la prétention du comte de faire rentrer cette famille dans sa dépendance. Par malheur, Galbert n'a pas voulu tout dire et se borne à des allusions comprises sans doute de son temps, mais inintelli-

sed hoc solum reputantes, si vitam propriam conservarent atque ad tutiora loca fugerent *a*. Tunc traditores illi invadentes tam oppidum quam curtem Thangmari *b*, omnia arma et supellectilem intro *c* diripientes, simul cum maxima rapina pecudum et vestium rusticorum villae illius, atque sic rapina exercitata per totum diem, in vespera redierunt. Et non solummodo isti circa viciniam nostram rapinam fecerunt, sed plures qui traditionem presciverant, statim precurrentes ad transitus mercatorum, qui ad forum in Ipra feriatum ibant, ipsos simul cum oneribus suis rapuerunt [1]. Audita quoque mortis traditione, Willelmus ex Ipra [2] obtinere comitatum se credidit deinceps, et universos negotiatores, cujuscumque loci fuissent, securitatem et fidelitatem sibi et suis jurare coegit, quos in foro capere potuisset, alioquin a se recedere non permisit, sed tam diu captivavit, donec omnia et securitates sibi peregissent; et hoc totum *d* fecit consilio prepositi et traditorum *e* nepotum ipsius. Jam eodem declivo ad vesperam die, ex communi consilio prepositi et nepotum ejus *f* et complicum suorum, claves de thesauro comitis a Fromoldo juniore, quem captivum tenebant, requirebant, et similiter claves omnes de domo sive de scriniis et cistis, quae in domo erant, violenter extorserunt *g*.

a. fugerant *ms.* — *b.* Thancmari *ms.* — *c.* intus *ms.* — *d.* tantum P. — *e.* deest P. — *f.* jam… ejus, deest P. — *g.* extorserant P.

gibles pour nous. Aux § 89 et 91 il dit que Walter de Vlaedsloo et Baudouin d'Alost avaient trempé dans le crime de Bertulf, mais il se contredit manifestement, en ce qui concerne le premier au § 21, et quant au second, Herman de Tournai, *Mon. Germ. hist., Script.*, XIV, p. 286, affirme qu'il fut le promoteur de la résistance aux meurtriers de Charles.

1. Harlulf, *Vita Arnulphi, Mon. Germ. hist., Script.*, XV, pp. 883, 888, emploie comme synonymes les mots *miles* et *latro*. Il considère le pillage comme la profession de la noblesse flamande.

2. Guillaume d'Ypres ou de Loo, fils naturel de Philippe de Loo, fils de Robert le Frison. A la mort de Baudouin VII, il avait été écarté de la succession à cause de sa naissance illégitime. Toutefois, la comtesse Clémence, mère de Baudouin, et le comte de S. Pol l'avaient longtemps soutenu contre Charles, v. Walter, § 7. Après le meurtre de Charles, Guillaume tenta de s'emparer du comté, v. Walter, § 49 et *Mirac. s. Rictrudis, Boll.*, mai III, p. 105. Galbert laisse entendre à plusieurs reprises que Guillaume était de connivence avec les traîtres, v. § 25, 34. Walter affirme au contraire qu'il était innocent, § 48. Sur Guillaume, v. De Smet, *Notice sur Guillaume d'Ypres, Mém. Acad. Belg.*, XV.

Quas quidem Borsiardus et castellanus Haket et Walterus, filius Lamberti ex Reddenburch[1], in suam potestatem susceperunt.

[21.] De corpore quidem comitis — animae cujus commendationem sacerdotes eo tempore fecerant, quando et castellanum ejus Christo communicabant, latenter tamen — nihil interim actum est, quia corpus ejus adhuc in ipsa occisionis positione cruentum et solum jacebat. Tractabant ergo fratres ecclesiae sollicite quid inde agerent, et quas sibi exequias prepararent, cum in eadem ecclesia divinum[a] officium nullus auderet vel latenter agere, in qua tantas[b] cedes et facinus factum fuisse constabat. Tandem, accepta licentia a preposito, ex consensu fratrum, Fromoldus senior, linteo corpus nobile involutum, in medio chori in feretro positum, debita veneratione composuit, appositisque cereis quatuor, sicut mos noster est, accurate de cetero sollicitabatur. Quod funus mulieres solae circumsedentes pia lamentatione per illum diem et subsecutam noctem vigilanter observabant[2]. Interea traditores illi inierunt consilium cum preposito et castellano suo[3], qua astutia corpus comitis asportaretur, ne opprobrium ipsis moveret sempiternum, corpus, quod in presentia eorum fuisset humatum. Et habito callide consilio, miserunt propter abbatem in Gandavum[4], qui comitis corpus a loco nostro auferret et in Gandavum translatum humaret. Et sic clausus est ille dies, plenus doloris et miseriarum, in quo materia totius mali et perturbationis regnorum circa nos factae et maximae futurae emerserat. Nocte vero subsequente jussit prepositus ecclesiam undique armis et vigiliis premuniri, et[c] solarium et turrim[d] templi, in

a. dominum A. — b. tanta ed. — c. deest ed. — d. turres ms.

1. Aujourd'hui Aardenbourg dans la Flandre zélandaise.
2. Cf. Walter, § 29.
3. C'est-à-dire avec le châtelain Didier Hacket, son complice.
4. Comme on le voit par le récit de Walter, § 29, il s'agit ici d'Arnulf, abbé de S. Pierre à Gand, de 1117 à 1132. En 1127, Charles avait envoyé cet abbé faire hommage en son nom à l'empereur Lothaire; v. *Sigeberti contin. Anselmi*, Mon. Germ. hist., Script., VI, p. 380.

quae loca, si forte a civibus insultus fieret, sese reciperent ipso et sui. Et introierunt illa nocte milites ex precepto prepositi in solarium ecclesiae armati, premunientes turrim et exitus ejus continuis vigiliis, timentes impetum et incursum civium fo*e* contra se die sequenti et deinceps. Dominica post mortem consulis[1], prepositus transmisit episcopo nostro Simoni[2] Noviomensis sedis salutem. Lator ergo litterarum Radulfus monachus Sancti Trudonis erat[3], in quibus obsecrabat episcopum illum, ut Deo reconciliaret[a] ecclesiam in qua comes traditus, eo ignorante, jaceret; obtulit quoque excusationis suae argumenta, quibus canonice innocentiam suam[b] coram universo clero et populo probaret. Igitur lator ille captus et ab jumento jactatus, non pervenit ad episcopum; quod audiens prepositus, valde timuit sibi. Feria quarta et quinta[4] prepositus mandavit per quendam garcionem Waltero ex Frorerdeslo[5], ut per fidem, quam sibi et nepotibus suis dederat adjuratus, in auxilium sibi cum potentia sua festinaret, et transmisit ei quadringentas marcas argenti. At ille, accepta pecunia, simulabat se venturum, et nunquam venit, nisi ut ei et suis nepotibus noce-

1127,
6 mars.

2 et 3 mars

---

a. conciliaret *ed.* — *b.* deest *ms.*

---

1. Le 6 mars.
2. Simon, évêque de Noyon-Tournai, était frère utérin de la femme de Charles le Bon. Sa mère Adèle, après la mort de son premier mari, Hugue le Grand, frère du roi Philippe I, avait en effet épousé Renaud de Clairmont, dont elle eut Marguerite, femme de Charles, v. *Chronica Tornacensis*, dans De Smet, *Corpus chronicorum Flandriae*, II, p. 499. — Galbert parle une seconde fois au § 25 de la lettre écrite par Bertulf à l'évêque de Noyon.
3. Il s'agit probablement ici d'un moine du monastère de Saint-Trond d'Oedegem près de Bruges. Toutefois, il ne serait pas impossible que l'envoyé de Bertulf ait été le fameux Rodolphe, abbé du monastère de Saint-Trond, dans le diocèse de Liège et premier auteur des *Gesta abbatum Sancti Trudonis*. Rodolphe était, en effet, à ce moment, expulsé de son abbaye et il n'est pas improbable qu'il se trouvât alors en Flandre où il était déjà venu précédemment; v. Köpke, *Mon. Germ. hist.*, *Script.*, X, p. 214.
4. Le mercredi 2 et le jeudi 3 mars 1127.
5. Vladsloo, près Dixmude, à 3½ kil. S. O. de Bruges. Walter de Vladsloo est le même personnage que Walter Butelgir ou le bouteiller dont il est fait plus loin de fréquentes mentions; cf. Miraeus-Foppens, *Op. dipl.*, II, p. 679; il était fils du bouteiller Adalard, v. Vandeputte, *Chron. monasterii Aldenburgensis majus*, pp. 93, 101. Cf. les détails donnés par Galbert au § 89. L'auteur y dit que Walter avait participé à la conjuration contre Charles, ce qui est en contradiction flagrante avec ce qu'il rapporte ici.

ret. Episcopus vero Simon, qui frater erat uxoris comitis Karoli, persequebatur ecclesiam Brudgensis[a] castelli, gladioque anathematis sacrilegos et traditores illos percussit, et ne quis fidelium in eorum conspirationem et auxilium declinaret prorsus prohibuit, sin vero, sub anathemate omnes adjutores eorum in malo prefato damnavit.

1127, 3 mars.

[22.] Quinto nonas martii, feria quinta, abbas ille, pro quo transmiserant in Gandavo, tota nocte equitando, summo mane[b] venit in castrum ad prepositum et nepotes suos, expostulans comitis corpus, sicut ei[c] spoponderant. Exiverat ergo prepositus, et convocatis castellano et nepotibus ipsius, qui comitem tradiderant, consilium habebat cum eis, qua astutia sine tumultu abbas auferret corpus. Statim vero pauperes, qui elemosinas expectabant pro anima comitis distribuendas a preposito — cujus[d] citius consilium intellexerant, eo quod, preter pauperes, nullus civium cum eis vellet ire, vel eos amplius frequentare — ceperunt diffamare, quod idcirco abbas venisset subdole et consilio traditorum, ut asportaret funus. Fecerat is quidem[e] parari feretrum, in quod ponendum erat corpus et equis transferendum. Interea pauperes insequebantur prepositum quocumque ibat clamantes : « Domine, ne fiat unquam, ut patris nostri et tam gloriosi martiris gleba a loco nostro auferatur, quia si hoc fuerit, locus et aedificia ejus sine miseratione posthac destruentur. Aliquid enim pietatis et miserationis habebunt hostes et persecutores, qui supervenient huic castro, ne prorsus destruant ecclesiam, in qua fuerit corpus beati consulis venerabiliter sepultum. » Et exivit rumor maximus inter cives de auferendo corpore. Festinabat quidem prepositus et abbas ille, antequam rumor excitaretur in urbe, et fecit feretrum novum et nuperrime factum ad ablationem funeris usque ad ostium ecclesiae afferri. Introierant quidem milites, qui illud feretrum, quod in medio chori stabat, cum consule sublevarent, et in alterum feretrum, quod ad

a. Bruggensis ms. — b. deest ms. — c. eis P. — d. qui ed. — e. deest ed.

ostium stabat, transponerent. Tunc canonici loci ejus accurrentes, violenter reposuerunt feretrum chori, dicentes se prius audire a preposito, qua de causa hoc jussisset. Et exierunt in castrum, ubi stabat prepositus et nepotes sui, et simul maxima civium turba cum eis, qui audierant rumorem tollendi corporis, et loquebatur unus seniorum coram omni populo : « Domine preposite, si juste volebatis egisse, non sine fratrum consensu et consilio dedissetis tam pretiosum martirem, tantum regni rectorem, tantum ecclesiae nostrae thesaurum, quem nobis divina misericordia et dispensatio concessit martirem. Nulla ergo ratio est, quare debeat a nobis auferri, inter quos maxime et nutritus et conversatus est, et inter quos Deo ordinante pro justitia traditus est, imo si auferatur, timemus destructionem et loci et ecclesiae; ipso enim interveniente, parcet Deus nobis et miserebitur nostri, ne forte, ablato eo a nobis, sine omni miseratione Deus vindicet traditionem inter nos factam. » At prepositus et traditores, in indignationem conversi, jusserant tolli corpus. Igitur clamore magno irruerunt fratres ecclesiae ad fores templi, vociferantes non se dimissuros corpus piissimi Karoli consulis et martiris quamdiu viverent, quin potius ibidem morerentur quam permitterent auferri. Tunc quidem poteras vidisse clericos armatos tabulis et scabellis et candelabris et omnibus utensilibus ecclesiae, quibus repugnare poterant. Loco ergo tubae campanas pulsabant, et sic evocaverant omnes cives loci, qui cum rem intellexissent, armati accurrentes, extractis gladiis circuierunt feretrum comitis, parati ad resistendum, si quis auferre moliretur. Cumque tumultus fieret et intra et extra ecclesiam, voluit divina misericordia sedare filios suos ab insania et strepitu armorum. Nam cum subtus feretrum debiles et claudi jacerent, in ipso tumultu claudus, cui pes ad nates coheserat, cepit clamare et benedicere Dominum [a], qui naturalem eundi motum pro meritis pii comitis reddiderat sibi in conspectu omnium astantium. Igitur fama illius miraculi

a. Deum *ed.*

sedavit universos[1]. At prepositus et castellanus et traditores illi conscenderant in domum comitis timentes tumultum, et mandabant civibus, quod contra velle eorum nihil agerent de tollendo corpore. Reversus est ergo abbas ille, laetus quod evasisset. Prepositus vero ibat et redibat, consulens cum traditoribus et disponens quid acturi essent secundum rei eventum. Et continuo fratres ecclesiae requirebant artifices et operarios, qui scirent pro articulo temporisque necessitate speluncam sepeliendi comitem construere[2] in loco illo, quo martirii palmam assumpserat. Et ad hoc faciendum[a] festinabant modis super hoc exquisitis, ne forte per aliquem dolum surriperetur eis corpus adhuc inhumatum et adhuc magis habile ad tollendum. Clausus est quoque[b] ille dies plenus turbationum et dolositatis pro auferenda gleba miserandi funeris.

[23.] Quarto nonas ejusdem mensis, sexta feria[3], canonici et prepositus ad explendas de more funeris exequias et sepulcro jam preparato, in ecclesia sancti Petri extra muros[4] convenerunt, ubi missa fidelium defunctorum pro anima pii comitis est celebrata, ubi admodum pauci preter canonicos offerebant. Nam de curia nullus obtulit, nisi Balduinus capellanus, Odgerus junior et Godebertus, clerici comitis. Redierunt postea et prepositus et fratres in ecclesiam beati Donatiani, ubi funus aderat, et intromissis pauperibus in ecclesiam, Fromoldus senior dispersit denarios, per manus tamen prepositi, omnibus qui volebant recipere egentibus, pro salute animae Karoli pii consulis. Quod quidem non

a. peragendum ms. — b. ergo ed.

---

1. Ce miracle est rapporté avec plus de détails par Walter, § 30, et par Herman de Tournai, *loc. cit.*, p. 285.
2. Cf. Walter, § 32. Herman de Tournai, *loc. cit.*, rapporte que c'est Bertulf qui pour se disculper fit construire le tombeau. D'après la description qu'en donne Herman, qui l'a vu à Bruges, ce tombeau n'était pas si indigne du comte que le dit Galbert : c'était un sarcophage orné de colonnes de marbre.
3. Le vendredi 4 mars 1127.
4. L'église de S. Pierre se trouvait dans le *suburbium* et non dans le château, c'est pourquoi Galbert dit *extra muros*.

sine lacrimis ille senior Fromoldus fecit, imo plures impendit pietatis lacrimas quam denarios; quippe maximus pauperum erat conventus, qui elemosinas susceperunt. Distributione vero elemosinarum consummata, corpus nobile in solario transportatum est, et presens juxta monumentum consistens prepositus, deflebat tunc tandem consulem, quem rationis ductu recognovit patrem fuisse universae regionis Flandriarum, et talem illum planxit qualem quidem recognoscere obstinato animo indignabatur; et clausus est in sepulcro pro necessitate illius temporis constructo, etsi non sicut decebat, tamen consequente opere et artificio infra positus claudebatur. Nimirum animæ ejus, martirii purgata penis, suorum meritorum premia possidet penes ipsum qui sibi hoc ordine seculo mori dispensavit, et vivere in comitatu superno cum ipso Deo ac Domino, cui imperium, laus, honor[a] et gloria per infinita secula seculorum. Amen.

[24.] Tertio nonas martii, sabbato[1], dimissus est Fromoldus junior a captivitate circa diei illius vesperam; atque hoc factum est maximo labore intercessorum pro eo apud prepositum ejusque nepotes. Dimiserunt tandem sub conditione tali, quatenus infra octo dies post exitum a captione proximos, aut eis reconciliaretur nefariis in quorum manus inciderat, aut patriam abjuraturus deinceps exularet. Descendit quidem in domum suam cum amicis et familia sua, quae super quam dici possit dolore et timore mortis fatigata erat pro illo et pro se ipsa. Nam postquam[b] captus est, servientes ejus nusquam prodire ausi sunt, quin se statim persequendos fore crederent, quia de ejus familia erant. Epulabatur igitur cum amicis suis et familia, reputans pro certo se patriam abjuraturum prius quam in captivitatem traditorum reversurum, qui dominum suum prae ceteris se diligentem, et quem ipse prae se ipso fere diligebat[2], tradiderant.

1127, 5 mars.

a. *deest Köpke.* — b. *priusquam ed.*

1. Le samedi 5 mars 1127.
2. Cf. § 19.

In eorum ergo amicitia antequam se unquam componeret, exilium perpetuum sibi delegisset. Gravissimum enim est viro cum inimico concordem esse et contra naturam, cum omnis creatura sibi inimica, si possit, effugiat. Cum utique cenasset, disposuit domui et rebus suis, et licentia a singulis accepta, frumentum, caseos et carnes servientibus distribuit ad se sustentandos per tempus, in spe habens, quod adhuc omnia quae modo prae[a] necessitate relinqueret et prae[b] dilectione piisimi consulis, dispensante Deo, gaudens et securus possideret. Et abscessit cum socero suo extra castrum et extra suburbium, in quo hactenus habitaverant[c], quem quidem amici ejus et planctu et lacrimis Deo commendatum quantum liceret persequebantur. Eadem tempestate illi prefati traditores, obstinatissimi in omne nefas, excursum agebant in hostes Thancmarum et suos, ubi vilissimam repulsam passi, cum timore et verecundia in castrum redierunt.

1127, 6 mars.

[**25.**] Priore die ante nonas, prima[d] mensis dominica[1], Godescalc Thaihals[e] ab Ipra internuntius ad prepositum Brugas[f] venit in haec verba : « Dominus meus et intimus amicus vester Willelmus ex Ipra salutem et amicitiam atque in omnibus promptissimum auxilium, quantum in se est, vobis et vestris aperte demandat. » Cetera vero, quae pudor erat palam referre, postquam omnes ei applausissent, introductus in cameram, denudavit preposito et Willelmo ex Wervi[g][2] et Borsiardo, et eis quos intro ad se asciverant paucos, unde tota domus laeta deinceps fiduciam obtinebat in Willelmo, adeo ut comitem eum vocaret et assumeret. In quo mandationis occulto sapientes et qui conjecturas componebant, notabant traditionis nota Willelmum, qui traditores loci nostri in maturitate sceleris sui salutasset, et cum

---

a. pro *ms.* — b. pro *ms.* — c. habitaverat *ed.* — d. primi *ed.* — e. Taihals *ms.* — f. Bruggas *ms.* — g. Bervi *ms.*

1. Le dimanche 6 mars 1127.
2. Wervicq, sur la Lys, à 18 kil. S.-E. d'Ypres. Sur Guillaume de Wervicq, v. Walter, § 52.

tota potentia sua ipsis auxilium*a1* promptissimum fide et scripto et securitate obtulisset. Cum ergo reversus est nuntius, captivati sunt mercatores Flandriae, de quocumque loco apud forum convenissent in Ipra, et constricti ut in Willelmo fidem, securitatem et hominia facerent, et sic in comitem sibi assumerent². Quod quidem consilio prepositi et suorum factum erat, sperantes se sic frustra³ tradidisse pium comitem Karolum. Et quidem in consulatum sublimatus fuisset Willelmus eodem tempore, si statim Brugas*b* descendisset ad faciendam vindictam domini sui et nepotis⁴ traditi consulis; sed quia non sic erat a Domino dispositum, necesse erat divinam sequi ordinationem tam principes alios quam populum terrae, et unanimes omnes fieri ad ulciscendam mortem consulis piissimi. Adhuc suburbani nostri loci⁵ aperte introierunt ad consilia dominorum illorum, prepositi scilicet et castellani et nepotum suorum nefandorum, et secreta consiliorum suorum perquirebant, ut sic astute rescitis eorundem dolis et machinationibus*c*, cautiores in posterum forent. Quo tempore non cessabat prepositus et sui consulere et circumvenire quoscumque, ut sibi faverent, dando et promittendo plurima; nam mandavit Willelmo comitatum se donaturum, et ideo hominia et securitates exhortatus est illum ab omnibus accipere Flandrensibus, quos aut vi aut pretio cogere potuisset. Transmandavit Furnensibus⁶ prepositus, qui in ejus amicitia steterant, ut securos et homines sese Willelmo constituerent. Mandavit quoque episcopo Noviomensi litteras, quibus excusationem suam obtulit, quod in traditione comitis nihil conscius

a. In auxilium *ms.* — *b.* Bruggas *ms.* — *c.* imaginationibus *ms.*

---

1. Cf. § 25.
2. Ici encore Galbert revient sur ce qu'il a déjà raconté précédemment; v. § 20.
3. *Frustra* signifie ici impunément (Boll.).
4. *Nepos* n'a pas ici le sens habituel de neveu, mais celui de cousin; Guillaume d'Ypres était en effet le cousin germain de Charles; v. p. 35, n. 2.
5. Les *suburbani* sont les bourgeois : ils constituent la population marchande agglomérée sous les murs du château qu'habitent les *castrenses*; v. les deux chartes de S. Omer de 1127, 1128 et Galbert, § 28.
6. Le lignage de Bertulf était originaire de Furnes; v. § 71.

fuisset consilio vel facto, quin et summa dilectione filiis ecclesiae, sibi scilicet et canonicis suis, consulendo succurreret, reconciliando ecclesiae loca, et ad celebranda divina officia sui pontificatus auctoritate et presentia ipse celeriter adventaret[1]. Sub eodem tenore[a] litteras direxit episcopo Morinorum Joanni[2]. Apud Kerseca[3] Roberto, qui neptem ipsius prepositi[b] duxerat, mandavit ut domum et loca sua firmissime premuniret, donec constituisset Willelmum Iprensem in comitem. Erat autem ille Robertus miles liber, antequam uxorem accepisset neptem prepositi, sed postquam annuatim illam tenuisset, secundum legem comitum Flandriae, servili conditione ad comitem pertinebat, unde conflictus inter comitem Karolum pium et prepositum et suos de servitute et libertate exortus est pernitiosissimus[4]. Mandavitque idem[c] pro Flandrensibus illis qui circa mare sibi vicini manerent[5], ut cum sua potentia sibi et nepotibus suis in auxilium venirent, si forte in regno et comitatu aliquis ad vindicandum insurgeret. Precepit potenter civibus nostris, ut loca suburbii circumsepirent fossatis et sepibus, quatenus contra quoscumque sese defenderent. Consepserant tempore eodem suburbium cives quidem, sed prorsus alia intentione quam ipsis et consultum et imperatum fuisset, sicut postmodum fuit manifestum. Igitur sepes et ligna comitis occisi et Fromoldi junioris, qui proscriptione suarum rerum exilium suum expectabat, extra suburbium, et insuper universa quae ad opus sepiendi utilia sibi videbantur, castellano duce, diripiebant cives, et fabricabantur ad defensionem communem turres et propugnacula et exitus contra hostes.

a. tempore *Köpke*. — b. prepositi ipsius *ms*. — c. mandavit quidem *ms*.

1. Galbert a déjà dit ceci au § 21.
2. Jean, évêque de Térouanne, de 1099 à 1130. C'est sur l'ordre de cet évêque que Walter a écrit la vie de Charles le Bon. On a de Jean une biographie écrite immédiatement après 1130 par le même Walter *Mon. Germ. hist.*, *Script.*, XV, p. 1136 sqq., éd. Holder-Egger.
3. Probablement Kaeskercken près de Dixmude (Boll.).
4. Cf. § 7.
5. Les habitants de la châtellenie ou Franc de Bruges (ancien *pagus Flandrensis*).

In quo ergo perficiendo omnes festinabant, tam clerus quam populus. Itaque nulla fuit requies*a* nocte invigilando et die operando, donec, consummato opere cirumsepiendi suburbium, custodes ordinarent ad singulas portas et turres et propugnacula, quatenus nemo exiret nisi cognitus, et nemo intromitteretur nisi civis [1].

[**26**.] Nonis*b* martii, feria secunda[2], divinae ultionis gladios evaginavit contra inimicos ecclesiae suae Deus, et commovit cor cujusdam militis Gervasii[3] in exercendam vindictam acrius et celerius quam eo tempore aestimabatur, et sic collecta ira sua, cum tota potentiae manu miles ille seviebat contra sceleratos illos, qui optimum principem pium et justum in servitio Dei ad venerationem sui et sanctorum suorum prostratum humiliter in sacro tempore quadragesimae, et in sacro loco, et in sacra oratione dominum suum, pessimi*c* servi tradiderunt morti, inter*d* quos tutum se semper fore crediderat. Gervasius igitur, qui familiaris erat et fidelis domino suo piissimo Karolo, utpote qui camerarius ejus extiterat, et ad ejus consilia et dispositiones secretorum*e* aperte accesserat, pro morte carissimi sui domini dolens et iratus, cum peditum exercitu truculento et militum corona et armorum densitate succinctus[4], circumvallavit se contra hostes Dei, et accurrens obsedit oppidum quod in defensionem traditorum stabat premunitum valde nomine Ravenschot[5], quod quidem et ex loci difficultate et ex ipsa muni-

1127, 7 mars.

a. deest ms. — b. Nonas ms. — c. pessimo ed. — d. intra ed. — e. secreto et ed.

1. La première enceinte du *suburbium* de Bruges ne se composait, comme on le voit par le récit de Galbert, que d'une palissade en bois. Elle fut entourée d'un fossé l'année suivante, v. § 110.
2. Le lundi 7 mars 1127.
3. Gervais de Praet, chambrier de Charles, déjà mentionné au § 16. Cf. Walter, § 33. D'après Herman de Tournai, *loc. cit.*, p. 286, l'instigateur de la résistance aux meurtriers du comte fut Baudouin de Gand.
4. Walter, § 33 dit : *congregato suorum circiter 30 equitum numero.*
5. Köpke suppose qu'il s'agit de Waerschoot, à 15 kil. O. de Gand. Il est plus probable que l'endroit en question est, soit Raverschoot, dépendance d'Adegem, arr. d'Eecloo, soit Raverschoot, dépendance d'Eecloo.

tione invincibile fuit et inaccessibile, et accepit predam magnam in pecudibus castri illius et vicinorum. Nam eodem tempore securi degebant universi, qui ad illos sceleratos pertinuissent, credentes neminem in toto mundo vel velle vel posse insurgere contra dominos suos, eo quod tantae audaciae facinus illi miseri in dominum suum comitem peregissent. Excecaverat enim illos Deus, ita ut nihil rationis et consilii obtinerent, sed precipitati in omne malum ira et furore debriati, timore et pavore errarent, tam illi qui tradiderant comitem, quam omnes [a] qui in eorum auxilio manerent [b]. Quandoquidem securos se crediderant [c], et omnes in regno vel inferiores se vel amicos putabant, non erant precauti de incursione aliquorum contra se, et ideo cum Gervasius incursum ageret apud Ravenschot, maximam predam exercuit. At illi qui obsessi fuere ex inopinato incursu intercepti, valde attoniti eo maxime quod pauci fuissent, qui contra tot milia se defensarent, desperantes vitae suae, sese statim reddiderunt Gervasio, ea conditione, ut sua vita et membris salvis [d] abirent. Irruerunt itaque, expulsis illis, equites et pedites qui obsederant oppidum, et vastabant quaecumque intro repererant. At illi qui sese reddiderant in obsidione, homines scilicet traditorum, aufugi nocte usque ad nos fugerunt, narrantes eventum rei preposito et suis, unde deinceps timore timuerunt assidue, statum mentis mutantes ab illa superbia et tumiditate, qua usque ad hoc tempus feroces et sine modo et sine humilitate praeiverant [e]. Robertus puer, cujus oppidum destruendum igne et ferro fuerat in brevi spatio, conabatur cum paucis excurrere contra obsidentes, sed cum tantam multitudinem prescivisset, omisit incursum. Quanto ergo timore et dolore laborarent traditores illi, et e contra quanto gaudio exultarent preter eosdem omnes alii, supersedere longum erat, eo quod pari intentione Deum ipsum incepisse vindictam omni ex parte intellexissent.

---

a. omnis *ms.* — b. maneret *ms.* — c. reddiderant *ms.* — d. salvis membris — e. paruerant *ed.*

[**27.**] Octavo idus martii, feria tertia[1], Ravenschot oppidum conflagratum est et destructum igne et armis, et juxta Bruggas[a] domus Wlfrici[b] Cnop, fratris prepositi[2], qui mortem comitis juraverat, combusta est. Perinde[c] accessum fecit Gervasius cum potentia sua versus castrum, in quo sese premunierant traditores, circumiens excursus et preveniens transitus illorum circa suburbium castri. Burgenses igitur nostri, audito quod Deus vindictam tam cito incepisset, in sola conscientia gaudebant, non quidem[d] ausi aperte congratulari vindicantibus propter traditores, qui adhuc securi et potenter inter illos ibant et revertebantur. Seorsim vero gratias Deo referebant, qui misericordiae suae oculis dignabatur revisere fideles suos in loco horroris et confusionis, qui et exterminare festinabat homicidas pessimos, qui hactenus flagellaverant populum Domini rapina, incendiis, vulneribus, omnis modi perturbationibus. Summiserunt autem secretos internuntios ad Gervasium et suos, componentes de[e] fide et amicitia et fidissima securitate in invicem. Insuper conjuraverunt vindictam comitis sui, et ut die subsequenti intromitterent exercitum Gervasii ad se infra suburbium, et reciperent eos sicut fratres intra munitiones suas. Audita ergo legatione, Gervasius et sui quam laetiore et justiore animo susceperunt internuntiorum verba, non potero explicare, scientes dispensatum a Deo fuisse quicquid in vindicando agerent. Conjuraverunt equidem Gervasius et sui cum internuntiis civium nostrorum, et compositi sunt sub eodem sacramento fidei et securitatis in vindicando dominum suum et[f] aequissimum consulem terrae nostrae[g]. Hoc totum latebat traditores illos et plurimos civium nostrorum prorsus, preter paucos sapientiores loci, qui seorsum et nocte composuerunt hujusmodi consilium salubre universis.

a. Brugas *ed.* — b. Vulfrici A. — c. Proinde *ed.* — d. numquam *ed.* — e. sc *ms.* — f. *A partir d'ici le ms. P est écrit par une autre main.* — g. terrenum *ms.*

1. Le mardi 8 mars 1127.
2. Ce personnage est cité dans des chartes de 1115 (Miraeus-Foppens, *Op. dipl.*, III, p. 30) et de 1122 (*Cartul. de S. Bavon*, n° 22, p. 29).

[28.] Septimo idus martii, die quarta [1], quando octava dies illius illuxerat beati consulis, qui ad veram octavam de terris transmigraverat, Gervasius ex condicto a civibus nostris infra suburbium susceptus est apud Harenas versus occidentem castri, quod illis traditoribus maximus occasus erat futurus [2]. Sed ante hoc per domorum incendia terruerat eodem die Borsiardum et Robertum puerum et complices eorum, qui, visis domorum conflagrationibus, undique exiverant a castro, ut prospicerent [b] incensores illos, si forte invadere possent. Namque orientem versus castri tres domus altiores incensae vibrantibus flammas ventis ardebant, et ad spectandum cives simul cum Borsiardo et militibus suis, ignorantes compositionem factam inter burgenses et Gervasium, excursitabant, et eorum pars plurima armata manu cum nefariis illis. Isaac quoque qui, vivente Karolo pio consule, camerarius et de consilio et familiaritate comitis extiterat, qui caput traditionis erat, in excursu cum militibus suis ferebatur equo. Tandem cum sibi ad invicem adproximassent ex utraque parte milites, traditores videntes se non posse continere contra tantum exercitum, eo quod paucissimi essent, convertebantur in fugam; at persecutores illorum extentis cursibus insecuti usque in castrum profugos reddiderant. Cum tandem in suburbium devenissent, Borsiardus et sui ante domum Desiderii [3] fratris Isaac restiterant paulisper, consilium perquirentes quid jam agerent. Interim Gervasius, violenter persequens illos, venit occidentem versus ad portam [c] suburbii, et ibi, fide data et accepta a civibus, irruit infra cum validissima manu. Adhuc cives quiete solita in domibus suis substiterant, nam circa vesperam erat, et consederant cives plurimi ad prandium quibus

a. e *ed.* — *b.* perspicerent *ed.* — *c.* portas *ed.*

1. Le mercredi 9 mars 1127.
2. Walter, § 33, place également l'arrivée de Gervais à Bruges, le 9 mars.
3. Il ne faut pas confondre ce personnage avec Didier Hacket, frère de Bertulf et châtelain de Bruges. Didier, frère d'Isaac, n'aurait pas pris part à la conjuration, d'après le § 29. Walter (§§ 34 et 36) lui donne même un rôle analogue à celui de Gervais de Praet. Cependant, au § 44, Galbert le fait accuser de trahison par *Robertus puer* et au § 62 il dit qu'il était *traditionis conscius*.

non erat nota haec actio *a*. Cum igitur traditores illi consulerent sibi et de fuga sua starent perturbati, eminus *b* prospiciunt *c* irruere persecutores suos per plateas, qui hastis et lanceis, sagittis et universis armis impetebant illos. Porro tumultus maximus et armorum fragor et clamorum tonitrua omnes conturbaverant cives, qui ad arma ruentes parabant se, alii ut defenderent locum et suburbium contra Gervasium, qui prorsus ignoraverant pactum, alii quibus res fuerat nota irruerunt cum Gervasio totis viribus et fugabant illos traditores fugientes in castrum. Cumque inter cives res est manifestata de compositione et fide et juramento Gervasii ad ipsos, tunc primum simul irruerunt per pontem castri super illos qui in parte sceleratorum e castro ad pugnam resistebant. In alio quodam ponte, qui versus domum prepositi dirigebatur, magnus conflictus pugnae fuit, in quo cominus pugnabant lanceis et gladiis. In tertio vero ponte, qui in orientali parte jacebat a castro et usque ad portas castri se extendebat *d*, fortissimus congressus fiebat, adeo ut non tolerantes pugnae acerbitatem illi qui intro stabant frangerent pontem, et portas super se clauderent. Ubicumque ergo cives accessum habuerant ad castrenses, fortissime pugnatum est quoad usque illi non poterant sustinere, eo quod intercepti et a civibus traditi essent; vellent nollent quidem, agitati sunt infra castrum miseri illi, quorum magna pars vulnerata est, et simul exanimati metu et dolore atque lassitudine pugnae defatigati[1].

a. exactio *ms.* — *b.* minus *ed.* — *c.* prospicierunt *ms.* — *d.* tenebat *ed.*

1. Il est indispensable, pour l'intelligence de la suite du récit, de donner ici quelques renseignements topographiques sur le bourg de Bruges, où se sont réfugiés les conjurés. Le *burgus, castellum, castrum* ou *munitio interior* (Walter, § 33) occupait l'emplacement encore désigné aujourd'hui à Bruges par le nom de *bourg* ou *burg*. Il était défendu par un fossé sur lequel étaient jetés des ponts. Galbert n'en mentionne que trois, mais il en existait probablement quatre, situés à l'emplacement des quatre rues qui se détachent du bourg vers l'intérieur de la ville. Des murailles, d'une quinzaine de mètres de hauteur (§ 40) s'élevaient au bord du fossé : elles étaient flanquées de tours (*propugnacula*, § 29) reliées par un chemin de ronde (*circumcursus*, § 37), disposition identique à celle qui existe encore au château des comtes à Gand, construit au XIIe siècle. A l'intérieur, divers bâtiments étaient disposés autour d'une cour centrale (*curtis comitis*). C'étaient l'église de Saint-Donatien, le dortoir, le cloître et le réfectoire des chanoines, les écoles et la maison du

[20.] Interim Isaac[1] in principio incursus Gervasii in suburbium fugiens, a loco in quo consiliabantur recepit se in domum suam fortem satis[2]. Et cum pontem transisset, qui jacebat a suburbio ad domum ipsius, disjecit pontem et fregit, ne quis persequeretur eum fugientem. Qua tempestate interceptus est Georgius miles traditorum maximus, qui et ipse simul cum Borsiardo occiderat comitem; quem Desiderius miles, frater Isaac traditoris, equo dejecit et ei utrasque manus truncavit. Hic Desiderius, quamvis frater traditoris fuisset, non tamen conscius traditionis fuerat. Fugerat truncatis manibus in locum ille miserrimus Georgius, in quo se sperabat latere, sed statim accusatus cuidam Waltero militi Gervasii extrahitur. Nam sedens in equo miles ille precepit cuidam juveni gladiatori ferocissimo, ut occideret. At ille irruens in Georgium, percussit gladio et dejecit eum in terram, deinde per pedes in cloacarium projectum submergi ex malo merito suo gladiator ille coegit. Interceptus erat etiam [a] ex curte castellani Haket quidam [b] nomine Robertus, cursor et serviens ejus, et occisus in medio fori in paludes trahebatur. Interceptus est quoque quidam nefandissimus servorum Borsiardi, Fromoldus [c] nomine,

a. et cuidam ed. — b. deest ed. — c. Fromaldus ed.

prévôt (§ 42, 60). La maison du comte (*domus* ou *camera comitis*) était vis à vis à l'église par un passage voûté (§ 41). Des escaliers partant de la cour y donnaient accès (§ 41); elle était surmontée d'une haute tour (§ 81) et pourvue, comme la maison du prévôt, d'un balcon (*lobium*) s'ouvrant vers l'extérieur du bourg (§ 29, 42, 44). Les divers bâtiments renfermés dans le bourg étaient couverts en bois (§ 42); l'église seule avait un toit de tuiles (§ 37). Outre ces divers bâtiments dont nous parle Galbert, le bourg renfermait encore une salle de justice (*domus scabinatus*) construite par Baudouin bras-de-fer conformément aux stipulations du capitulaire de Quierzy (v. Jean d'Ypres, *Mon. Germ. hist., Script.*, XXV, p. 768). Le plan du bourg de Bruges, au xviie siècle, publié par Sanderus, *Flandria illustrata*, II, p. 36, peut encore servir à faire comprendre la disposition des lieux. Plus récemment, M. Duclos, *Onze helden van 1302* (Bruges, 1881) a publié le plan du bourg tel qu'il était au xive siècle.

1. Sur la fuite d'Isaac, cf. Walter § 34, qui donne des détails inconnus à Galbert.

2. Il s'agit ici d'une maison fortifiée telle que la noblesse en possédait beaucoup dans les villes flamandes au moyen-âge. Gislebert, à la fin du xiie siècle, parle des *homines in Gandavo et potentes parentela et turribus fortes*. Ces maisons étant construites en pierre portent toujours dans les textes le nom de *domus lapideae* : le mot *Steen*, par lequel on les désignait en Flandre, n'est que la traduction de cette expression. Gand a conservé un spécimen de ces constructions dans le *Steen* dit de Gérard le Diable, qui date du xiiie siècle.

qui fugiens latuerat inter duas culcitras, indutus superpellicium mulieris quo se dissimularet. At inde retractus, ductus est in medium fori[1], et [a], inspectantibus universis, suspensus est, fuste transfixo per suffragines et crura, capite dejecto deorsum, ita ut verecundiora, scilicet culus et nates[b], adverterentur versus castrum ad dedecus et ignominiam illorum traditorum, qui obsessi stabant ad lobium[2] comitis et ad propugnacula, inspectantes hoc fieri sibi ipsis in opprobrium. Non interim cessabant trahere sagittas ad invicem et jacere lapides et contorquere jacula a muris. Tandem clauso die, noctis tempore metus et vigiliae utrobique agebantur, et insidiabantur sibi, si quisquam se furaretur, ut fugeret ab obsessis, vel aliquis latenter per muros illaberetur ad obsessos in eorum auxilium. Proinde per omne tempus obsidionis utrobique vigiliae et insidiae agebantur. Saepissime vero invasionem fecerunt obsessi singulis noctibus obsidentibus fortissimo congressu, et acrius pugnatum est nocte quam die, eo quod ob[c] turpe facinus sese in die non auderent manifestare obsessi, qui quoquo modo celari et evadere posse sperabant, ut, si forte evaderent, nemo de eis crimen traditionis suspicaretur, et ideo in nocte pugnabant tanto acrius, quanto se crediderant per principes obsidionis, qui eis assensum annuerant[d], forte postmodum exire et a crimine faciliter purgari. At principes non curabant quid obsessis promitterent, et quota juramenta facerent, solummodo ut pecuniam et thesaurum boni comitis ab eis extorquerent. Et juro quidem sic fecerunt, accipientes ab obsessis thesaurum comitis et insuper donaria multa[3], quando quidem nulla fides et juramenta nulla illis

[a]. deest ed. — [b]. scilicet...nates deest ed. — [c]. deest ms. — [d]. innuerant Köpke.

---

1. Le marché était situé sous les murs du château. On trouve la même disposition dans la plupart des villes flamandes : à Gand, à S.-Omer, à Arras et à Middelbourg en Zélande.
2. Espèce de balcon ou de galerie, en flamand *loof*. Au xiv° siècle, la maison du comte ('s *Graven-Steen*) dans le bourg de Bruges s'appelait *de Loove*.
3. L'enquête sur les meurtriers de Charles, dont le texte nous a été conservé, traduit en français, dans la chronique dite de Baudouin d'Avesnes (*Mon. Germ. hist., Script.*, XXV, p. 441 sqq.) contient en effet les noms d'un très grand nombre de personnes qui reçurent des sommes enlevées au trésor du comte.

debebant observari, qui legitimum et naturalem dominum suum impiissimi servi tradiderant, et nimirum ab inimicis suis fidem et juramenta, quae*a* nulla illis debebant, querebant sibi salubriter observari, qui domino suo et patri totius comitatus mortem intulerant. Justius ergo ii*b* qui consulem dilexerunt etiam in morte, qui et ad vindictam convenerant, et ibi sustinuerunt metus, vigilias, vulnera, aggressus, et omnia quae in obsidione perpeti solent adversa, justius, inquam, obtinuissent castrum et thesaurum et comitialia post domini sui mortem quam traditores pessimi, qui utrumque*c* et locum et divitias loci destruxerant. Hujusmodi ratione saepe colloquebantur sibi obsidentes et obsessi; at obsessi solam in responsalibus suis excusationem traditionis pretendebant.

1127, 10 mars

[**30.**] Sexto idus martii, feria quinta[1], ad obsidendum proditores Karoli*d* accucurrit castellanus ex Ghendt*e* cum sua potentia[2], et frater Baldevini ex Alst nomine Iwan[3]. Nocte igitur preterita ejusdem feriae quintae, quia Isaac se conscium sceleris sciebat et damnabat, urgebat enim cum timor mortis, cum solo armigero suo aufugit, simul et uxor ejus et servi et pedissequae universaque familia ipsius, et ubi contigit eos manere in tam arcto noctis aufugio, latuerunt[4]; domum quidem et curtem et majorem supellectilem et*f* reliquas etiam*g* res, quas hactenus potenter et

a. deest ms. — b. hi ms. — c. utraque ms. — d. deest ed. — e. Gend ms. — f. deest ms. — g. deest ed.

1. Le jeudi 10 mars 1127.
2. Le châtelain de Gand, de 1088 à 1138, s'appelle Wenemar; mais son frère, Siger, porte aussi très souvent dans les chartes le titre de châtelain. Köpke croit, sans preuve, qu'il s'agit ici du second de ces personnages.
3. Baudouin et Iwan appelés tantôt de Gand (*Gandenses*), tantôt d'Alost (*Alostenses*) étaient fils de Baudouin le Gros, de Gand ou d'Alost (Chron. de Lambert d'Ardres, *loc. cit.*, pp. 279-281). Leur famille, que l'on a voulu rattacher à tort à celle des premiers châtelains de Gand (Hirsch, *Jahrbücher Heinrichs II*, 1, p. 529), était la plus puissante des familles nobles de Flandre. Elle possédait de vastes alleux entre la Dendre et l'Escaut. Ces alleux, qui par suite de la disparition de la famille, passèrent au comte pendant le règne de Philippe d'Alsace, en 1166, formèrent dès lors le territoire qui reçut le nom de comté d'Alost. Sur la maison de Gand, v. Duchesne : *Hist. généalog. des maisons de Guines, d'Ardres, de Gand et de Coucy.* — Sur le rôle joué par Baudouin et Iwan, v. Walter, § 36, et Herman de Tournai, *loc. cit.*, p. 286.
4. Galbert a dû écrire ce passage avant le 17 mars, date à laquelle il apprit ce qu'Isaac était devenu (§ 39).

libere possederant, desertas et sine consilio in predam hostibus reliquerunt. Quo audito, summo mane, castellanus ex Gendt[a] et Iwan cum multitudine obsidionis irruerant, diripientes omnia quae usui suo ad asportandum invenerant. Tandem faculis igneis tectis suppositis incenderunt domus et curtes[1], et quaecumque igne consumi poterant ibidem reperta. Quae quam[b] citissime omnia conflatione et ventorum fomentis et insania tempestatis ignis destructa sunt, omnium[c] admiratione testificatum est, scilicet nihil tanti aedificii et lignorum tam celerem passum fuisse adnihilationem.

[31.] Quinto idus martii, feria sexta[2], Daniel[3], unus de paribus regni, qui ante traditionem comitis in amicitia alte fuerat cum preposito et nepotibus ejus, acceleravit ad obsidionem, simul et Riquardus ex Woldman, Theodericus[d] castellanus Dikasmutis[e] oppidi[4], Walterus butelgir[5] comitis. Unusquisque itaque istorum principum cum tota sua potentia venerat ad vindicandam mortem comitis et domini sui. Qui quidem omnes, postquam convenerant cum civibus nostris, accitis quoque omnibus in obsidione primatibus, conjuraverunt, antequam permitterentur introgredi in suburbium, sese inviolabiliter observare loca et possessiones suburbii ad salutem et profectum civium nostrorum, deinde uno animo impetere[f] adversarios et homicidas impiissimos aggredi, expugnare, et Deo volente evincere, et nulli rea-

1127,
11 mars.

a. Gond *ms.* — b. quoniam *ms.* — c. et omnium *ed.* — d. Theodoricus *ed.* — e. Discamutis *ms.* — f. impetuquo *ed.*

1. Walter, § 34, rapporte que ce fut Didier, le frère d'Isaac, qui mit le feu à la maison.
2. Le vendredi 11 mars 1127.
3. Il s'agit ici de Daniel de Termonde, un des seigneurs les plus puissants de la Flandre. Ce personnage est probablement le même qu'un certain Daniel, avoué de Saint-Bavon de Gand, en 1122. (*Cartul. S. Bavon*, n° 22, p. 28.) D'après la continuation de la *Genealogia comitum Fandriae* de Lambert de S. Omer, *Mon. Germ. hist., Script.*, IX, p. 312, Daniel était le neveu d'Iwan de Gand.
4. Thierry, châtelain de Dixmude (à 30 kil. S. O. de Bruges), est cité pour la première fois dans une charte de 1110 (Miraeus-Foppens, *Op. dipl.*, II, p. 679).
5. Walter le Bouteiller ou Walter de Vladslao, v. plus haut, p. 37, n. 5.

rum parcere ad vitam, nec aliquo suo ingenio educere et salvare reos sed disperdere, et communi procerum judicio agere ad honorem regni et ad salutem habitantium in eo. Simul confirmaverunt, salvis quidem rebus civium et suis, et salva omnium re qui in obsidione laborarent, pro morte consulis vindicanda.

[**32.**] Quarto idus martii, sabbato[1], edictum exiit a principibus, ut castrum ex omni parte qua accessum haberent invaderent omnes, qui in obsidione consedissent; et quidem circa meridiem armaverant se milites simul cum civibus, et circumibant[a] impetentes igne portas castri, in quo aggressu posticum, quod juxta domum prepositi stabat, incenderunt. Ceterum cum majores portas castri invaderent, subducta feni et stipularum arida congerie, et accito milite qui ignem stipulis ingereret, abintus castrum lapidibus, sudibus, lanceis, sagittis obruti sunt hi qui aggrediebantur, ita ut quasi molaribus petris a propugnaculis dejectis innumeri laesi et conquassati galeas et scuta, vix a portarum testudine, sub qua latitabant ut incendia administrarent, cum salute vitae aufugerent[2]. Quemcumque igitur persequebatur lapis ab[b] alto dejectus, quantaecumque fuisset virtutis et virium, passus est sui ruinam gravissimam, ita ut totus prostratus et confractus, moribundus et exanimis caderet. Qua infestatione armiger unus a foris sagitta trajectus cor[c] expiravit. Tumultus et clamor utrimque grandis et gravissimus congressus fuit, stridor quoque armorum et fragor in altiori aeris repercutiebatur concavitate. Inferebatur tandem pugna vespertino tempore, et cum nihil praeter mortem et damnum obtinuissent a foris, subtraxerunt se a muris et propugnaculis castri, et collecta multitudinis suae parte, de futuro

1127,
12 mars.

a. circuibant *ed.* — *b.* ex *ms.* — *c.* corde *ms.*

1. Le samedi 12 mars 1127.
2. D'après cette phrase de Galbert, il est évident que les portes du bourg de Bruges étaient construites comme la porte du château des comtes de Flandre à Gand. Cette dernière est flanquée de deux tours crénelées (*propugnacula*), entre lesquelles s'ouvre une longue allée voûtée en berceau, aboutissant à une herse.

noctis periculo sollicitabantur, de quo aggressu obsessi
magis et magis animati sunt, eo quod invasores suos, tot
ruinis et vulneribus infectos, a muris propulsos vidissent.

[**33.**] Tertio idus martii, dominica[1], sub specie pacis, utrobique observabatur. *1127, 13 mars.*

Priore die ante idus martii, feria secunda[2] et feria tertia postea[3], convenerunt burgenses ex Ghend[a], et avidissima turba predonum simul cum ipsis ex circa sibi adjacentibus villis ad obsidendum[4]. Nam pro ipsis mandaverat castellanus ipsorum, ut collecta virtute et communione sua, armati et ad pugnandum succincti[b], insultum facerent ad castrum singulariter et per se, utpote viri gloriosi in certamine et pugna[c], habentes scientiam demoliendi obsessos. Cumque sese singulariter in obsidione insultum facturos audissent, associaverunt sibi universos sagittarios et ingeniosos operum artifices et audaces raptores, homicidas, latrones et quoscumque presumptores in omne belli nefas, atque triginta plaustra oneraverunt armis; pedes et equo accurrebant, sperantes se obtenturos maximam pecuniam, si forte se sibi redderent obsessi. Erat quippe validus et infinitus exercitus eorum. Qui cum juxta portas suburbii[d] accessissent, violenter ingredi ausi sunt, sed in faciem restitit eis omnis obsidionis quae intro occurrebat multitudo, et[e] pene pugnatum fuisset[f] undique, nisi quod sapientiores sese composuissent in utraque acie. Nam datis dextris et acceptis, fide et sacramento juramenti sese taxabant, quatenus eadem intentione eisdemque armis et eodem consilio in obsidione cum ipsis jungerentur, salvo loco et rebus nostrorum civium, atque vernaculos et sagaces in pugna secum tantum retinerent, alios vero retrorsum remandarent. Ingressi sunt ergo cum *14 et 15 mars.*

---

a. Gend *ms.* — *b. deest ed.* — *c.* pugnao *ed.* — *d.* juxta suburbii A; juxta suburbium P. — *e.* ut P. — *f.* fuit *Köpke.*

---

1. Le dimanche 13 mars 1127.
2. Le lundi 14 mars.
3. Le mardi 15 mars.
4. Les auxiliaires des Gantois sont ces routiers, connus au XIIe s. sous le nom de brabançons; v. De Smet : *Notice sur Guillaume d'Ypres et les Compagnies franches du Brabant et de la Flandre au moyen âge.* (*Mém. Acad. Belg.* t. XV).

maxima *a* multitudine Gendenses illi et compleverunt locum circa castrum. Deinde paraverunt operatores et artifices eorum scalas, quibus muros conscenderent. Eodem tempore, reversus est Razo butelgir[1] a Sancto Aegidio[2], et venit justissime dolens pro morte domini sui consulis cum sua potentia ad obsidionem.

1127, 16 mars.

[**34.**] Septimo decimo *b* die ante kal. aprilis, feria quarta *c* cum sanctificatus, in nocte sanctae Gertrudis[3], comitissa Hollandensis[4] ad obsidionem accessit cum filio suo et multa multitudine cum ipsa. Sperabat enim omnes obsidionis principes electuros filium ejus in comitem, eo quod illud ei cives nostri et plures principum suggessissent[5]. Habebat quippe magnas gratias eis comitissa *d*, et laborabat omnium procerum animos convertere in amicitiam sui dando et promittendo multa. Qua die Froolfus *e* et Balduinus *f* ex Somerenghen *g* milites[6] quasi a Willelmo Iprensi se venisse simulabant, denuntiantes principibus obsidionis, regem Franciae dedisse comitatum ipsi Willelmo Iprensi et super hoc universos sollicitos reddidit, qui filium comitissae prefatae

a. magna P. — *b.* Septimo *ms.* — *c.* quinta *ms.* — *d.* magnas — comitissa, *deest ms.* — *e.* Froolsus *ed.* — *f.* Bolduuinus *ed.* — *g.* Sommerengen *ms.*

---

1. Razo ou Racs de Gavre (sur l'Escaut, à 19 kil. S. de Gand), bouteiller de Flandre, est mentionné dans les chartes depuis 1093 (Miracus-Foppens, *Op. dipl.*, II, p. 1142).
2. Saint-Gilles en Provence.
3. Le mercredi 16 mars 1127.
4. Gertrude ou Pétronille, fille du premier mariage de Thierry, duc de Lorraine, épousa Florent II, comte de Hollande, mort le 2 mars 1121. En 1127, elle était régente du comté au nom de son fils Thierry VI.
5. Les droits du jeune Thierry VI à la succession de Flandre étaient des plus minces. Ils ne pouvaient se fonder que sur le mariage en secondes noces de sa bisaïeule, Gertrude, avec le comte de Flandre Robert le Frison (1071-1093). Mais on verra plus loin (§ 95) que les bourgeois de Bruges faisaient bon marché des droits de la naissance, quand ils croyaient ceux-ci incompatibles avec les intérêts de leur commerce. C'est eux bien certainement qui auront mis en avant la candidature du comte de Hollande pour s'assurer l'amitié de ce prince, maître des bouches de l'Escaut. On voit, par le § 89, combien ils tenaient à la libre navigation sur ce fleuve puisqu'ils reconnurent Thierry d'Alsace comme comte de Flandre, parce qu'il la leur avait procurée.
6. Somerghem, à 15 kil. N. O. de Gand. On trouve, en 1122, *Balduinus de Somerenghen* (van Lokeren, *Chartes de S. Pierre*, I, p. 124). Galbert (§ 115) parle de son frère Walter.

eligendum spoponderant. Astute ergo hujusmodi mendacium et simulate milites illi pro veritate annunciaverunt, ut ea astutia differrent concessionem principum obsidionis de suscipiendo filio predictae comitissae in comitem. Quo audito, principes indigne ferebant, si forte verum fuisset, Willelmum Iprensem comitatu a rege donatum. Conjurabant ergo et fide sese taxabant, nunquam sub illo comite Flandriae manente sese militaturos, nam omnibus suspectus erat et notatus in traditione*a* domini consulis [1].

[**35.**] Sexto decimo kal. aprilis, feria quinta [2], canonici Sancti Donatiani in meridionali parte castri per scalas muros conscenderunt, in qua parte scrinia et feretra sanctorum et reliquiarum suarum emiserunt, accepta principum super hoc licentia et consensu, transtuleruntque in ecclesiam beati Christophori, quae in medio fori consita est, cortinas et aulearia quoque tapeta, cappas palliatas et sericas, vestes sacras et librorum aggerem, et utensilia templi et cetera quae de pertinentia ecclesiae erant, elata sunt. De redditibus comitis brevia et notationes [3], quae prepositus sibi et suo conservaverat Willelmo Iprensi, quia fortunam suam prorsus mutatam vidit, interventu Fromoldi senioris efferri perpessus est [4], sicut omnia sanctorum scrinia et armamenta templi invitus permisit auferri. Stabat igitur ecclesia Sancti Donatiani sola et deserta tandem relicta traditoribus, qui in ea scortum haberent *b* et cloacaria sua et coquinas et furnos, et omnia *c* immunda immundi agerent. Jacebat quoque ipse piissimus et Dei servus Karolus comes solus adhuc in loco, quo martirium susceperat, relictus suis traditoribus. Igitur

1127, 17 mars.

a. traditionem *ed.* — *b. deest ms.* — *c. deest Köpke.*

---

1. Cf. plus haut, p. 35, n. 2. Il est probable que c'est la naissance illégitime de Guillaume d'Ypres qui motivait la résistance des Flamands.
2. Le jeudi 17 mars 1127.
3. Les comtes de Flandre avaient donc déjà un dépôt d'archives au commencement du xii° siècle.
4. Le prévôt de S. Donatien était chancelier de Flandre depuis 1089 et, comme tel, maître des *notarii* et des *breviatores* du comte; v. Miraeus-Foppens, *Op. dipl.*, I, p. 359.

postquam elata sunt omnia, quae permissa sunt efferri, canonici flentes et sine consueta veneratione portabant reliquias sanctorum in dolore et suspiriis et planctu; nullusque preter clerum et paucos in efferendo ea sacra permissus est ad muros accedere *a*, utrobique enim stabant armati, precavantes sibi, et inter tot arma tamen sanctos venerati sunt, pacem et viamen latoribus sanctorum offerendo. Extranea fuit quaedam et rara valde talis processio, in qua Algerus *b*, camerarius prepositi, cappam juxta morem *c* clerici indutus, crucem ferebat; nam cum vitae desperaret, tali dissimulatione evasit. Indoluerunt ergo omnes boni et universi civium de tali rerum eventu, laeti quidem quod reliquias sanctorum obtinuissent, quae in predam inimicis et raptoribus loci relictae in ecclesia fuissent, si remansissent, sicut in *d* captione castri et invasione ecclesiae postmodum apparuit [1]. Et notandum, quod in tanto tumultu rerum et tot domorum incendiis, quae per ignitas sagittas nocte tectis suburbiorum injecerant ab intus, et etiam *e* latrunculi exterius, ut sibi aliquid furarentur, et inter tot noctium pericula et tot dierum certamina, cum locum scribendi ego Galbertus notarius *f* non haberem, summam rerum in tabulis notavi, donec, aliquando *g* noctis vel diei expectata pace, ordinarem secundum rerum eventum descriptionem presentem, et sic, secundum quod videtis et legitis, in arcto positus fidelibus transcripsi; neque quid singuli agerent prae confusione et infinitatione *h* notavi, sed hoc solum intenta mente notavi quod in obsidione communi edicto et facto *i* ad pugnam et ejus caussam congestum est, atque ad hoc quasi me invitum, ut scripturae commendarem, coegi.

Scalae igitur [2] structura talis erat: primum latior scala cum suis claviculis fabricata est juxta altitudinem murorum

a. ecclesiae *ed.* — *b.* Algerius *ms.* — *c.* moram P. — *d.* cum *ed.* — *e.* deest P. — *f.* deest *ed.* — *g.* aliqua *ed.* — *h.* infinitasiono A; infinita occisione P. — *i.* facto *ed, ms. Köpke corr.* pacto.

---

1. Ceci a donc été écrit après le 19 mars; v. § 41.
2. Après cette longue digression, Galbert reprend sans transition, la suite du récit.

castri; a dextris et a sinistris vero conceptae sunt virgae tenacissimae ad modum parietis; in fronte vero scalae consimilis paries consertus est; super quam scalam altera scala strictior et longior, simili opere constructa, superimposita est jacendo[1], ut post erectionem scalae majoris, minor scala infra murum laberetur atque parietes dextrorsum et sinistrorsum et in fronte consepti, in defensionem ascendentium undique starent.

[36.] Hic non est pretereundum, quod plures inclusi fuerant intra castrum, qui in morte comitis rei non fuere opere vel consensu, sed vel intercepti erant simul cum reis eo die quo clausi sunt infra muros primum. Itemque plures erant qui sponte introierant simul cum sceleratis, qui licet in opere et materiali occisione non adfuissent, assentiebantur tamen reis. Itemque plures et in prima et subsequentibus obsidionis ingressi erant diebus causa pretii et lucri; inter quos inmanis et in sagittando sagax et velox tirunculus unus nomine Benkin[2] aderat. Hic circumibat muros pugnando, modo hac modo illac discurrens, quandoque solus ipse videbatur fuisse plures, qui tot ab intro vulneribus inficeret et numquam cessaret. Cumque ipse ad obsidentes traheret[a], tractus ipsius discernebatur ab omnibus, quia vel percuteret gravi vulnere nudos[3], vel jactata sagitta quos persequebatur armatos sine vulnere contusos, stupefactos in fugam vertebat. Affuit etiam cum reis illis miles Weriot, qui a[b] tempore juventae suae fur et latro manserat; hic stragem maximam inter extra muros insultum facientes fecerat in obruendo et dejiciendo lapides, qui sola manu sinistra utebatur[c]. Ad haec vero nefanda infinitus erat reorum et coadjutorum infra muros numerus, die ac[d] nocte,

---

a. traheretur P. — b. deest P. — c. utebantur ed. utebatur corr. Köpke. — d. et A.

---

1. C'est-à-dire horizontalement, au sommet de la grande échelle. Au § 59, Galbert appelle l'engin des Gantois *turris lignea*.
2. Galbert parle encore, aux §§ 76 et 77, de ce Benkin qu'il appelle *coterellus*, mot par lequel on désignait habituellement les routiers au XIIe siècle.
3. Ceux qui n'étaient pas revêtus d'une cotte de mailles (*armatos*).

vigiliis, pugna, insultibus, labore quoque diverso desudantium; nam portas castri terrae et lapidum et fimorum comportationibus introrsum humaverant ab imo usque ad[a] summum, ne exustione et incendio portarum facto ad eos forte ingrederentur a foris. Utique appositis ignibus in parte orientis, portae grandes pene perustae fuerant, ita ut foramen maximum patuisset, nisi predicta materiarum mole obserassent[b]. Tandem cum intrinsecus exitus portarum lapidibus et terrae aggeribus obruissent, a foris destruxerant utrobique pontes tam obsessi quam obsidentes, qui ad castrum directi olim fuerant, et ita nullus aditus relictus est inimicis vel exitus obsessis.

[37.] Igitur cum securos fecissent se obsessi in exitibus suis, instabant obstruere fores templi ad meridiem et fores domus comitis, quae exibant in castrum, foresque quae a claustro se porrexerant in castrum, ut si aliquo suo infortunio curtem comitis perdidissent, sese reciperent in domum[c] comitis et in domum prepositi, simulque in refectorium et claustrum fratrum et infra ecclesiam. Stabat autem ecclesia beati[d] Donatiani aedificata in rotundum et altum, contecta fictitio[1] opere, ollis et lateribus cacuminata, nam olim tegumen ecclesiae lignorum compositione astruebatur, et elevata materia campanarii in altitudinem artificiosum opus eadem susceperat basilica; unde[e] honestatis suae fulgore preeminebat, velut regni sedes, et in medio patriae securitate et pace, jure et legibus undique terrae partibus salutem et justitiam demandans. Quippe ignis dispendio omnis lignorum materies consumpta est olim, et ideo contra ignis molestiam lapideum et tale opus confinxerant ex ollis et lateribus, quod elementum igneum exurere non potuisset. In parte quoque ejusdem templi occidentem versus, turris

a. in ms. — b. predictam materiarum molem operassent ms. — c. domo ms. — d. sancti P. — e. deest ms.

1. Köpke croit que ce mot a ici le sens de *fictilis*.

fortissima in eadem templi essentia altiore statura eminebat, in supremis dividens se in duas turres acutiores[1]. Murus quidem circumcinxerat et domum prepositi et dormitorium fratrum et claustrum et pariter omne illud castrum, atque ille murus, quem tandem obtinere sibi presumpserant, propugnaculis et circumcursu ad extra pugnandum, altior et fortior stabat. Et quamquam in se murus fortis et ascensoria[2] firma fuissent, elaborabant nocte et die sese tutiores intrinsecus reddere, qui pugnaturos se fore contra universum mundum amodo intellexerant. Tunc tandem reminisci poterant proverbii sui : « Si interfecerimus Karolum, quis vindicaturus veniet illum? » Et vero, infiniti erant et eorum ad vindicandum venientium incertus hominum[a] preter Deum numerus erat, et ideo *quis* nomen interrogativum et infinitum[b] in proverbio eorum vim rectam et plenam obtinuit[3]. Et sciendum, quia milites illi strenui intus quidem cum reis fuere, quibus semper animus exeundi vel extra a muro cadendi et labendi erat promptior, si forte locum habuissent, eo quod communiter sub nota traditorum adscriberentur, quicumque obsessi sunt cum reis. Quo rescito, principes obsidionis, collectis consiliariis et optimatibus majoris prudentiae, accesserunt ad muros et usi sunt colloquio cum omnibus intro obsessis. Jusserunt igitur sibi ad spectaculum murorum evocari illos obsessos, qui rei non fuerant, et obtulerunt eis licentiam et potestatem, si vellent, exeundi ab obsessis, salva vita et membris eorum quorum quidem aperta foret innocentia; ceterum preter reos si aliqui exire vellent et probare innocentiam suam secundum judicium principum, eadem libertate exirent, reis vero nulla dispensatione subveniretur, qui tantum facinus et ante hoc inauditum perfecerant crimen, imo inaudito plecterentur exterminio et ante hoc inaudita moriendi acerbitate. Igitur,

---

a. homini *ms.* — *b.* infinitivam *ms.*

---

1. L'église de Sainte-Marie à Maestricht a conservé une tour romane présentant identiquement la même disposition.
2. Escaliers pour monter sur les remparts.
3. Cf. § 14.

secundum edictum et pactum hujusmodi, exierunt perplures, quia eorum erat aperta *a* innocentia, aut parati fuerunt quibus minus credebatur, probare innocentiam.

[**38.**] Tandem prepositus, vultu tristiore et omisso majestatis suae rigore et superbia, mente *b* consternatus, accessit ad colloquium, et frater ejus castellanus Haket usi sunt humili oratione *c* in verbis hujusmodi. Responsalis quidem prepositi et omnium obsessorum erat castellanus Hacket *d*, qui solus pro omnibus loquebatur, et respondit ita principibus : « Domini et amici nostri, qui nostri misereantur, si aliter nobis accidisset, aliquo vestigio dilectionis antiquae debent pietatis officia erga nos exhibere, quantum poterunt salvo honore suo et facultate. Rogamus ergo vos et obsecramus, principes terrae hujus, et mementote quantae dilectionis bona consecuti fueritis a nobis, miseremini nostri qui mortem domini comitis vobiscum conquerimur, deflemus, reos damnamus et prorsus expelleremus a nobis, nisi quod nostri sanguinis propinquitatem inviti quidem servamus in ipsis [1]. Tamen obsecramus potentiam vestram, audite nos super nepotes nostros, quos reos dicitis, ut liceat eis per vos exeundi obtinere libertatem jam a castro et deinde, instituta eis pena pro tam inmani facinore ab episcopo et magistratibus, abeant in exilium perpetuum, ut sic quoquo modo in cilicio et penitentia Deo mereantur reconciliari, quem graviter offenderunt. Nos vero, ego et prepositus et Robertus puer cum hominibus nostris parati sumus, secundum universi generis judicium, satisfacere omnibus, quod innocentes sumus ab opere et consensu traditionis et super hoc innocentiam nostram probare omnimodo parati sumus, si quis sub coelo hominum dignetur suscipere probationis nostrae argumenta. Dominus meus prepositus coram universo clero suae

---

a. aperta erat P. — *b.* mentis P. — *c.* ratione *ed.* — *d.* Haket *ed.*

---

1. On voit par ces paroles que Hacket ne se considère pas comme coupable de la mort du comte. S'il fait cause commune avec les assassins de Charles, c'est seulement parce que, ceux-ci appartenant à son lignage, il considère que son premier devoir est de les défendre, tout en ayant horreur de leur crime.

innocentiae probationem quantumcumque gravem se facturum offert, eo quod conscientiam suam mundam testetur. Requirimus iterum a vobis, ut salva vita et membris suis permittatis nepotibus[1] reis et in traditione notatis habere in exilium eundi libertatem et nobis verae probationis sententia purgari, militibus secundum jus seculare, clericis secundum scripta divina[2] examinari liceat. Quod si fieri abominaveritis, volumus melius sic obsessi simul cum reis vivere, quam ad vos exire et turpiter mori. » Cumque complesset orationem castellanus Hacket[a], exorsus est quidam militum obsidionis nomine Walterus respondere predictis : « Nullius beneficii vestri[b] memores esse nulliusque dilectionis antiquae vestigia jure observare deinceps debemus, qui dominum comitem traditum, a nobis, sicut dignum fuit, tumulandum et deflendum, violenter seclusistis, simulque cum reis participastis thesaurum regni, et regalem aulam ipsius injuste possidetis, impiissimi traditores domini vestri, ad quos amodo nihil pertinet de regno et comitatu. Omnia enim, tam vitam propriam quam rem extrinsecam, injuste possidetis, quandoquidem[c] sine fide, sine lege vos fecistis et idcirco omnes christiani nominis professores contra vos armastis, quoniam principem terrae hujus pro justitia Dei et hominum tradidistis, in sacro quadragenario, in sacro loco, in sacris orationibus Deo prostratum. Itaque deinceps fidem et hominia, quae hactenus vobis servavimus, exfestucamus, damnamus, abjicimus. » Aderat huic collocutioni totius obsidionis multitudo, qui statim, finita responsione ista, arreptis festucis, exfestucaverunt illorum obsessorum hominium, fidem et securitatem[3] et separati sunt ab invicem colloquentes sibi animo irato et obstinato utrobique, hinc ad expugnandum, illinc ad resistendum.

a. Haket *ed.* — b. beneficii memores esse vestri *ed.* — c. quoniam quidem *ed.*

1. *Nepotes* ici encore n'a pas le sens de neveux, mais de *propinqui*, de *bloedtverwanten*.
2. Le droit canon.
3. Sur le rôle juridique de la *festuca*, cf. § 56.

1127.
17 mars.

[**39.**] Eodem die, ab armigeris abbatissae Auriniacensis coenobii, audivimus eventum Isaac, qui eadem nocte qua fugerat [1], cum se credidisset venisse Gandavum, venerat juxta Ipram. Fugit ergo inde usque in Steenvordam [a][2], villam Widonis generi sui[3], ubi, accepto consilio, nocte Teruannam [b] descendit et latenter et furtim monachicum habitum assumpsit [4]. Ceterum rumor et requirentia universorum persequebatur fugientem, ita [c] ut nullatenus lateret quin statim veritatem rescirent. Igitur advocati Teruannae [d] filius[5], cum Isaac resciret, irruit in claustrum fratrum et reperit in cuculla latentem in ecclesia et quasi psalmos ruminantem. Cumque captum eduxisset [e] Isaac, virgis et vinculis coactum et flagellatum constrinxit et ita extorsit ab eo, ut reos in comitis traditione proderet. Et respondit, confitens de se et aliis nominatim reis, superaddens plures fuisse qui conscii sceleris et administratores fuissent reorum, tradentium actualiter comitem, scilicet gladio materiali. Subjunxit quoque de conjuratione proditionis suae cum Borsiardo et Willelmo ex Wervi et [f] Ingranno de Esna et Roberto puero, Wlfrico fratre prepositi et paucis simul annumeratis homicidis pessimis. Et retulerunt aliqui, dixisse Isaac in suffossione unius quercus, in pomerio domui suae [g] adjuncto, pecuniam radicitus abscondisse, quam milites loci nostri perscrutando et circumquaque fodiendo usque in viscera terrae ibant frustrati.

1127.
18 mars.

[**40.**] Quinto decimo die ante kal. aprilis, sexta feria, adductae sunt scalae adversus muros, et impetebant utrobique sese sagittis et lapidibus. Illi vero qui scalas adduxere, clypeis defensi et loricas induti progrediebantur. Multi

a. Stainvorda *ms.* — *b.* Teruanniam *ed.* — *c.* deest *ed.* — *d.* Teruannae *ed.* — *e.* adduxisset P. — *f.* deest *ed.* — *g.* domini sui *ms.*

1. La nuit du 10 mars, v. § 30.
2. Steenvoorde ou Estanfort près de Cassel.
3. D'après Walter, § 35, qui étant de Térouanne est ici plus exact que Galbert, Guy de Steenvoorde avait épousé la sœur d'Isaac.
4. Dans le monastère de S. Jean à Térouanne, Walter, *ibid.*
5. Arnulf, v. Walter, § 35.

equidem consequebantur ad spectandum, quomodo erigerentur ad muros scalae, eo quod ex viredine et humiditate graves essent et ponderis magni, in altitudinem habentes circa mensuras sexaginta pedum hominis[1], et in latitudinem pedum duodecim scala inferior, et scala superior admodum strictior, sed longior parumper extitit. Cumque trahebantur scalae, juvabat manus, vox et clamor trahentium, et resonabant clamores in aere altiori. Tunc Gandenses armata manu protegebant illos clypeis, qui scalas traherent; nam audito et viso tractu, obsessi super muros ascenderunt et ad propugnacula prodibant, obruentes lapidum infinitos jactus et sagittarum densitatem contra scalarum attrectatores[a]. Ceterum animosi juvenes et audaces, appositis parvulis scalis, quas decem homines solebant ferre, volentes prevenire insultum majorum scalarum, ascenderunt ad murum unus post alium. Sed cum aliquis in summitatem ascensum et super murum intentaret, illi qui ab intus latitabant, insidiantes ascensoribus, hastis et conto et telis dejecerunt herentem in scala, ita ut nullus tam audax, tam velox amplius foret qui auderet ingredi ad obsessos per scalas minores. Interim murum perforare satagebant cementariorum malleis et universis ferramentis alii, et magnam partem muri avellentes frustrati recesserunt. Sed cum trahentium multitudo prope muros conscendisset, et acrius utrimque pugnaretur in obruendo moles lapidum ab intus, densae noctis tenebrae prohibebant utrosque a pugna; et multa laesione accepta, Gendenses expectabant diem crastinum, quando universa simul cum ipsis obsidio, violenter erectis majoribus scalis, ingrederentur ab obsessos.

[**41.**] Quarto decimo kal. aprilis, sabbato[2], cum lucescente mane obsessi in diversa vocati parte castri post pugnas quotidianas membra dedissent[b] quieti et cum paulisper securiores forent, quod hesterno die egregie pugnas-

1127, 19 mars.

---

a. attractores ms. — *b.* laxassent *Köpke.*

---

1. Soixante pieds de Bruges font 16 m. 38. Les murailles du château devaient donc avoir une quinzaine de mètres de hauteur.
2. Le samedi 19 mars 1127.

sent contra forinsecos Gendenses, namque ea securitate vigiles murorum preconato die introierant in domum comitis ad ignem tepefacere se propter asperitatem frigoris et ventorum, in vacuum relicta curte castri, cives nostri in meridionali parte, qua sanctorum reliquiae elatae fuerant, intro conscenderunt per subtiles scalas et latrices quas solus homo ferret. Intus quippe sine sonitu et clamore sese collegerunt in magnas acies et premunitas ad pugnandum, statimque ordinabant minores inter se ituros ad portas majores, ut terrae et simul lapidum congeriem sustollerent a portis et introitum facerent extra consistentibus universis, qui hoc factum adhuc *a* ignorabant. Portam quoque unam castri in parte occidentis repererant clausam firmiter clavi et sera ferrea, nullaque terrae et lapidum objectione obrutam, quam ideo liberam observaverant, ut per illam reciperent et emitterent quos vellent traditores illi. Quam statim ipso accessu gladiis et securibus nostri burgenses aperuerant, et tunc *b* concitato clamore et strepitu armorum, intrinsecus in tumultum et concursum conturbaverunt exercitum in circuitu castri. Igitur irruerat gravissima obsidionis manus intra *c* castra, alii ut pugnarent, alii ut raperent quaecumque infra reperirent, alii ut intra ecclesiam ingressi, corpus beati comitis Karoli *d* obtinentes, cadavum transferrent. Tunc traditores illi, qui in domo comitis gravi sopore soluti jacebant, terrore et clamore infinito expergefacti *e*, ignari rerum eventus, discurrebant visum quidnam clamorum caussa *f* foret. Et cum rerum pericula sibi imminere cognovissent, prosilientes ad arma, instabant prae *g* foribus expectantes congressum. Quidam ex ipsis in ingressu civium nostrorum intus *h* castrum, intercepti sunt ad unam portarum, milites quidem plures, quibus custodia earundem portarum deputata fuerat *i* in parte orientis, qui cum introgressis civibus tumultum subeuntes *j*, cum nihil ulterius possent, sese reddiderunt misericordiae et pietati captivantium.

a. deest P. — *b.* circa ed. — *c.* intro ms. — *d.* deest Köpke. — *e.* terrore... expergefacti, deest P. — *f.* cause ms. — *g.* pro ms. — *h.* inter ed. — *i.* fuerit Köpke. — *j.* snenndes sic A et P.

Quidam vero eorum diffidentes vitae suae, si a civibus caperentur, a muris dilapsi sunt, unus quorum in labendo precipitatus Giselbertus miles expiravit. Quem cum muliereulae traxissent in domum et exequias sibi prepararent, castellanus Theodoricus [a][1] et sui rescitum mortuum illum caudae equi copulatum, per omnes plateas suburbii tractum, tandem in cloacarium in medio fori projectum decapitavit [b]. Igitur cum cives intellexissent illos velle resistere prae foribus in domo comitis, conscensis gradibus, quibus itum est ad easdem fores, securibus et gladiis detruncabant januas et introgressi ad obsessos [c], fugabant eos per mediam domum eandem usque ad transitum, quo transire consueverat comes de domo sua in ecclesiam beati Donatiani. In hoc ergo transitu, qui arcuatus erat et ex lapidibus constructus, congressus maximus fuit, ubi cives cominus gladiis tantummodo pugnabant, eo quod obsessi ulterius fugere aspernarentur. Satis vires et animos [d] suos tentantes, utrimque stabant inmobiles, sicut ipse murus, donec, collecta manu, cives non pugnando, sed ruendo in obsessos, in fugam converterent ipsos, scilicet Borsiardum, qui inmanis et iracundus, ferox et imperterritus, robore corporeo validior, restitit civibus semper in faciem, multos vulnerans, sternens et ictu malleatorio gladii sui attonitos plurimos dejiciens. Simulque fugabant Robertum puerum, in quem nemo manum mittere volebat, eo quod audissent de eo quod innocens traditionis diceretur, atque imo magis, quod omnibus in regno et ante traditionem et post dilectior permanserat[2]; fugere ille nobilis neglexerat, sed rogatu amicorum secutus est fugientes; et nisi caussa ipsius fuisset, ibidem Borsiardum et suos milites simulque omnes reos traditionis comprehendissent. Cumque sese traditores infra templum recepissent, non ulterius persecuti sunt eos cives, sed ad

---

a. Theoricus *ms.* — *b.* deturbavit *ed.* — *c.* ad obsessos, *deest ms.* — *d.* animos et viros *ms.*

---

1. Thierry, châtelain de Dixmude, v. plus haut, p. 53, n. 4.
2. Cf. p. 19, n. 1.

predam et spolia reversi sunt, discurrentes per domum comitis et domum prepositi et dormitorium fratrum et claustrum. Consimiliter fecerunt universi qui in obsidione aderant, sperantes thesaurum comitis se forte obtenturos et supellectilem domorum infra muros positarum. Et quidem in domo comitis culcitras plures, tapeta, linteamina, sciphos, caldaria, catenas, ferrea claustra, vincula, compedes, nervos, boias, manicas, universae captivitatis adminicula ferrea, et fores ferreas thesauri[a] comitis, et plumbeos ductus aquarum, qui a tectis aquas deduxerant, diripiebant, sine aliqua culpa credentes se rapere potuisse. In domo prepositi etiam lectos, scrinia, sedilia, vestes, vasa et universam supellectilem ejus rapuerunt. In cellario tam comitis quam prepositi et fratrum quoque cellario, frumentorum et carnium et vini et cervisiorum copiam quantam rapuerint[b], infinitum[c] relinquo. In dormitorio fratrum, quod vestibus pretiosis et caris stratum stabat, tam magnam rapinam exercuerunt, ut non cessarent a tempore ingressus in castrum usque in noctem ire et redire ad asportandum.

1127.
17 mars.

[42.] Obsessis ergo nihil preter solum templum relictum est[d], et absque eis quae in templo secum comportaverant victualibus, scilicet vino et carnibus, farina, caseis, leguminibus et ceteris necessariis vitae. Hic pretereundum non est qui erant capita inter obsessos, scilicet castellanus Hakot, Borsiardus, Robertus puer, Walterus filius Lamberti in Reddenburg, Wlfricus Knop[e]. Nam prepositus Bertulfus tertia nocte, id est nocte diei Jovis ante captionem castri[1], data pecunia Waltero butelgir usque ad quadringentas marcas, de subtus lobium suum funibus appensus[f], elapsus est solus, melius confidens illi Galtero quam ulli hominum[g]

a. deest ms. — b. rapuerunt ms. — c. in infinitum ms. — d. preter solum templum nihil relictum ms. — e. Cnop ed. — f. oppensum ms. — g. homini ms

1. Le jeudi 17 mars.

super terram, qui tamen ipsum transductum in desertum locum, scilicet Mor[1], solum reliquit, expositum inimicis suis et derelictum fugae, cum tamen in loco illo sibi ignoto nesciret quo fugeret et quem fugeret. Igitur obsessi in templo conscensa turre molares lapides obruebant super vagantes in castro[a], et predam universae supellectilis ferentibus gravem injecerunt casum, ubi plures obruti letaliter perierunt. Sagittas statim direxerant contra fenestras turris victores castri, ut non posset in turri quisquam caput per fenestras emergere, cui non injicerentur mille sagittae, mille fundarum jactus, ita ut tota turris sagittis inherentibus hirsuta staret. Cumque nihil super hoc proficerent utrimque, obsessi flammas injecerant in tectum scolarum, quod templo adjacuerat, per hoc volentes domum prepositi exurere, cui idem tectum vicinum fuit. At in illo facto frustrati, deorsum in pavimentum templi et in choro et in sanctuario interiore discursitantes, armati et precauti sollicitabantur, ne auderet aliquis per fenestras introgredi ad ipsos, aut per januas ecclesiae violenter irrumpere.

[43.] Summo igitur mane, unus ex Gendensium turba juvenis per scalam ascendens ad capitalem sanctuarii ecclesiae fenestram, gladio et conto perfringens opus vitreum et ferreum, illapsusque audaciter aperuit scrinium unum sanctuarii, ut predam quereret. Inclinus quoque revolvere coeperat et manum hac et illac deducere, cum janua scrinii gravis et in casum preceps percuteret furem et predonem illum, et rejecit a se emortuum[b]; sed iisdem mortuus plumarum congerie contectus, diu ibidem jacuerat, nam maximus plumarum cumulus in sanctuario jacebat. Interea dum diu a Gendensibus expectaretur ille juvenis, et non rediret, volebant violenter conscendere per fenestram; nam juvenem illum premiserant, velut audacissimum,

a. castris ed. — b. demortuum P.

1. *Moer* signifie marais.

per quem temptarent ingressum templi, et sic comitis corpus obtinere crediderant. Contra quos nostri cives armis occurrebant, nec unquam perpessi sunt Gendenses vel etiam loqui coram s; de auferendo comitis corpore [1]. Valde et supra quam mihi credat aliquis, indignati sunt cives nostri quod aliquis hominum a loco nostro corpus auferre moliretur. Contendentibus illis, exerebant gladios ad invicem et factus est tumultus et concursus universorum ad pugnam. Ceterum obsessi tunc, quantum poterant, infestabant victores, quorum sapientiores, audito tumultu et de victoria et lite, scilicet quod Gendenses contenderent se jure corpus comitis secum [a] apud Gandavum transferre debere, eo quod suis scalarum instrumentis perterruissent obsessos et coegissent eos fugere a castro, et quod nostri cives e contra assererent, nihil valuisse instrumenta eorum, nihil aliud in obsidione fecisse quam furari et sumptum gravem facere in loco nostro, dirimendo lites sedabant tumultum dicentes : « Nolite contendere, sed potius simul expectemus quoadusque Deus nobis et regno contradiderit comitem bonum et legitimum, cujus et principum regni et episcopi nostri et totius cleri consiliis de corpore fiat dispensatio. » Atque in hunc modum pacificati, instituerunt invasores templi viros armatos et audaces ad invasionem. Collecto ergo robore, impetuose introierunt et irruperunt ad januam templi versus claustrum et fugaverunt obsessos a pavimentis inferius usque in solarium, in quo impie et fraudulenter tradiderant dignissimum terrae consulem, simulque cum domino suo servi arctati sunt, quamquam sine velle ipsorum cum domino suo consule clausi forent. Tunc tandem Gendenses in sanctuarium ingressi, requirebant juvenem illum, quem in mane

a. *deest ms.*

---

1. L'obstination des Gantois à vouloir emporter le corps du comte est une manifestation intéressante de la vénération passionnée du moyen âge pour les reliques; voir particulièrement pour la Flandre, à ce sujet, le très curieux travail de M. Holder-Egger : *Zur Heiligengeschichte des Genter S. Bravo's Klosters*, dans *Vorträge und Aufsätze zum Andenken an Georg Waitz gewidmet*. Berlin, 1886, p. 623 sqq.

premiserant per capitalem sanctuarii fenestram, et repererunt in plumis*a* conquassatum et mortuum, quem alii mentiebantur occisum a Borsiardo, cum illaberetur incaute in templum[1]. Neque enim describere locus est*b*, quantus jactus fuisset lapidum a solario super victores pavimentorum templi, et quot obruti, conquassati, telis et sagittis vulnerati, ita ut totus chorus templi plenus jaceret cumulo lapidum et nusquam pavimentum appareret. Parietes et vitreae fenestrae in circuitu et status simul et sedes fratrum dejectae sunt, et ita totum erat*c* confusum et dirutum, ut nulla in templo facies sancta et integra maneret, sed turpi et informi deformitate horribilior staret quolibet carcere. Nam in solario obsessi preparaverant sibi propugnacula ex scriniis et tabulis altarium et formis*d*[2] et scamnis et cetera supellectile templi et colligaverant ea funibus campanarum. Campanas quoque in frusta et plumbum, quo antiquitus contecta erat ecclesia, diviserunt, cum eo obruentes alios. Infra enim ecclesiam, scilicet in choro, pugnabatur accerrime, sed a turri et a januis turris tanta strages facta est, ut non sufficiat mihi describere neque percussorum et vulneratorum multitudinem prosequi.

[**44.**] Igitur domum comitis superiorem obtinuit Gervasius miles et camerarius et consiliarius comitum regni cum fortitudine magna et jussit affigi signa sua in summa arce domus; namque ex invidia obsessorum hoc factum est, qui statim primo die obsidionis et*e* etiam in die qua dominum suum servi impii tradiderant, signa contra inimicos ferebant. Unde Willelmus ille Iprensis signa, quasi dominus et terrae consul, ferebat contra quosdam, qui sibi redditus consulares solvere denegaverant, quia illum consulem fore aspernati sunt. Traditores quidem illi die primo obsidionis nihil

---

a. plurimis P. — *b.* deest Köpke. — *c.* deest ms. — *d.* forma P. — *e.* deest ed.

---

1. Il est probable que le jeune Gantois fut tué par un des défenseurs de l'église, mais on comprend que Galbert préfère adopter l'autre version qui a un caractère miraculeux.
2. *Sellae in choro canentium* (Köpke).

humiliter *a* agentes, quia principes regni sibi conscios in scelere suo et securos *b* in eadem fide et amicitia crediderant, cum ipsis signa sua in suprema arce camerae comitis et in summitate turris ecclesiae et in minoribus tribus et in lobio prepositi simul in exitu portarum superbe prefixerant, ut per hoc appareret ipsos fuisse dominos, qui expectarent regni proceres, amicos et conscios suos, per quorum potentiam obsidionem destruerent et inultum maneret quod consulem tradidissent. Desiderius frater Isaac obtinuit inferiorem domum comitis cum civibus nostris et fixerat signum suum in lobio comitis majore. Quem cum transeuntem Robertus puer in castro vidisset a turri, improperabat ei *c* taliter : « O Desideri, non es memor, quod tu hactenus nobis consuluisti tradere dominum consulem? Fidem super hoc et securitatem tradidisti, et nunc, viso infortunio nostro, gaudes et persequeris nos. O utinam liceret mihi exire! ad singulare bellum te evocarem. Deum testor, quod tu magis sis traditor quam nos, eo quod olim dominum, modo nos tradidisti. » Quod improperium non sine omnium nota tulit [1].

[45.] In domo quoque prepositi nepotes Thancmari *d*, quorum caussa in parte traditio facta est, ut aiunt [2], prefixerant signa sua superbe et gloriose ac potenter. Quod valde aegre ferebant omnes, et cives nostri nimis induluerant, eo quod prepositus et sui ante tempus traditionis viri essent religiosi, amicabiliter se habentes erga eos et cum honore omnes tractassent in loco nostro et in regno commanentes. Hi ergo predicti, postquam obtinuissent domos et signa affixerant, quicquid intus repererant, quasi proprium possidebant. Intumuit ergo cor civium nostrorum contra nepotes Thancmari, et querebant occasionem pugnandi et interficiendi illos. Igitur ad vesperam sabbati illius, cum frumenta et vinum, quod obtinuerant in domo prepositi, apud

a. militem *ms.* — *b.* secutos *ms.* — *c. deest ed.* — *d.* Tancmari *ed.*

1. Cf. p. 48, n. 3.
2. Cf. § 9.

rus suum emitterent nepotes Thancmari, occurrerunt eis cives nostri in claustro et extractis gladiis, vas vini truncabant, et concitatus est tumultus infinitus et clauserunt cives portas suburbii, ut nemo aufugeret nepotum illorum. At obsessi evocaverant cives, olim amicos suos, obsecrantes ut inimicos illos perderent, quorum caussa gravissimum nefas perpetrassent. Nepotes igitur Thancmari in eadem domo prepositi resistere cum non potuissent civibus, querebant subterfugere, Thancmarus ipse fugiendo pervenerat ad exitum unius portae, et quia clausa fuit, cum quereretur ab eo quid caussae*a* fuisset tanti tumultus, mentitus est congressum fieri inter obsessos et obsidentes. Tandem latuit in domuncula una, quousque videret quid de nepotibus suis ageretur. Cumque cives per pontem Sancti Petri[1] et per pontem castri armata manu transirent, obviam eis occurrit Walterus butelgir et ceteri principes obsidionis, conatu gravi compescentes tumultum. Tot equidem lanceati stabant in foro, ut crederet aliquis superficiem hastarum silvam fuisse densissimam. Nec mirum, cum universi totius regni eodem die, tum pro preda, tum pro vindicta, tum magis pro auferendo consulis funere, tum pro admiratione omnium quae ibidem fiebant, in suburbium confluxerant. Clamabant itaque omnes Thancmarum et nepotes ejus jure suspendi debere, eo quod eorum caussa comes occisus et prepositus et ejus nepotes obsessi et plures de ipsorum familia interfecti et turpissima morte dampnati fuissent, ideoque non posse eos perpeti, ut parcerent eis, imo turpiori et magis crudeli nece dampnarent, qui dominos suos, prepositum et fratres simulque ejus nepotes, potentiores et nobiliores in comitatu, fraude, seditione, coemptione facta, apud comitem deposuissent[2]. Vix ergo turbatos cives principes cohibebant, quin castellanus Hacket*b* et Robertus puer cum

a. caussa *ms.* — *b.* Haket *ed.*

1. A l'ouest du bourg. Il y avait dans cette partie du *suburbium* une église dédiée à S. Pierre.
2. On voit combien étaient mauvaises les dispositions des Brugeois pour Thancmar; le récit de Galbert laisse déjà pressentir la formation de la légende populaire qui attribue aux Straten le meurtre de Charles, v. p. 14, n. 2.

amicis et propinquis ipsorum civium in turri altiore stantes annuebant brachiis et manibus, ut insultum facerent in nepotes Thancmari, qui ita arroganter in domum prepositi conscenderant, signa victricia affixerant, quasi suis viribus castrum expugnassent, cum eo tempore quo cives ingressi sunt violenter in castrum, nepotes Thancmari domi et in rure suo dormirent. Illa tandem conditione sedatus est tumultus, quatenus ipsa hora exirent domum et signa quae affixerant verecunde tollerent et discederent. At illi conductu[a] principum periculoso sibi recesserunt inde, in tantum diffidentes civibus, ut unusquisque nepotum Thancmari equo et suo secum ductore insidente abscederet. Et sic relicta est domus sub tutela militum et civium nostri loci, et frumentum et vinum dispertitum est inter principes obsidionis et cives, quorum viribus victoria illo die consummata est. Et tandem clausus ille dies sollicitos nimis reddidit super noctis subsequentis temporibus observandis, et in curte castri et in claustro fratrum simulque in domo prepositi et refectorio atque fratrum dormitorio. Nam illo usi sunt consilio obsessi, ut claustri[b] et domorum tecta circa templum flammis destruerent, ne accessum aliquo modo ad ipsos obsidentes haberent. Inde stupefacti custodes noctis sollicitudine et metu pervigilabant. Saepe obsessi clanculo egressi nocturnis horis incusserunt timores custodibus. Ceterum in tam arcto loco turris templi, traditores vigiles suos omni nocte obsidionis tubis et buccinis resonare jusserant et cornu canere, adhuc evadere sperantes, eo quod principes regni per litteras in turrim sagitta transjectas amicitiam et auxilium offerrent.

1127, 17 mars.

[46.] Prepositus vero conductorem habens fratrem Fulconis canonici Brudgensis, militem subdolum, ex precepto Walteri butelgir, nocte prescripta diei Jovis[1], pervectus[c] est

a. cum ductu ed. — b. claustrum ms. — c. provectus A.

---

1. Le jeudi 17 mars 1127. Cf. § 42. L'enquête, citée p. 51 n. 3, mentionne comme guides de Bertulf, lors de sa fuite, Eggebert, fils de Halssins et Aubert de Beveslare.

equo apud Kaihem*a* villam¹ ejusdem Walteri et Borsiardi. Cumque parum ibi delituisset et accusatus fuisset, cum uno comite nocte Furnas ad uxorem suam² fugit, et inde iterum, quia latere non poterat, in nocte sancta Parasceve³ transivit apud*b* Warnestum⁴, sicut audivimus, eadem nocte, et fugam institit et nudis pedibus penam peccatorum suorum sponte perpessus ibat, ut tanto peccatori Deus indulgeret, quod contra consulem pium deliquerat. Satisque probabile fuit, quia postea statim cum captus fuisset, pedum ipsius plantae excorticatae apparuerunt, quia in itinere nocturno ad lapides in tantum offenderat pedes, ut sanguis ex eis efflueret. Et vere gravissime vir iste*c* dolebat, qui pridem omnibus imperitabat, divitiis et honore seculi pollebat, et cum in voluptate floreret, punctum pulicis ut jaculum formidaret, ecce! solus et infra terminos suos exul solus pererrabat. Revertamur ergo ab excursu isto ad vigilias noctis prefatae, in qua timores nocturnos cum ad invicem incuterent sibi tam obsidentes quam obsessi, pertesi et fatigati utrimque diem pro nocte transposuerant ad dormitandum.

[**47**.] Tertio decimo kal. aprilis, dominica, in nocte Benedicti abbatis⁵, ex Atrebato⁶ rex Franciae Lodewicus mandavit principibus et baronibus obsidionis predictae salutem, fidem et auxilium; insuper omnem gratiam pro vindicando nepote suo⁷ et Flandriarum aequissimo consule

1127, 20 mars.

---

a. Kathom ms. — *b*. ad *Köpke*. — *c*. ille ms.

---

1. Keyem à 6 kil. nord de Dixmude.
2. La femme de Walter.
3. C'est-à-dire la veille (*nox*) du Vendredi-Saint et par conséquent le 31 mars 1127.
4. Warneton, en flamand *Waesten*, à 12 kil. S.-E. d'Ypres. Walter, § 37, dit que Bertulf se réfugia : *ad domum Alardi Warnestanensis, qui neptem illius Aganitrudem, castri quod dicitur Sancti Audomari quondam castellanam, habebat uxorem.*
5. Le dimanche 20 mars 1127.
6. M. Luchaire, *Annales de la vie de Louis VI*, p. 175, n° 379, pense que le roi dut arriver à Arras le 8 mars. Cf. Walter, § 44.
7. Louis VI et Charles étaient cousins par alliance, le roi ayant épousé Adélaïde de Maurienne, nièce de la comtesse Clémence (veuve du comte Baudouin VII), la tante de Charles. On ne peut admettre avec M. Molinier (éd. de Suger, p. 111, n. 2) que Louis VI ait été de connivence avec les assassins de Charles; sa conduite prouve précisément le contraire. D'ailleurs il est inexact que Charles fût allié au roi d'Angleterre *depuis plusieurs années déjà* en 1127.

Karolo, quem justius decuerat fuisse regem quam pessimorum traditorum comitem.: « Non habeo quidem ad vos ad presens transeundi opportunitatem, eo quod festinantius cum paucis huc descenderem auditum et scitum eventum rei et obsidionis. Non enim sapienter mihi agere visum est in manus traditorum terrae incidere, quoniam, sicut intelleximus, plures sunt adhuc qui super obsessos dolent et eorum scelera defendunt et ad eorum evasionem omni modo laborant. Igitur quia terra conturbata est, et conjurationes jam factae sunt in personam Willelmi [1], ut violenter regnum obtineat, et contra eum omnes fere de civitatibus adjuraverunt[a], se nullo modo Willelmum illum in comitem recepturos eo quod spurius sit, natus scilicet ex nobili patre [2] et matre ignobili, quae lanas carpere, dum viveret ipsa, non cessaret [3], volo et precipio vobis, sine dilatione coram me convenite, et communi consilio eligite comitem utilem vobis, qualem[b] et terrae et incolis preesse consenseritis. Nec poterit diu terra sine consule fore, nisi cum graviore periculo quam modo immineat. » Cumque perlectae sunt litterae coram universis, ecce! dum nondum respondissent litteris regis utrum irent an non, supervenit alius nuntius nepotis [4] comitis Karoli, demandans principibus obsidionis salutem et naturalem erga omnes terrae inhabitatores dilectionis affectum : « Certum est vobis omnibus meae sorti et potestati regnum Flandriae post mortem domini mei consulis jure cognationis pertinere [5]. Idcirco considerate et caute

a. adjuraverint ed. — b. quem vobis aequalem ed.

En 1126, il avait pris part avec un fort contingent de troupes à l'expédition du roi de France en Auvergne (Suger, p. 108-110). Il est vrai que Charles abandonna la politique systématiquement hostile de Baudouin VI vis à vis de l'Angleterre ; mais cette conduite prudente et d'accord avec les intérêts de la Flandre ne peut avoir poussé Louis VI à tremper dans le crime de Bertulf et de ses neveux. Un poème anonyme sur la mort de Charles (De Smet, Corp. chron. Flandr., I, p. 79), commence par les mots : *Anglia ridet, Francia luget, Flandria languet.*
1. Guillaume d'Ypres. Cf. p. 35, n. 2.
2. Philippe de Loo, fils du comte Robert le Frison.
3. On ne trouve nulle part ailleurs de renseignements sur la basse extraction de la mère de Guillaume d'Ypres.
4. Thierry d'Alsace, cousin de Charles.
5. Thierry d'Alsace était, en effet, le plus proche héritier légitime de

agere vos volo super electionem meae personae, et promonitos vos rogo, ne me alienum a regno faciatis, qui jure et ex debito propinquitatis, si mihi remandaveritis, comes futurus, justus, pacificus, tractabilis et utilitatis communis atque salutis provisor accurro. » Tunc principes simulque omnes qui audierant litteras ab Elsatan[a] a nepote consulis transmissas, fictitias asserentes, nulla animadversione[b] responsionis agebantur, eo quod res publica laboraret, et rex e vicino conventum acceleraret, neque sine longa[c] opera pro eligendo nepote illo se tractare posse previderent. Utilissimum ergo preanticipantes consilium, ex imperio regis preparabant se ituros feria secunda et tertia[1]. Postea tamen ex industria et consilio singulari principes, convocatis[d] civibus, proruerunt in eadem dominica ad arma et invaserunt obsessos in turri. Quodque[e] ideo factum est, ut perterritos obsessos magis exanimarent et pavidos redderent, qui[f] in discessu subito ad regem a principibus facto non auderent a turri exire vel aufugere. Congressus quidem gravis utrimque factus est, et adhuc obsessos latebat cur in dominica insultum facerent in eos, cum omnes ceteras[g] de preterito tempore dominicas in pace observassent. Exierunt igitur secunda et tertia feria apud Atrebatum locutum regi, ordinatis illis, qui turrim nocte ac die armati caute et fideliter, ne quis obsessorum subterfugeret, observarent.

1127, 21 et 22 mars.

[48.] Decimo kal. aprilis, feria quarta[2], Isaac captus est et suspensus, *Liberator meus*[3], finitis tribus hebdomadis ab occisione comitis, ante annuntiationem sanctae Mariae. Et ante in ramis palmarum[4], Lambertus[h] Archei a turri elapsus

1127, 23 mars.

a. Elsatam *ms.* — b. adversione *ms.* P ajoute dans la marge : forte animadversione. — c. selonga *ms.* — d. convocati *ms.* — e. quod quia *ms.* — f. quod ed. — g. catervas *ms.* — h. Lamberti *ms.*

Charles. Il était fils du second mariage du duc Thierry de Lorraine (mort en 1115) avec Gertrude, fille de Robert le Frison.
1. Le lundi 21 et le mardi 22 mars 1127.
2. Le mercredi 23 mars 1127.
3. Les mots *Liberator meus* forment le commencement de l'*introït* de la messe du mercredi après le cinquième dimanche de carême, c'est-à-dire, en 1127, du 23 mars. Köpke a cru qu'ils se rapportaient à Isaac et dit en note : *quod alias silentio praeteriit auctor.*
4. Le dimanche des Rameaux tombait, en 1127, le 27 mars.

evasit, fugiens apud Michem[a] villam[1], navicula devectus. Hic de consilio Borsiardi fuit[2], et nequiter semper egit consiliando, agendo et ad omne nefas instigando dominos suos, idcirco odiosus erat omnibus, qui in obsidione dolos illius audierant. Cumque a tempore obsidionis intra castrum clauderetur, usque ad tempus quo fugam subiit ad omne negotium quod intus agebatur strenuus erat, in sagittando peritissimus, in jaculando hastas et universa tela fortior, qui quidem stragem mortalem fecerat in hostes. Qui cum fugeret, a civibus requisitus est diluculo, et per totum illum quo fugerat diem, nam a turri cum se furaretur, exclamabat eis qui obsederant turrim Borsiardus, quando et ad quem locum suus consiliarius et tam familiaris fugisset. Tandem cives constipaverant villam, in qua fugitivus ille latuit et a latibulo extractum reduxerunt eum captivum et suspendio in foro nostro illum perdidissent, si eo tempore affuissent primates obsidionis, qui in Atrebato regno consuluerunt. Cuidam tandem Gerberto civi nostro sub fidei securitate commendatus, cujus ille cognatus fuit, qui illum cautelae custodia in vinculis constrictum usque ad presentiam primorum comitatus conservavit, ut illorum judicio constaret quicquid fieri percenserent de illo.

[49.] Nono kal. aprilis, feria quinta[3], Woltra[b] Cruual retulit nostratibus regem Anglorum cum illo Iprensi Willelmo concordiam laudasse, pecuniam infinitam simul et milites trecentos prestitisse in auxilium ad obtinendum comitatum Flandriae. Quod cum falsum foret, tamen[c] simulata fraude quasi credibile diffamavit. Nam vere[d] constitit illum Willelmum Iprensem suscepisse de thesauro comitis Karoli Anglicano monetae quingentas libras per manus nepotum prepositi Bertolphi, qui impiissimi traditores sibi et regno pre-

---

a. Wichem *ms.* — *b.* Voltra P. — *c.* tam *ms.* — *d.* verum *ms.*

---

1. Endroit inconnu.
2. D'après l'enquête citée plus haut, p. 51, n. 3, Lambert Archel fut du nombre des hommes du comte qui, de leur plein gré, se renfermèrent dans le château de Bruges avec les assassins de Charles.
3. Le jeudi 24 mars 1127.

ferre conati sunt eundem Willelmum, qui ab eis quidem pecuniam, consilium et auxilium obtinuerat, et cotidianis litteris missis in invicem et remissis, mutuas voluntates et conscientiarum secreta loquebantur[1]. A rege ergo Anglorum mentitus est miles prefatus Willelmum suscepisse donaria pecuniarum, volens tegere traditiosam conscientiam Willelmi, qui vere a traditoribus submissam pecuniam acceperat, per quam solidarios[2] compararet, et sic cum virtute cum comitatum obtinuisset, traditores suas voluntates consequenter per ipsum consummassent. Nullus vero primatum obtenturus in regno voluit aliquid consilii vel internuntii traditorum aperte suscipere, eo quod statim sub nota traditionis conscriberetur. Ideo ille Willelmus tegebat conscientiam suam, et pecuniam a rege mentitus est sibi fuisse transmissam, quasi nihil commune haberet vel secreti[a] cum traditoribus, qui tamen manifeste ante tempus obsidionis salutem et auxilium litteris signatis mandaverat preposito et suis[3]. Qua tempestate Giselbertus, nepos traditorum, castellanus Bergensis[4], qui sub nota traditionis erat, ad castellanum Sancti Audomari[5] subterfugerat, offerens excusationem suam et innocentiam se paratum probare coram rege et paribus regni.

[50.] Octavo kal. aprilia, feria sexta, annuntiatio Domini, quo etiam die passus est Dominus[6], celebrata est.

Sabbato in ramis palmarum[7] machinamento et dolis Gendensium actum est, ut per ducatum magni preconis[8] et

1127, 25 mars.

26 mars.

---

a. secreta ms.

---

1. Cf. plus haut, § 20, 25.
2. Des soldats mercenaires. Guillaume d'Ypres s'est plus tard acquis une grande réputation en Angleterre comme chef de bandes. V. p. 55, n. 4.
3. Cf. § 20, 25.
4. Gislebert venait de succéder à *Froolphus* comme châtelain de Bergues. On le trouve mentionné pour la première fois dans la charte de Thierry d'Alsace pour S. Omer en 1128 : Giry, *op. cit.*, p. 377.
5. Guillaume, châtelain de S. Omer depuis 1097 environ, v. Giry, *Les châtelains de S. Omer, Bibl. de l'Ecole des Chartes*, XXXIV, p. 338.
6. Le vendredi 25 mars. La fête de l'Annonciation tombe cette année-là un vendredi jour de la passion.
7. Le samedi 26 mars.
8. Le *praeco*, appelé à partir de la fin du XIIe siècle, *amman*, est un des fonctionnaires caractéristiques de l'organisation judiciaire en Flandre. Il a

Ansboldi militis et civium quorundam nostrorum assensu *a* simulque ex consensu traditorum, nocte hujus sabbati transacta, introirent in castrum et corpus piissimi comitis per manus traditorum a fenestris solarii ejectum *b*, Gendensis coenobii [1] fratres susciperent, et manticis et saccis collectum transferrent. Expectaverant quidem monachi duo per totum illud tempus oportunitatem furandi corpus. Cum igitur armati circa turrim deambularent illi qui monachis ducatum prestiterant, vigiles perterriti cornua circumquaque personuerunt, et evocati cives et observatores turris irruerunt contra preconem magnum et Ansboldum militem et suorum complices, fugantes illos et vulnerantes quosdam timore mortis nimis affectos. Pepigerant vero monachi coadjutoribus suis centum marchas argenti se daturos, si forte per illos *c* glebam consulis obtinerent. Igitur rescito eo, quod furtim et pretio aut quoquo modo alio monachi vellent corpus consulis auferre, cives precauti cum vigilanti turba sollicitae magis sese observantiae dedere [2].

1127, 27 mars.

[51.] Sexto kal. aprilis, dominica in ramis palmarum [3], convenerunt burgenses nostri in agrum quod suburbio adjacet intra *d* septa *e* villae [4], convocatis undecumque Flandrensibus circa nos [5], conjuraverunt simul super sanctorum reliquias sic : « Ego Folpertus judex [6] juro me talem electurum comitem terrae hujus, qui utiliter recturus *f* regnum

a. assensum *ed.* — *b.* ejusdem *ed.* — *c.* illum *Köpke.* — *d.* inter A. — *e* septas *ed.* — *f.* recturus est *ed.*

dû être à l'origine analogue au *Fronbote* (appariteur judiciaire) du droit saxon, mais de très bonne heure il s'identifie (comme ailleurs le *villicus*) avec l'écoutète. Il est fort probable que le *magnus praeco* de Bruges est le justicier (écoutète) du comte dans la ville, distinct de l'écoutète particulier du chapitre de S. Donatien. Je trouve, en 1130, dans Miraeus-Foppens, *Op. dipl*, I, p. 381 : *Balduinus* (de Tulpan) *magnus praeco* (de Bruges).

1. L'abbaye de S. Pierre.
2. Cf. plus haut, p. 70, n. 1.
3. Le dimanche des Rameaux, 27 mars 1127.
4. *Harenae* ou le sablon (Zandberg), v. p. 15, n. 2.
5. Les gens du Franc ou châtellenie de Bruges.
6. *Judex* peut également désigner un officier de justice ou un échevin. Les échevins portent très souvent en Flandre le nom de *judices*, v., par exemple, Wauters, *Origine des libertés communales en Belgique, Preuves*, p. 8.

predecessorum suorum comitum, jura potenter contra hostes patriae obtinere poterit, affectuosus et pius in pauperes, Deo devotus, semitam gradiens rectitudinis, et talis fuerit qui utilitati communiter patriae velit et possit prodesse [1]. » Consequenter ergo omnes meliores civium juraverunt : ex Isandica [2] Adalardus [a] scabinus cum sua potentia, ex Ostburg [3][b] Haiolum cum illius loci potestatibus, ex Reddenburg [c] Hugo Berlensis et [d] illius loci fortioribus, ex Lapscura [4], Ostkerka [e][5], Utkerka [f][6], Liswega [g][7], Slipen [8], Gistella [h][9], Oldenburg [i][10], Lichtervelda [11], Jadbeca [j][12] omnes fortiores et meliores [13] simili sacramento juraverunt, eratque multitudo maxima conjurantium in id ipsum [14].

[52.] Tertio kal. aprilis, feria quarta, in succinctione campanarum [15], reversi sunt ex Atrebato principes nostri, qui ad regem exiverant pro consulendo regno et eligendo consule secundum consilium regis Ludewici, Franciae imperatoris, atque omnium baronum ipsius et terrae nostrae electionem, et juxta prudentem et patriae utilitati probabilem examinationem, cum tali relatu laeti et gaudentes, salutem et fidem ex parte regis et baronum denuntiantes nobis

1127, 30 mars.

---

a. Alardus *ed.* — b. Ostburch *ms.* — c. Reddenburch *ms.* — d. et *Köpke.* — e. Ostkerca *ed.* — f. Et kerca P. Utkerca *ed.* — g. Liswenga *ms.* — h. Gistela *ms.* — i. Oldenburch *ms.* — j. Ladheca *Köpke.*

---

1. Il est intéressant de remarquer que plus tard, lors de leur inauguration, les comtes de Flandre prêtaient aux villes un serment presque identique à celui que fait ici Folpert.
2. Ysendyk, en Zélande, N.-E. d'Ardenburg.
3. Oostburg, en Zélande, N. d'Ardenburg.
4. Lapschuere, à 13 kil. N.-E. de Bruges.
5. Oostkerko, à 9 kil. N.-E. de Bruges.
6. Uytkerke, à 12 kil. N.-O. de Bruges.
7. Lissewege, à 11 kil. N. de Bruges.
8. Slype, à 31 kil. O. de Bruges.
9. Ghistelles, à 20 kil. S.-O. de Bruges.
10. Oudenburg, à 18 kil. S.-O. de Bruges.
11. Lichtervelde, à 25 kil. S. de Bruges.
12. Jabbeke, à 10 kil. O. de Bruges.
13. Ces mots, comme dans une foule de chartes, désignent probablement les échevins.
14. Sur ce chapitre, v. Warnkoenig, *Flandrische Staats und Rechtsgeschichte*, I, p. 140, et Giry ; *Histoire de la ville de S. Omer*, pp. 46, 47.
15. Le jeudi 30 mars 1127. On entend par *succinctio campanarum* la fin de la semaine sainte, pendant laquelle on cesse de sonner les cloches.

et omnibus terrae incolis, atque illis precipue qui ad faciendam vindictam pro morte domini Karoli consulis assidua obsidione desudaverant : « Rex Franciae Ludovicus*a* omnibus regni filiis bonis salutem et gratiam et cum regali potentia in virtute Dei et fortitudine armorum, invictissimum suae presentiae subsidium. Quia patriae ruinam simul cum comite tradito gravem previdentes indoluimus, severitatis rigore et inaudito ante hoc tempus supplicio vindictam acturi convenimus; et ut deinceps terra suo consule noviter per nos electo reconcilietur et convaleat, quicquid in subsequenti litterarum serie audieritis, obedite et facite. » Igitur Walterus butelgir litteras protulit regis signatas coram universis civibus nostris, qui confluxerant simul in agrum predictum ad auscultandum regis mandatum, atque viva voce litteris testimonium confirmans ait : « Audite, o cives nostri, quid consilii et negotii apud regem et ejus barones actum sit et prudenti examinatum judicio[1]. Principes Franciae et primi terrae Flandriarum, jussu et consilio regio, elegerunt vobis et terrae hujus consulem Willelmum puerum[2], natum ex Normannia, nobilem quidem genere, et hactenus inter vos ab infantulo educatum in puerum et inde in juvenem fortem. Quem juxta omnem consuetudinem bonam consuescere liquet, et qualem vultis talem habiliter flectere poteritis ad omnes bonos mores mansuetum et docilem.

a. L. ms..

---

1. Ici, comme ailleurs, Galbert est mal informé de ce qui s'est passé hors de Bruges. Il ne dit rien de la réunion d'Arras, si intéressante pour la connaissance tant des mœurs féodales de l'époque que de la politique française. Il faut suppléer à son insuffisance par les récits détaillés, de Walter, § 44, 45, et surtout de Herman de Tournai, *loc. cit.*, pp. 285 sqq. Voir aussi Luchaire, *op. cit.*, p. 175, 176, n° 379.

2. Guillaume de Normandie, surnommé Cliton. Il était fils de Robert, duc de Normandie, frère de Henri I, roi d'Angleterre, et par conséquent petit-fils de Guillaume le Conquérant. Celui-ci ayant épousé Mathilde, sœur de Robert le Frison, Guillaume de Normandie était cousin éloigné de Charles. En se plaçant au point de vue du droit héréditaire, ses titres à la succession du comte assassiné étaient toutefois bien moindres que ceux de Thierry d'Alsace. Mais Louis VI avait un intérêt politique considérable à mettre Guillaume sur le trône de Flandre. Depuis, en effet, que son père avait été dépouillé de la Normandie et jeté en prison par le roi d'Angleterre (1106), Guillaume était devenu le mortel ennemi de celui-ci. Comte de Flandre, il devait donc reprendre à coup sûr la politique anti-anglaise de Bau-

Ego quidem elegi ipsum; Robertus Betuniae [1], Baldwinus ex Alst et Iwan frater ejus [2], castellanus ex Insulis [3], et ceteri barones sublimaverunt illum in comitatu; fidem, securitatem et hominia ei fecimus secundum omnem modum predecessorum suorum comitum Flandriae. Ipse etiam nos pro merito nostri laboris donavit terris et prediis[a] traditorum, qui secundum principum omnium judicia proscriptione dampnati sunt, nihilque ipsis rerum vel miserationis preter gravissimam et[b] inexcogitatam adhuc mortem relictum constat. Precipio ergo et volo ac consulo absque dolo vobis, suburbanis simul omnibus qui assistitis [4], ut suscipiatis noviter electum comitem Willelmum et a rege comitatu donatum in dominum et consulem vobis. Ceterum et si quid est quod suae potestatis jure donari poterit, sicut teloneum et census terrae, libenter vobis condonari teloneum volentibus simul et censum mansionum vestrarum infra suburbium, me ipso denuntiante ex parte regis et comitis novi, condonabit absque dolo et malo ingenio [5]. » Auditis ergo litteris et voce litterarum latoris, cives procrastinaverunt responsum de receptione seu[c] electione novi consulis con-

a. prediis et terris ms. — b. vel Küphe. — c. sive ms.

douin VII. Il n'était pas d'ailleurs étranger en Flandre. Après la captivité de Robert, Baudouin VII l'avait accueilli à sa cour où il l'avait fait élever; v. Herman de Tournai, *loc. cit.*, p. 284. Guillaume n'ayant alors qu'environ dix ans, les Flamands lui avaient sans doute donné le surnom de *puer* que Galbert lui applique encore en 1127. Sur l'élection de Guillaume, v. De Smet: *Élection et déchéance de Guillaume le Normand, comte de Flandre*, et Wauters: *Avènement et mort du comte de Flandre, Guillaume de Normandie*, dans *Revue d'histoire et d'archéologie*, Bruxelles, 1860, p. 113 sqq.

1. Robert IV le Gros, seigneur de Béthune et de Richebourg, avoué d'Arras, 1106-1128. Sur lui, v. Duchesne, *Hist. généalogique de la maison de Béthune*, p. 95 sqq.
2. Sur Baudouin et Iwan d'Alost, v. p 59, n. 3.
3. Roger, mentionné dans des chartes depuis 1108, v. Leuridan, *Les châtelains de Lille*, p. 179.
4. Les *suburbani* ne sont pas les habitants du *suburbium* proprement dit (*burgenses*), mais les habitants des alentours de la ville, c'est-à-dire de la châtellenie.
5. Guillaume acheta son élection : du clergé, par la ratification de ses immunités (v. § 55); de la noblesse, par l'abandon des biens confisqués sur les assassins; de la bourgeoisie, par l'octroi de privilèges (cf. § 55). La charte concédée par lui à S. Omer, le 14 avril 1127, est le meilleur commentaire des paroles de Galbert sur le *teloneum* et le *census mansionum*, v. le texte dans Giry, *Hist. de S. Omer*, p. 371 sqq., et joignez les commentaires de l'auteur, p. 52 sqq.

cedenda sibi, ut, accitis Flandrensibus, cum quibus eligendi sacramenta constituerant, simul aut concessionem facerent aut legationis regiae litteras refutarent [1], et quia tenuerant diem sermonum longis protractibus, reversi sunt cives a loco oratorio, ex communi consilio mandantes pro Flandrensibus tota illa nocte, ut electionem in persona novi consulis factam concederent aut reprobarent.

1127, 31 mars.

[53.] Pridie kal. aprilis, feria quinta [2], postquam convenerunt [a] cives cum Flandrigenis, ex communi consilio consenserunt, ut in sabbato sancto Paschae [3] XX. milites et XII. e [b] civibus seniores et prudentiores exirent obviam nuntiis regis apud Rauenschot [c] oppidum [4] ad colloquium, ibique Gendenses expectarent adventum nostrorum. Nam ex civitatibus Flandriae et castris burgenses stabant in eadem securitate et [d] amicitia ad invicem, ut nihil in electione nisi communiter consentirent aut contradicerent. Qua in re burgenses nostri non sine Gendensium consilio agebant, qui a latere sibi vicinius assederant. Ibant itaque, sicut preordinaverant, in eodem sabbato sancto. Rex quoque, sicut in Atrebato preordinaverat, cum noviter electo comite descendit apud Insulas, ubi hominia facta sunt comiti, sicut in Atrebato, et inde descendit in villam nomine Dinsa [e][5] in itinere, quo iturus erat Gandavum [f]. In eadem vero villa expectabat [g] rex Gendenses, qui reciperent novum comitem secundum preceptum suum et electionem primorum terrae. Igitur concorditer actum est inter nostros et Gendenses de receptione novi electi, ut susciperent eum in consulem et terrae totius advocatum.

a. A partir d'ici plusieurs feuillets ayant été arrachés dans le ms. A, les variantes ne sont plus indiquées que d'après le ms. P jusqu'à la fin de cette lacune. — b. de P. — c. Ravenscot P. — d. ex P. — e. Dunsa P. — f. in Gandavum ed. — g. expectavit Köpke.

1. On voit que les bourgeois s'arrogent le droit d'approuver ou de rejeter l'élection faite par le roi et la noblesse flamande.
2. Le jeudi 31 mars 1127.
3. Le samedi 2 avril 1127.
4. Raverschoot, dépendance d'Eecloo, à mi-chemin entre Gand et Bruges, à 20 kil. N.-O. de Gand.
5. Deynze, à 8 kil. S.-O. de Gand.

[**54.**] Kal. aprilis, feria sexta, in die Parasceve[1], castellanus Hacket[a] a turri evasit solus, et transivit apud Liswega[2], et ibi latuit cum filia sua, quam ibidem duxerat olim miles magni generis et divitiarum plenus[3]; expectabat enim[b] ille fugitivus quid deinceps ageret.

Quarto nonas aprilis, in sabbato sancto[c] Paschae[4], quidam cives nostri et Gendenses qui a colloquio reversi sunt, elegerunt Willelmum in comitem sibi et patriae, hominia, fidem et securitatem facientes comiti secundum morem predecessorum suorum comitum. Eodem die Gervasius[5] constitutus est castellanus in castro nostro Brudgensi[d] a rege et comite novo, cui suum meritum nondum per hoc in totum[e] recompensatum est, cum tot et tanta in obsidione egisset, quae memoriae diligenter commendo lectorum. Nam in ipsa hora, qua tradebatur comes Karolus, ipse flendo et crines vestesque discerpendo, complosis manibus, clamabat discurrens in castro haec : « Heu! Heu![f] quod solus vindicare non possum dominum meum et aequissimum principem terrae nostrae[g], quem etiam nullus hominum defensare aut vindicare presumit. » Ibique principium vindictae ipse solus Gervasius constituit[6], et postmodum, secum Deo ipso pugnante, feliciter consummavit.

Tertio nonas aprilis, dominica sancta Paschae, in Theodosiae virginis[h], littera dominica B[7], in expectatione suspensus erat et clerus et populus pro adventu regis et comitis apud nos. Quo die illi[i] traditores pessimi commu-

---

a. Haket ed. — b. eum P. — c. sancto sabbato P. — d. Brugensi P. — e. meritum ed. — f. deest ed. — g. terrenum P. — h. in Theodosia quinta P. Les Boll., p. 200, signalent la même leçon dans un ms. qu'ils ont eu sous les yeux. Ils supposent avec raison que quinta est une mauvaise lecture du V, abréviation de Virginis. — i. deest P.

---

1. Le vendredi 1 avril 1127.
2. Lissewege.
3. Il s'appelait Walterus Crommelin, comme le prouvent des chartes de 1130 (Miraeus-Foppens, *Op. dipl.*, I, p. 381); et de 1133 (Duchesne, *Hist. généalog. des maisons de Guines*, etc., II, p. 71, et *Cartul. de S. Pierre*, I, p. 132). Sur lui, cf. §§ 98 et 103.
4. Le samedi 2 avril 1127.
5. Gervais de Praet, v. p. 28, n. 3.
6. Cela ne semble pas tout à fait exact, cf. p. 45, n. 3.
7. Le dimanche 3 avril 1127.

nicaverunt se corpori et sanguini Christi, nescitur tamen per quem sacerdotum*a* hoc factum fuerit. Eodem die sagittis infestabant in castro transeuntes obsessi et pessimi traditores nullius fidei et reverentiae, tantummodo *b* sub expectatione turpissimae mortis sibi futurae vitam continuantes.

[55.] Non. aprilis, feria tertia *Aqua sapientiae* [1], in crepusculo noctis, rex simul cum noviter electo consule Willelmo, Flandriarum marchione, Bruggas in suburbium nostrum venit, cui obviam processerant canonici Sancti Donatiani, reliquias sanctorum afferentes, et in sollempni processu regio more regem et comitem novum cum gaudio suscipientes.

Octavo idus aprilis, feria quarta [2], convenerunt rex et comes cum suis et nostris militibus, civibus et Flandrensibus multis in agrum consuetum, in quo scrinia et reliquiae sanctorum collatae sunt. Et silentio indicto, lecta est charta libertatis ecclesiae et privilegiorum beati Donatiani coram universis in presentia regis et comitis [3], ut contra ea quae privilegiorum paginis conscripta et a catholicis Romanis pontificibus sancita, et a nemine catholicorum regum et comitum corrupta constiterant, rex in sua persona simul et comes nullo temerario ausu se opponeret, sed potius regiae dignitatis prerogativa veneraretur sancita et suae potentiae corroboraret imperio. Libertatem vero eligendi canonice et sine simonia prepositum ex concessione domini papae, sicut privilegii sui inscriptione contentum est, se habere protestati sunt fratres ejusdem ecclesiae [4], quem quidem prepositum rex, si presens afforet, canonice et sine simonia elec-

---

a. sacerdotcm *ed.* — *b.* termino *ed.*

---

1. Le mardi 5 avril 1127.
2. Le mercredi 6 avril 1127.
3. La charte octroyée par le roi et le comte à S. Donatien est perdue. Il semble, d'après les paroles de Galbert, que cette charte fut dressée par le clergé même de S. Donatien qui en fit faire lecture solennellement devant le roi et le comte, lesquels l'approuvèrent.
4. Les chanoines n'avaient donc pas produit le privilège du pape leur concédant l'élection du prévôt; ils avaient mis cependant cette liberté dans la

tum potestative*a* officii sui ministerio et dignitate prelationis sublimaret et in locum prelationis subrogaret; quod si rex non afforet, comes ejusdem potestatis officio functus, concessionem canonice electi prepositi et in locum subrogationis et in propria persona et suorum faceret secundum predecessorum suorum catholicorum principum morem. Lecta est quoque chartula conventionis[1] inter comitem et cives nostros factae de teloneo condonato et censu mansionum eorundem, quatenus pro pretio electionis et susceptionis personae novi consulis, reciperent a comite libertatem hujuscemodi, ne teloneum aut censum deinceps ipsi aut successores loci nostri comiti vel ejus successori solverent, sed perpetua illa libertate*b* donati, sicut in charta conventionis conscriptum erat, ad confirmandam libertatem eandem juramentum*c* a rege simul et a comite expostulatum susciperent, scilicet ne rex aut comes amplius per se vel per ministros pro solvendo teloneo et censu cives nostros aut ipsorum in loco nostro successores inquietaret, sed bono animo et sine malo ingenio et non subtracto, tam privilegia canonicorum quam condonationem teloneorum et census inviolabiliter conservaret. Sub hac ergo conditionis compositione juraverunt rex et comes super sanctorum reliquias in audientia cleri et populi. Subsequenter quoque cives juraverunt fidelitatem comiti, sicut moris erat, et hominia fecerunt ei et securitates, sicut prius*d* predecessoribus suis naturalibus principibus terrae et dominis. Ut igitur benevolos sibi comes cives nostros redderet, superaddidit eis, ut potestative et licenter consuetudinarias leges suas de die in diem corrigerent et in melius commutarent secundum qualitatem*e* temporis et loci. Tandem sacramento jusjurandorum confirmatis

a. potestativi *Köpke.* — *b.* liberta illa P. — *c.* incrementum P. — *d.* propius P. — *e.* quantitatem P.

charte qui fut lue devant le roi et ils affirmèrent (*protestati sunt*) qu'ils la tenaient du pape. Pour ce qui concerne les libertés de S. Donatien on peut voir deux chartes du comte Robert de Jérusalem : l'une du 31 octobre 1089 (Miraeus-Foppens, *Op. Dipl.*, III, p. 566), l'autre de 1101 (*Ibid.*, II, p. 1148).

1. C'était probablement un chirographe comme la charte de S. Omer, v. Giry, *op. cit.*, p. 375.

omnibus, reversi sunt rex et consul in hospitium, ubi delatae sunt in omnium audientia litterae hujusmodi ab iis qui obsidionem fecerant in Reddenburg*a* primatibus : « Nos quoque hujus obsidionis exactores electum novum Flandriarum consulem electuri erimus ex nostra parte, sub hac conditione quidem, ut inconsultas *b* expeditiones, insuper pravas principum exactiones et telonea nova, quae doloso consilio Lamberti in Reddenburg*c* noviter et preter jus consuetudinarium terrae instituta sunt, a nobis et a nostris viciniae *d* incolis amplius amota damnes et destruas, et libertatem obtineant rustici nostri exeundi et depascendi pecudes suas super terram quae dicitur Mor sine coemptione prava instituta a Lamberto [1]. Insuper de coemptione gravissima mansionum in Erdenburg *e*, volumus quoddam medium regem et comitem ponere, ut per duodecim nummos tantummodo redimatur unusquisque nummorum illorum, quos secundum positionem mansionum hactenus sedecim nummis redimebant filii post mortem patrum suorum [2]. Nobis ipsis quidem legem statuimus, ut si expeditio ex parte comitis nostri fuerit indicta, ille qui excusationem non habuerit legitimam, emendabit comiti viginti solidos. Super iis omnibus assensum tuum, domine rex, et concessionem et confirmationem comitis novi expostulamus, quatenus juramento confirmet omnia, quae in hac charta conscripsimus et in *f* audientia omnium promulgata constant *g*. Monemus et obsecramus tam regis quam comitis personam et ejus omnipotentiam, ut Bertulphum *h* prepositum et ejus fratres Ulfricum Cnop, Hacket *i* castellanum, Robertum puerum [3], Lambertum ex Reddenburg *j* cum filiis ipsorum, Borsiardum, et reliquos traditores numquam heredes fore [4] permittant deinceps in

a. Reddenburch P. — *b.* in consuetos *ed.* — *c.* Reddenburch P. — *d.* vicinis P. — *e.* Erdenburch P. — *f.* deest *Köpke*. — *g.* constat *Köpke*. — *h.* Bertolfum P. — *i.* Haket *ed.* — *j.* Reddenburch P.

1. Cf. une concession analogue dans la charte de S. Omer, § 18.
2. Cf. charte de S. Omer, § 19.
3. Robertus puer était neveu et non frère de Bertulf, v. p. 12, n. 9.
4. C'est-à-dire que leurs biens (*hereditates*) soient confisqués.

comitatu Flandriae ». Cumque perlecta fuisset charta hujusmodi in conspectu universorum, juravit comes novus se confirmare et concedere bono animo et sine malo ingenio et non subtracto omnia quae expostulaverant ab ipso. Ac deinceps per totum reliquum diei tempus hominia fecerunt consuli illi qui feodati fuerant prius a Karolo comite piissimo, suscipientes nunc similiter feoda sua et officia et quaecumque obtinuerant ante jure et legitime.

[**56.**] Septimo idus aprilis, feria quinta[1], iterum hominia facta sunt comiti, quae hoc ordine suae fidei et securitatis termino*a* consummata sunt. Primum hominia*b* fecerunt ita : comes requisivit, si*c* integre vellet homo suus fieri, et ille respondit : Volo, et junctis manibus, amplexatus a manibus comitis, osculo confederati sunt. Secundo loco fidem dedit is qui hominium fecerat prolocutori comitis in iis verbis : « Spondeo in fide mea me fidelem fore amodo comiti Willelmo, et sibi hominium integraliter contra omnes observaturum fide bona et sine dolo; » idemque super reliquias sanctorum tertio loco juravit. Deinde virgula, quam manu consul tenebat, investituras donavit eis omnibus qui hoc pacto securitatem et hominium simulque juramentum fecerant[2]. Eodem die Eustachius ex Stenvordia*d* in Sancto Audomaro prius interemptus a civibus et postea in conflagrationem illius domus qua subfugerat injectus, in cineres combustus est[3]; ipse enim sub nota traditionis talem perpeti mortem promeruit. Eadem die in Brugis comes dedit Baldwino ex Alst quadringentas libras preter viginti, eo quod ipsius viribus et consilio maxime post regem in comitatu valuerit.

1127, 7 avril.

a. tantummodo P. — *b.* hominium *Köple.* — *c.* ut P. — *d.* Stenvorda P.

1. Le jeudi 7 avril.
2. Sur cette cérémonie si intéressante de la prestation du serment et de l'investiture, v. Waitz, *Verfassungsgeschichte*, VII, p. 51 sqq.
3. Le § 21 de la charte donnée aux bourgeois de S. Omer par Guillaume de Normandie porte : *De morte Eustachii de Stenford, quicumque aliquem burgensium S. Audomari perturbaverit et molestaverit, reus proditionis et mortis Karoli comitis habeatur, quoniam pro fidelitate mea factum est quicquid de eo factum est.* (Giry, *op. cit.*, p. 374.)

1127.
8 avril.
Sexto idus aprilis, feria sexta[1], similiter hominia facta sunt comiti.

9 avril.
Quinto idus aprilis, sabbato[2], rex ibat apud Winendala[3], locutum Willelmo illi Iprensi, adulterino comiti, pro concordia facienda inter ipsum et verum novumque comitem. At illi adulterino comiti indignum fuit supra modum inire concordiam cum vero Flandriarum consule vel aliquam pacis compositionem se facturum, quia eum despectui[a] habebat. Rex igitur aegre ferens superbiam et contemptum adulterini Iprensis comitis ipsumque dedignatus, ad nos usque reversus est.

10 avril.
Quarto idus aprilis, dominica[4], comes noster, secundum consilium regis et principum, iturus fuerat apud Sanctum Audomarum, sed quia paucos habebat secum in via in quibus confideret, nocte ad nos rediit.

11 avril.
[57.] Tertio idus aprilis, feria secunda[5], prepositus Bertulphus[b] traditus est in manus illius adulterini comitis, qui ideo magis studuerat et labore assiduo perquisierat, quo loco latuisset, ut, captivato eo, et divulgato quod prepositum Brudgensem cepisset, suae potestatis famam precipue emendaret, si de eo vindictam fecisset gravem. Nam, sicut prescripsimus[6], in maturitate traditionis ab Ipra mandaverat eidem preposito apertam salutationem et suis, in quo famam suam turpissimam et traditiosam reddiderat per omnes regnorum fines. Igitur cum cepisset eum profugum et exulem in patria et inter parentes, tamen non satis poterat excogitare, quo mortis supplicio perderet, cujus conscius traditionis dicebatur. Et quamvis ille adulterinus calliditatis et astutiae talibus[c] argumentis videretur probare innocen-

---

a. despectui cum P. — b. Bertolfus P. — c. taliter ed.

---

1. Le vendredi 8 avril 1127.
2. Le samedi 9 avril 1127.
3. Wynendaele, à 30 kil. S. de Bruges. Il y avait dans cet endroit un château comtal.
4. Le dimanche 10 avril 1127.
5. Le lundi 11 avril 1127.
6. Cf. § 25.

tiam suam, tamen Deus, cui nihil resistit, cujus auctoritate dictum est : *nihil occultum, quod non reveletur*[1], hanc inhumanam turpitudinem et tanti principis sui traditores fidelibus suis manifestavit, damnavit, proscripsit, precipitavit. Tantus erat tumultus, clamor et concursus Iprensium et totius viciniae circa captivum unum hominem, ut non possimus aequiparare eum. Et sicut aiunt, saltando, choros ducendo, diversis applausibus preibant et consequebantur prepositum, trahentes eum funibus longioribus a dextris ejus et sinistris, ita ut ordo trahentium in longum et ab invicem in latum procederet, ut sic ab omnibus olim vir ille dignus et potentissimus verecunde et ignominiose derideretur; nudus prorsus preter braccas, luto et lapidibus obrutus, trahebatur. Preter clerum et paucos qui dudum religiosum virum cognoverant, nemo miseratus est illum. At ille tot injuriis fatigatus totque opprobriis et tunsionibus lesus, mortis suae supplicium eminus expectabat, ante cujus mentis faciem poterant ad memoriam merito reduci omnia quae egerat, si aliquod vivendi spatium turba in ejus mortem corruens prestitisset. Poterat quidem reminisci, si debuit, quomodo violenter intrusus, et viventi preposito Ledberto [2], viro honesto et propter Deum [a] omnia patienti, superpositus injuste, et contra Deum [b] in templo Dei prelationem usurpasset, prebendulas simoniaca heresi commutasset, nepotes suos stipendiis ecclesiae in omne facinus armasset[3], et nunc tandem catholicum et de regum stirpe progenitum nobilissimum principem Karolum suo aut assensu aut consilio morti tradiderit, qui sicut inter sui supplicii angustias profiteba-

a. dominum P. — *b.* dominum P.

1. Matth., 10, 26.
2. Ledbert est cité comme chanoine de S. Donatien par des chartes de 1089, (Miraeus-Foppens, *Op. dipl.*, I, p. 359, III, p. 566). Le prévôt s'appelait alors Rainerus. Bertulf ayant d'autre part expulsé violemment Ledbert de la prévôté au plus tard en 1091; (v. p. 92, n. 1), on voit que celui-ci ne jouit de cette dignité que fort peu de temps. D'après les paroles de Galbert (*viventi preposito Ledberto*), il était déjà mort en 1127.
3. Une charte de 1115, par laquelle Bertulphe, pour expier sa mauvaise administration, fait des donations de terres à S. Donatien (Miraeus-Foppens, *Op. dipl.*, III, p. 30), corrobore les paroles de Galbert.

tur, si voluisset, defendisse a traditione poterat. Ante mentis quidem oculos prefixisse poterat, quantam in clero gratiam quantumque honorem, famam, divitias, vires, reverentias, Deus ultro contulisset, cujus dispensatricis Dei gratiae, dum eam quasi propriam et naturalem possideret *a*, penitus non est recordatus; namque sic fuerat trigenta sex annis implicitus omnibus predictis virtutibus et vitiis, ut nullo modo explicari posse videretur[1]. Si quis velit audire multiplicitatem sui generis et magnitudinem factorum, mirabilem magis *b* pugnam Dei et manum ejus, quam contra ipsos destruendos exercuit, credere liquet. Et quamquam locum genealogiae ejus describendae hic obtinere videar, tamen videor mihi satis operae inceptae labore sufficere et ejus *c* descriptionibus supersedere, in qua eventum obsidionis et non adulterinum exordium generationis prepositi et suorum proposui me executurum[2]. Proinde ibat vir ille, olim gloriosus nunc ignominiosus, olim venerabilis nunc turpis, inmoto vultu et oculis in coelum directis, et, nisi fallor, Deum miseratorem, humanae conditionis qua ipse indutus in regno mundi homines regit, invocabat sine strepitu vocum, sed in secreto mentis sibi invocaverat, semper adjutorem. Tunc unus persecutorum, percusso capite ejus fuste, ait : « O superbissime hominum, cur indignaris respicere et loqui principibus et nobis, qui habent potestatem perdendi te ? » At ille nec respicere curabat eos *d*, et suspensus est in medio fori Iprensium juxta supplicia furum et latronum in patibulo, et braccas detraxerunt ei, ut illa *e* verecundiora corporis apparerent. Nihil turpe vel ignominiosum erat quod in ejus supplicium non inferrent. In quo patibulo brachia in crucem extensa et manus insertae sunt, et caput transjectum per foramen ejusdem patibuli, ita ut reliquum corpus viri predictis suis membris suspensum quasi alienis laqueis sus-

---

a. possidet *ed.* — *b.* magnam P. — *c.* ci P. — *d.* eis P. — *e.* illa *deest* P.

---

1. On voit par là que Bertulphe dut être prévôt depuis 1091.
2. Toutefois Galbert raconte en détail cette généalogie au § 71.

focatum moreretur. Cumque primo loco suspenderetur, et in ipso instrumento patibuli adhuc vir ille pedum articulis summatim sustentaret corpus, ut saltem sic vitae miserandae prolongaret spatium, venit ad eum inter tot millia lapidantium et jacturam facientium ille adulterinus comes Willelmus, et indixit omnibus silentium et ait : « Dic ergo mihi, o preposite, per salutem animae tuae te obtestor, dic, inquam, quaeso, qui sunt preter te et Isaac et preter apertos traditores, adhuc latenter nocentes et culpabiles in morte domini mei Karoli comitis? » Et ille coram universis respondit : « Aeque tu, sicut et ego, nosti. » Tunc furore arreptus Willelmus ille, praecepit[a] lapides et lutum jacere in prepositum illum et interfici. Et ecce! qui pro piscibus emendis in foro convenerant[1], uncis ferreis, fustibus et sudibus corpus viri dissipabant, nec in eo instrumenti adminiculo, quo pedum articulis se sustentabat, sinebant diutius sustentari, sed propulso eo a sustentaculo, suspendium et vitae dispendia sub acerrimae mortis tenebris inferebant. At ille moriens conquestionem fecit pro traditione, qua ipsum Walterus, miles ex Sarran[b][2] et homo suus, tradiderat in eandem mortem, qua jam emoriebatur; qui cum ducatum prestitisse debuit, decepit. Iprensium igitur turba, furens in mortem prepositi, canis viscera contorserat circa collum ejus, et os canis ad os ejus jam vitalem spiritum expirantis opposuerunt[c] aequiparantes cani ipsum[d] et facta ipsius[3].

[58.] Eodem tempore Wido, miles famosus et fortis, qui de consilio comitum Flandriae precipuus fuerat[4], in eandem

a. *deest Köpke*. — b. Sarram P. — c. opposuerat P. — d. ipsi P.

---

1. La pêche maritime semble avoir été à cette époque exercée à Ypres, v. Walter, § 38 : *marinorum piscium, qui illis in partibus admodum grandes capiuntur*.
2. Zarren, à 7 kil. E. de Dixmude et 36 S.-O. de Bruges. L'enquête citée p. 51, n. 3, mentionne ce Walter comme guide de Bertulf, lors de sa fuite.
3. Sur le supplice de Bertulf, cf. Walter, § 38 ; Suger (éd. Molinier), p. 113, Le Chron. reg. Francorum, Rec. hist. Fr., XII, p. 212, dit : *uni (proditorum) dederunt canem socium qui ejus carnes mordebat.*
4. Guy de Steenvoorde. Sur son rôle dans la trahison, v. Walter, § 22 ; *Lamberti continuatio genealog. comit. Flandr. Mon. Germ. hist., Script.*, IX, p. 312.

traditionem conspiraverat, eo quod neptem prepositi uxorem duxisset, scilicet sororem Isaac. Unde quidam Hermannus[a] Ferreus, miles fortis, statim occiso Karolo consule, in presentia illius Iprensis adulterini comitis, ad singulare bellum Widonem evocavit, quia dominum suum nequiter tradidisset. At Wido paratum se defendere de superimposita traditione semper fore prosilivit. Et determinatus est eis dies, quo predictus prepositus mortis suae etiam pertulerat tormenta. Statimque mortuo preposito, omnes qui affuerant reversi sunt ad curtem, in qua bellum indictum fuit inter Hermannum[b] Ferreum et Widonem, et ubi[c] pugnatum est acriter ab utrisque[1]. At Wido dejecerat equo adversarium suum, et lancea resurgere conantem, quoties voluit, stravit. Tunc adversator ille propius accursitans, equum Widonis gladio trajiciens evisceravit; de equo[d] tandem lapsus Wido, extracto gladio impetiverat adversarium. Erat quidem occursus alternis ictibus mucronum continuus et acerrimus, donec fatigati pondere et sarcina armorum, uterque rejectis clipeis luctaminis viribus pugnae victoriam accelerarent. Et cecidit ille Hermannus Ferreus in terra prostratus, cui Wido incumbebat maniculis ferreis ora et oculos contundens militis. At ille prostratus, sicut legitur de Antheo, a frigiditate terrae vires paullatim resumpsit, et callide dum quiesceret Widonem de victoria securum reddidit. Interim manum suavius subducens usque ad inferiores loricae oras, in qua parte non fuerat Wido premunitus, raptum per testiculos[e], collectis viribus ad puncti unius momentum a se propulit, in quo rapticio pulsu tota de subtus natura corporis rupta, ita prostratus defecit Wido, ut victum et mortuum se fore exclamaret. Tunc comes volens per omnia famae suae in hoc bello consulere, jussit eundem Widonem juxta prepositum suspendi in eodem patibulo jam

a. Herlmannus P. — *b.* Herlmannum P. — *c. deest ed .*— *d. quo ed.* — *e.* per testiculos raptum P.

---

1. Le duel de Guy et de Herman eut lieu à Riningels, dans les environs d'Ypres, v. Walter, § 39.

mortuum, ut, sicut pares fuerant in tradendo, ita pares morerentur in tormento. Post haec vero utrorumque corpora virorum rotae plaustri superposita, in malo altissima fixae, videnda universis transeuntibus proposuerunt, brachiaque mutuis quasi amplexibus ad colla flectentes, imaginem tradendi et consulendi de morte domini et gloriosi ac piissimi consulis Karoli, illis jam per tres dies mortuis, insignibant[1]. Venit itaque ad nos et in presentia regis armiger unus, qui eodem die intererat et viderat utrosque suspensos in Ipra prepositum et Widonem, adnuncians eventus eorum. Acclamatum est statim illis qui in turri obsessi sunt, quomodo captus et mortuus fuerit dominus illorum prepositus, et quia amodo nihil restaret eis, nisi quod se redderent regi tractandos secundum quod nequiter egerant. Igitur dolor et anxietas et luctus et suspiria vexabant miseros illos et omni spe vitae destitutos; fortius quam principes obsidionis obsederant eos metus et desperatio.

[59[2].] Eodem die Gervasius[3] jusserat carpentariis turrim ligneam disjungere[4] quae erecta erat ad invadendos muros prius et nunc inutiliter stabat; cujus trabem fortissimam specialiter separatam ab aliis preparari jusserat et arietem fieri, quo pertunderetur paries templi. At obsessorum sagittarii sagittas mittendas cum ex percussione nervorum arcubus curvatis intentarent operariis ab arce turris in qua degebant, arcus et sagitta imposita eo ipso tractu, quo[a] trahere festinabat, decidit a manibus trahentis. Quod factum inspicientes milites, qui scutati[b] presentes et oppositi in omni[c] opere artificum astiterant, protegentes illos artificiose operantes machinas rerum, sicut sunt arietes, sues[5],

a. qua *Köpke*. — b. citati *ed.* — c. deest *Köpke*.

1. Sur tout ceci cf. Walter, § 39.
2. Köpke a donné par erreur à ce § le n° 60. A partir d'ici la numérotation des §§ dans son édition est donc d'un chiffre en avance sur la nôtre.
3. Gervais de Praët, le nouveau châtelain, cf. § 54.
4. L'engin fabriqué par les Gantois, v. §§ 35, 40.
5. Truie, machine de guerre servant à s'approcher à couvert des remparts pour en saper la base.

jactatoria, scalae et consimilia, quibus muros et lapideas compositiones destruere solent, eventum pessimum fore vaticinati sunt ex casu arcus et sagittae obsessorum. Eodem die ad vesperum, gravis tumultus obortus est inter Gervasium et suos et cives nostros; nam ex imperio regis et precepto eorum principum obsidionis, qui cito perditionem *a* obsessorum accelerare tentabant, quique sumptus magnos omni obsidionis tempestate expenderant, vigiliis et impugnationibus assidue laboraverant, ex communi, inquam, ipsorum consilio et edicto regio universale decretum confirmatum erat, ne aliquis auderet e tota obsidentium multitudine accedere ad turrim et loqui obsessis, ne forte intimaretur eis quo ingenio caperentur. Lex quoque posita est propter transgressores talis, ut, si quis contra hoc decretum faceret, in captivitatem projiceretur, et communi principum judicio plecteretur. Igitur unus e civibus, qui sororem cujusdam militis obsessi duxerat, clanculo accessit ad turrim, requirens ab illo genero suo vasa et vestes quas sibi prestiterat, et ille quae habuit reddidit vasa. Cum in reditu civis ille transiret per forum, miles Gervasii unus qui preceptum regis et principum et domini sui susceperat, et potestatem etiam *b* capiendi transgressores precepti, persecutus est civem illum, et tentum violenter captivumque reduxit secum usque ad domum comitis. Continuo tumultus infinitus factus est inter cives, et prosilientes ad arma, invaserunt domum comitis et familiam Gervasii, quae se ab intus fortiter defendebant. Clamaverunt enim se numquam velle pati dominium cujuspiam *c*, imo in sua potestate staret hoc malefactum corrigere [1]. Cumque diutius tumultuassent, Gervasius in medium eorum protulit haec verba : « Nostis,

---

a. proditionem P. — *b.* deest P. — *c.* cujusquam P.

---

1. Le § 1 de la charte donnée à S. Omer par Guillaume de Normandie reconnaît dans l'échevinage la seule juridiction des bourgeois. Il est probable que le même privilége avait été confirmé à Bruges. L'arrestation d'un bourgeois par un chevalier du châtelain, en vertu d'un édit pris par les seigneurs commandant l'armée, était donc une violation flagrante des droits des échevins.

o cives et amici mei, quod secundum vestram petitionem et rex et comes *a* jam constituerunt me vicecomitem loci vestri *b*, et secundum regis et principum decretum actum est, quod miles meus jam civem et vicinum vestrum ceperit decreti transgressorem, meamque personaliter dignitatem contempsistis in hoc facto, domum comitis et familiam meam invasistis in ea *c*, et tandem sine ratione, armata manu, in presentia regis prosiluistis. Nunc ergo, si vultis, vicecomitatum [1], caussa injuriae mihi illatae omitto, fidem et securitatem inter nos firmatam dissolvo, ut pateat omnibus vobis, quia dominium super vos obtinere non quero. Si ergo placet, coram rege, sepositis armis, conveniamus *d*, ut *e* judicetur inter nostros et vestros. » Cumque finisset orationem, ascenderunt simul coram rege, et compositi sunt iterum fide et amicitia ad invicem sicut prius.

[**60**.] Secundo idus aprilis, feria tertia [2], rex in dormitorium fratrum cum prudentioribus et consiliariis suis conscendit considerate prenotare, in qua parte ingeniose aggressum presignarent in templum. Erat namque dormitorii domus adjuncta templo, ita ut ingeniorum instrumenta prepararentur in illa, quibus parietem templi portunderent et ingrederentur ad obsessos. Namque cum illi miseri inferiora templi obtinere non poterant, gradus quibus *f* in sola-

1127, 12 avril.

---

a. cives P. — *b.* nostri *ed.* — *c.* in ea invasistis P. — *d.* convenimus P. — *e. deest* P. — *f.* in quibus P.

---

1. Les châtelains flamands, qui apparaissent dès le commencement du XI° siècle, sont tous des officiers comtaux. Il semble y en avoir eu un, de très bonne heure, dans chacune des grandes circonscriptions judiciaires du territoire. Tenant du comte leur *bannum*, il est très naturel qu'ils soient assez souvent désignés par le titre de *vicecomites* et leur pouvoir par celui de *vicecomitatus*; à l'époque franque, les mêmes termes avaient été employés pour désigner les centeniers, auxquels on peut, à l'origine, comparer les châtelains flamands. Malgré l'altération profonde du caractère de l'institution des châtelains sous l'influence du droit féodal, le titre de vicomte ne cessa pas de leur être donné pendant tout le moyen âge. Aujourd'hui encore, dans la terminologie nobiliaire de la Flandre, le mot *burgraef* se traduit par le mot français vicomte. Sur ces châtelains, v. Warnkoenig, *Flandrische Staats und Rechtsgeschichte*, I, p. 284 sqq. (t. II, p. 129, dans la traduction française); Giry, *Les châtelains de S. Omer* (Bibl. de l'Ec. des Chartes, t. LXXV et LXXVI, 1874-75) et *Histoire de la ville de S. Omer*, p. 91 sqq.

2. Le mardi 12 avril 1127.

rium ascenderetur lignis et lapidibus obstruxerant, ut nullus ascendere vel ipsi descendere possent, tantummodo sese a solario et turribus templi defendere conantes. Inter columpnas quippe solarii specula et status suos [1] ex scriniorum aggeribus et cumulis scamnorum prostituerant, e quibus lapides, plumbum et rerum moles dejicerent super invasores templi. In turri quoque consequenter prae [a] foribus fenestrarum tapeta et culcitras suspenderant, ne funda et arbalistis forsitan percuterentur intrinsecus, cum turris a foris aggrederetur. In suprema quidem turrium arce stabant fortiores juvenes obsessorum [b], qui molares lapides sternerent super discurrentes in curtem castri. Atque sic inordinabiliter in templo Dei ordinatis rebus suis, expectabant mortis suae finem, nihil reverentiae et honoris conferendo beato funeri, quod in solario inter ipsos sepultum jacebat, preter hoc solum, quod vix dominum suum recognoscentes quem tradiderant, ejus ad caput cereum prefigerent, qui assidue in honorem boni consulis arderet a die obsidionis primo usque ad diem quo introgressum est violenter ad ipsos. Nam farinam et legumina circa tumbam comitis reposuerant, quibus cotidie in usus suos assumptis vitam continuabant. Cumque rex et sui studiosius exquirerent et presignarent locum pertundendi [c] templum, Robertus puer per unam fenestrarum [d] templi caput efferens [e], loquebatur militibus regis, obsecrans eos, ut internuntii ejus forent ad regem, humiliter inquiens [f] omne judicium principum terrae et baronum domini sui regis velle subire, ut in lege ipsorum merito suae excusationis aut vivere promereretur aut supplicio dampnationis, si se non excusaret, exterminari. Nec ullus hominum ausus est internuntiorum verba in regis presentiam proferre, tam [g] graviter indignatus est rex illos traditores vel etiam videre. Ceterum cives nostri et milites regis et universi qui audierant, quam humili oratione exo-

a. pro P. — b. obsessores *Köpke*. — c. pretundendi P. — d. fenestram P. — e. offerens P. — f. deest P. — g. quoniam P.

1. Postes d'observation et de combat.

rasset juvenis dominum regem, in lacrimas fusi condoluerunt ei, imprecantes pro eo domini misericordiam.

[**61**.] Idus aprilis, feria quarta[1], confinxerant mendacium obsessi de morte Borsiardi, quatenus exorta lite inter Robertum puerum et ipsum, gladio occubuisset trajectus, existimantes per hoc animos principum a severitate mitigari, ne tanto furore invaderent deinceps, sicut prius, et a turri evocabant mortem Borsiardi, quam mendose diffamabant; alii eum evasisse asserebant. Quo audito, rex percepit[a] obsessos illos jam diffidere sibi, timore et anxietate deficere, constantique animo edixit, ut milites sui se armarent et invaderent templum. Quod ideo factum est, ut in congressu illo deficientes et lassati, in posterum obsessi illi non valerent toties tot assultus et invasiones sustinere, sed magis cedere et locum victoriae christianae catholico regi Ludewico et militibus suis dare. Erat quidem in obruendo lapides et immittendo[b] jacula utrimque gravis aggressus a meridie usque in[c] vesperam. Quo die rex accepit claves a decano Helia[2] de sanctuario ecclesiae beati Christofori[d][3], eo quod accusatus ei fuerat thesaurus comitis Karoli in eodem sanctuario fuisse repositus. Et cum introisset rex, nihil preter sanctorum reliquias invenit. Verum quippe fuit cuppam auream cum suo operculo et cannam, scilicet argenteum vas vinarium[4], prepositum de rapina comitis a nepotibus suis quasi pro dono in partitione rapinae accepisse, et eadem vasa pro salute animae suae ad operam ecclesiae Deo obtulisse. Cum ergo obsidio fieret, et fratres reliquias et feretra[e] sanctorum a castro efferrent, in

1127, 13 avril.

a. precepit P. — *b.* mittendo *ed.* — *c.* ad P. — *d.* Christophori P. — *e.* feretrum P.

---

1. Le mercredi 13 avril 1127.
2. Hellas est cité comme doyen de Bruges dès 1122. (*Cartul. de S. Bavon*, n° 22, p. 28). Walter, § 31, le mentionne parmi les personnes qui lui ont donné des renseignements sur ce qui se passa à Bruges après le meurtre de Charles.
3. L'église de S. Christophe se trouvait au milieu du marché, v. § 35.
4. Le comte avait acheté cette coupe à la foire d'Ypres quelques jours avant sa mort, v. § 16.

quodam scrinio illa duo vasa secreto et sub simulatione reliquiarum sanctarum imposita extulerant pariter cum ceteris reliquiis sanctorum, atque custodiendum illud scrinium commendavit decanus prefatus cuidam simplici presbitero Eggardo in ecclesia domini Salvatoris[1], signatum sub veneratione dignissimarum reliquiarum. Quod quidem scrinium quam devote ille simplex sacerdos susceperit, et posito eo in sanctuario preces effuderit, atque animae suae salutem depoposcerit, testantibus compresbiteris ejusdem ecclesiae, manifestum fuit, omnique nocte candelas, cereos et luminaria et lampades accensas preposuit, non satis se venerari reliquias illas potuisse[a] credens. Revera satis sacerdos ille promeruerat, ut, cum novo comiti redderentur vasa sua[b], semel aut plus ex eisdem vasis presbiter ille bonum vinum bibisset[2]. Hunc igitur thesaurum rex querens, circumquaque miserat investigatores et insidiatores[c], qui latenter thesaurum Karoli[d] comitis recolligerent, nihilque super hoc profecit. Unde rex etiam Robertum puerum, secundo die ante discessum suum apud Franciam[3], flagellis cesum coegit, ut si quid de thesauro meminisset, quis partem aliquam possideret regi intimaret[4]. Cujus accusatione eodem die comes novus et rex obtinuerunt vasa predicta, sicut in subsequenti dicturi sumus. Alii obsessorum denunciaverunt[e] Borsiardum aufugisse, ut sub illo mendacio[f] parcius impugnarentur[5].

1127, 14 avril.

[**62.**] Decimo octavo kal. maii, feria quinta[6], aries, qui instrumentum factus est ad pertundendum parietem templi,

a. posse ed. — b. illa ed. — c. et insidiatores deest P. — d. domini P. — e. evocaverunt ed. — f. mandato P.

---

1. L'église paroissiale de Saint-Sauveur, au sud du *burgus*.
2. Galbert donne ici à entendre qu'Eggard, qui dut être un de ses amis à en juger par la sympathie qu'il lui témoigne, ne fut pas récompensé de son zèle par Guillaume de Normandie.
3. Donc le 4 mai.
4. Cf. § 83.
5. Négligence de l'auteur qui répète ici ce qu'il a déjà dit au commencement du chapitre.
6. Le jeudi 14 avril 1127.

adductus est in fratrum dormitorio in eadem septa extrinsecus, juxta quam intrinsecus corpus boni consulis sepulturae commendatum Deo suo jacebat[1]. Statimque artifices arietis ascensoria graditiva erexerant in altum, et ablato pariete ligneo dormitorii, qui propinquior templo steterat[2], summitatem ascensoriorum ibidem subduxerant, quatenus usque ad murum et parietem templi gradatim possint armati progredi quicumque[a] auderent. Nam fenestra, in aedificio templi primo, ex ordine antiqui operis illo patuit, quo jam artifices ascensoria direxerant. Sed paulisper inferius temperabant instrumentorum aditus, ita ut subtus fenestram percussiones arietis preordinarent, et pertuso pariete lapideo, eandem fenestram quasi pro ostio libere ingressuri obtinerent, erantque gradus latissimi, in quorum fronte decem milites simul in latum ad pugnandum starent. Quibus preordinatis, trabem maximam[b] funibus suspensam in eadem parte super gradus illos ad perforandum templum direxerant et laqueos eidem innexos et simul armatos juxta laqueos, quibus trahere retrorsum a templo in altum reductam, et in virtute et fortitudine retractam ad parietem templi percutere[c] callide et argumentose constituerant[d]. Super capita quoque ascendentium tegmina ex virgis inserta trabibus et connexa fuerant, ut, etiam si[e] tectum dormitorii aliquo ingenio ab obsessis infringeretur, sub contextura virgarum securi agerent arietis impulsores[f], et parietes ligneos simul ante se proposuerant ad defensionem sui, ne jaculorum et sagittarum percussionibus ab intrinsecus lederentur[3]. Igitur retro a[g] muro et pariete templi reducto per laqueos ariete, quantum extensis brachiis suspensi possent, uno impetu et

a. quidquam P. — *b.* trahere machinam P. — *c.* percuterent P, — *d.* constiterant P. — *e.* etsi *ed.* — *f.* impulsus P. — *g. deest* P.

---

1. Le dortoir étant adossé à l'église (§ 60), on établit le bélier dans la salle (*septa*) contiguë à la partie de l'église où est enterré le comte, c'est-à-dire au *solarium*.
2. Les murs du dortoir étaient garnis d'un revêtement de planches pour combattre l'humidité.
3. Il est intéressant de rapprocher cette description du bélier de celle que l'auteur fait aux §§ 35 et 40 de la machine de guerre construite par les Gantois.

uno clamore arietis ruinam et casum valde ponderosum, virium suarum fortitudine et maximo conatu templo appulere : ex cujus singula percussione maximus lapidum cumulus in terram corruit, donec tota maceries et paries in eo loco quo contusus est perforaretur. In capite ejus quoque arietis ferramenta solidissima trabem premunierant, ita ut nullo ingenio offensam aliam pateretur quam illam quae vi*a* molis et roboris sui sibi a se ingereretur. Longus igitur labor tundendi fuit a meridie inceptus, et post vesperam finitus.

[**63.**] Interim obsessi illi, presentientes debilitatem parietis et perfossionem citius futuram, quid agerent dubii et inconstantes, tandem intus ardentes composuerant carbones, pice et cera et butiro delinitos, quos tecto dormitorii injecerant. At in momento carbones adherentes tegulis, flammas vento flante vibrabant, ita ut maximae flammae concitatae circumquaque tectum corriperent. A superiori itaque turri jaciebant molares lapides super tectum dormitorii, in ea parte qua aries pertundebat templum, ut utrumque *b* et *c* ignem injectum tecto ne quis extingueret defenderent, et lapidibus obrutis et de alto precipitatis super perfossores templi a periculo introitus sese observarent. Tot et tanti lapides obruti non impediebant exactores arietis. Cum igitur super capita sua ignis flammas vibrantes conspexissent milites, unus ex illis tectum ascendit, et inter tot jactus lapidum et jaculorum, ignem vix extinxerat. Patuit igitur post tot percussiones arietis foramen maximum in pariete templi, qui citius satis quam credebatur perfossus est, eo quod a tempore antiquae exarsionis templi, pluvia et inundatione imbrium totum aedificium ecclesiae quasi putridum staret, quia hactenus sine tecto ligneo nudum fuit. Tunc clamor infinitus elevatus est extrinsecus, et universi qui in foribus impugnaverant obsessos et in choro inferius et undique, per fenestras et in omni parte, qua accessum poterant sibi prestitisse, rescito eo quod perfossum fuisset

a. a P. — *b.* utrimque P. — *c. deest* P.

templum, acriori animo et cupidissima victoriae audacia decertarunt; qui quidem omnes a meridie usque in vesperam constanter utrimque aggressi[a] sunt, pene deficientes labore pugnae et armorum ponderositate. Sed jam intellecta arietis perfossione, recreati et animositate confortati, quasi jam ad arma proruissent primum, infestare ceperunt obsessos et sine simulatione persequi. At miseri obsessi, cum numero[b] fuissent pauci, satis pauciores erant in pugna, qui simul in uno loco pugnandi non habuerant gratiam, sed ad omnes accessus, scilicet in foribus, fenestris, choro et in eo maxime loco, quem aries jam possederat, incommoda vitae perpessi, jam divisim undique repugnantes, ab inimicis suis dispendium et perditionem[c] deinceps suspiciebant. Illi quidem qui in templo contra arietis exactores lapides, sagittas, contos, sudes et universi generis tela contorserant, timidiores ideo fuerant quod pauci essent, et quod complices illorum divisim et pene deficientes prae labore diutino, contra tam gravem exercitum pugnarent, insuper armorum egentes, unde se tuerentur non haberent; quantum tamen ausi sunt, obstcterunt. At quidem illi exactores arietis et ceteri milites regis et nostri loci juvenes armati et audaces avidique pugnae, cum ex adverso inspexissent obsessos, jam animos revocaverant suos, prae oculis cordis habentes quam egregie pro patre et patria moriendum foret, et quam honesta victoria vincentibus proposita esset, quamque scelesti[d] et facinorosi fuissent traditores illi, qui de templo Christi speluncam sibi fecissent, et quod magis videbatur, quam avide et cupide propter thesauri et pecuniae domini consulis rapinam irruerent super obsessos ipsi, et idcirco solummodo festinabant. Sed cujuscumque animi fuissent, sine ordine, sine pugna, absque omni respectu armorum sese uno impetu per medium foramen precipitaverunt, ita ut simul irruentes locum et tempus auferrent obsessis pugnandi vel aliquos interficiendi. Non enim cessabant ruere, donec sine interruptione quasi pontem se ipsos fecissent, et quod mira Dei gratia dispensatum est, sine vitae suae periculo

a. congressi P. — *b.* initio P. — *c.* proditionem P. — *d.* scelestes P.

mortali ingressi sunt, alii ruendo, alii offendendo, alii intrusi violenter, alii surgere conantes a casu prosternentes, alii, sicut solet fieri in tanto tumultu, sine ordine irruentes, vocibus et clamoribus atque cursuum et ruinae armorumque stridore et fragore non solum templum, sed omne castrum et viciniam *a* ejus replentes introrsum, sicut exterius *b* Deum laudantes et benedicentes pro victoria, qua victores suos honestavit, regem et suos sublimavit, super omnia majestatis suae Deus nomen glorificavit, ecclesiamque suam ab inquinatoribus in parte mundavit, et gloriosum illum martirem suum consulemque bonorum tunc primum deflendum pia veneratione et oratione fidelium suorum circumfultum donavit.

[**64.**] Quod igitur prius non licuit, tunc tandem Fromoldo juniori[1] licuit, ex longo desiderio et ardenti animo vota Deo pro salute domini sui consulis offerre, lacrimis et cordis contritione sacrificium mactare et gaudio gaudere pro inspectatione loci, in quo dominus suus humatus quiescebat, et tunc primum exequias preparabat domino suo, quem per tot dies sepultum, id est quadraginta quatuor, videre non poterat. Neque enim corpus ejus, sed solum vidit a foris sepulchrum, optabat quidem et oris et cordis oratione deprecabatur, ut Deus in die resurrectionis communis inter rectores fideles et summos suae presentis ecclesiae principes, concederet sibi tandem dominum suum Karolum principem duplici gloria sublimatum videre, et cum ipso manere et *c* in *d* gloria contemplacionis Trinitatis sanctae cum illo perenniter beatificari. Reputaverat igitur pro grandi dono, quod juxta tumbam domini sui liceret sibi mortem deflere, casum totius patriae conqueri et quem viventem dilexerat, jam traditum a servis summa dilectione exequi. Non sine lacrimis quidem hoc faciebat. O Deus! quot eo die tibi vota tuorum fidelium

---

a. vicina P. — *b.* exercitus P. — *c. deest* P. — *d. deest ed.*

---

1. Cf. § 18, 19, 24.

dignabaris suscipere, et quicquid intermissum fuerat in eadem ecclesia culturae divinae, nimirum recompensatum fuit ea hora magnitudine et multiplicitate justorum votorum. Stabat itaque cereus ardens ad caput consulis, quem posuerant in honorem et venerationem domini sui traditores illi. Postquam ergo irruerant in templum super obsessos et clamor concitatus est fugiendo, retraxerant se tam a pertusione quam a foribus et a propugnaculis suis pessimi hominum, conscensaque turre ad se defendendos in gradibus resistebant persequentibus. Igitur victores, christianissimi milites regis Franciae, gradus obstruere et intercludere festinabant, lapidibus et lignis, scriniis et trabibus et ceteris supplementis, ita ut nullus obsessorum descendere *a* posset in solarium, in quo consul jacebat. Et ascendens rex in templum, planxit mortem nepotis sui Karoli, et apposuit custodiam, quae cautius observaret turrim; alternis ergo vigiliis regis milites observabant turrim cum obsessis. Quicquid igitur inventum est in solario illo quod rapi potuit, omnium preda fuit. Tandem canonici ejusdem templi per scalas a choro in solarium conscendentes, ordinaverunt quosdam de fratribus, qui singulis noctibus vigilias circa sepulchrum comitis *b* agerent. Cumque, confractis utensilibus templi, nihil in priori statu permansisset, circumspexerunt altaria et mensas altaris Deo custode permansisse inmota, et congaudentes congaudio fratres quicquid deinceps obtinuerunt, non jure vel merito, sed pro solo Dei dono obtinuerunt. Conclusit ergo Deus diem illum in conclusionem inimicorum suorum et in victoriam fidelium, exaltando nomen imperii sui in omnes terrarum fines. Non tamen desistebant obsessi illi vigilias suas sibi in turre instituere, cornibus canere, et quasi adhuc aliquid domini *c* obtinuissent, in tam arcto imperiose agere, se ipsos non recognoscentes fuisse miserrimos; dati enim fuerant in reprobum sensum. Quicquid ergo deinceps egerunt, nec Deo nec hominibus probabile fuit, sed reprobatum et odiosum.

---

a. decedere *ed.* — *b.* consulis P. — *c.* hominii *ed.; Köpke propose* dominii.

1127,
15 avril.

[65.] Decimo septimo kal. maii, feria sexta¹, convenerunt Brugenses*a* coram rege, proni in terram, et adoraverunt ejus dignitatem, quatenus pro precum et servitiorum suorum meritis Robertum puerum exeundi ab obsessis libertate donaret et ejus innocentiae purgationem legitimam susciperet ². At ipse rex petitiones eorum se facturum assensit, salvo honore et gratia propriae personae simulque principum terrae, sine quorum consilio nihil super eo acturum statuerat.

16 avril.

Sexto decimo kal. maii, sabbato³, castellanus Gandensium cum Arnoldo ex Grandberga⁴ et collectis proceribus viciniae suae antevenit, regem obsecrans omni modo pro liberatione Roberti pueri. Cui rex ait, nihil cum honore suo posse eis consentire absque principum communi consilio, alioquin contra fidem et juramentum suum ageret.

17 avril.

[66.] Decimo quinto kal. maii, dominica *Surrexit pastor bonus*⁵, nunciatum est regi comitem novum Flandriae in Sancto Audomaro cum honore, more predecessorum comitum terrae, gratanter susceptum. Nam*b* obviam processerant pueri, arcus et sagittas ferentes, ad occursum comitis agiles et velociores, turmatim procedentes, quasi per pugnam resistere simulantes, succincti et preparati arcubus intensis et nervis, quibus, si expediret, sagittando invaderent comitem et suos. Viso ergo puerorum occursu, consul et sui quidnam sibi voluissent per internuntium requisivit. Et acclamaverunt comiti quatenus feodum, quod a predecessoribus suis semper pueri nostri obtinuerant : « Hoc a te obtinere juris erat nostris, circa nemorum saltus*c* in festis sanctorum et aestatis tempore licenter vagari, aviculas capere, spi-

a. Burgenses *ed*. — *b*. namque P. — *c*. nemora P.

---

1. Le vendredi 15 avril 1127.
2. Sur la sympathie des Brugeois pour Robert, v. p. 19, n. 1.
3. Le samedi 16 avril 1127.
4. Grandberga n'est pas Grammont, comme le pensent les Boll. et Küpke, mais Grenbergen, près de Termonde, à 32 kil. E. de Gand.
5. Le dimanche 17 avril 1127.

riolos et vulpes sagittare et hujusmodi puerilia recreando satagere. Haec ergo licenter egimus hactenus et volumus eadem a te licentia ludorum nostrorum mores deinceps renovare. » Proinde succedenter cives obviam armata manu processerant, expectantes puerorum suorum reditum et comitis novi adventationem. Igitur comes Willelmus, qui aetate juventae pubescebat, puerilia vix tempora excedens[1], jucundo animo ludicra pueris morose concessit, et plausu et adjocatione cum pueris, vexillum et signum puerorum arripiens, jocundabatur. Cui laudes canere et tripudiorum voces personare ceperant, cum cives eminus prospicientes viderunt a pueris sollempniter comitem susceptum et cum plausu et pacis veneratione circumfultum, ad ipsos usque descendentem. Igitur postquam simul convenerant et comes et populus, cum processione clerus loci ejus honoris ac gloriae sublimatione obviam venit in thure et cereis, sicut mos est in susceptione comitatum noviter obtinentium, vocum jubilatione et melodum[a] consonantiis personantes, omnibus civibus applaudentibus, susceperunt, et usque infra ecclesiam eadem melodiarum suavitate sollempniter perduxerunt. Ubi debitum orationis Deo obsequium catholice electus devote obtulit, simulque pro eo populus et[b] clerus, ut ipso administrante comitatum, Deus ita regeret et protegeret, quatenus deinceps pace et salute et comiti et Deo sua redderent. Post susceptionem vero hominia et securitates fecerunt. A Teruannorum urbe quidem descenderat in Sanctum Audomarum[2].

a. melodiarum ed. — b. ac P.

1. Sur l'âge de Guillaume, v. p. 82, n. 2.
2. Guillaume de Normandie donna, le 14 avril, aux bourgeois de S. Omer, leur célèbre charte communale. M. Giry, *Hist. de S. Omer*, p. 50 et suiv., a parfaitement montré que les libertés exorbitantes accordées à la bourgeoisie par cet acte furent le prix auquel le comte acheta la soumission de la ville. A S. Omer, comme à Bruges, il eut donc à capituler avec la population. Walter, § 45, le laisse entendre : *postea, cum castrum quod dicitur sancti Audomari, castellano et burgensibus cum gratanter, conditionibus tamen quibusdam promissis, suscipientibus, optinuisset...* Comme pour presque tous les événements qui se sont passés en dehors de Bruges, Galbert a donc été mal informé. Il est fort possible que son récit nous donne la version courante parmi les partisans de Guillaume et du roi de France. En réalité, Guillaume

[**67.**] Illa quoque tempestate Hugo Campus-Avenae[1] et Walterus ex Frorerdeslo[a] cum suis[b] apud Ariam castrum insultum fecerant, ubi Willelmus ille adulterinus comes Iprensium intus se et suos receperat, et locum et castrum premunierat. Ipse enim comitatum arripuerat, violenter obtinuerat Flandriarum castra et munitiones adhuc plures, scilicet Ipram castrum, Formesclam oppidum[2], Casletum castellum[3], Furnum castrum[4], Ariam castrum[5] et omnem viciniam circa castra predicta, et Bergas castrum[6] et cetera[7]. Ipse namque de linea comitum spurius erat[8] atque ea affinitate cognationis comitatum obtinuisse existimaverat. Duos igitur milites presati principes[c] deiecerunt et equos quinque lucrati sunt. Eadem tempestate Baldwinus[d] ex Alst et Razo cum gravissimo Gendensium exercitu obsederant castrum Oldenarda[9], in quo comes de Montibus[10] se et suos introductos premunierat, ad invadendum regnum Flandriarum, quod sibi jure cognationis justius pertinebat[11].

a. Florerdeflo *ed.* — *b.* ipsis P. — *c.* principis *ed.* — *d.* Balduinus P. (*orthographe constante*).

---

ne fut pas reçu avec enthousiasme à S. Omer et son pouvoir ne s'y maintint pas longtemps (§ 94). Le récit de Galbert n'est pas cependant de tous points inexact. Sous ses dehors poétiques, il cache la réclamation, faite par les bourgeois, de la jouissance des bois et des marais autour de la ville, réclamation à laquelle l'article 18 de la charte du 14 avril donna satisfaction : *Pasturam adjacentem ville Sancti Audomari, in nemori quod dicitur Lo et in paludibus et in pratis et in bruera et in hongrecoltra, usibus eorum, excepta terra Lazarorum, concedo, sicut fuit tempore Roberti comitis Barbati.*

1. Hugue II, comte de S. Pol, dit Camp d'Avène (1083 à 1130 ou 1131). Il épousa en secondes noces Marguerite de Clermont, veuve de Charles le Bon.
2. Voormezeele, à 5 kil. S. d'Ypres.
3. Cassel, dép. du Nord.
4. Furnes à 47 kil. S.-O. de Bruges.
5. Aire, dép. du Pas-de-Calais, à 16 kil. S.-E. de S. Omer.
6. Bergues-Saint-Winnoc, dép. du Nord.
7. Par exemple le château de l'Ecluse, à 18 kil. N.-O. de Cambrai, v. *Miracula S. Rictrudis*, *Acta Sanctorum*, Boll., mai III, p. 105 et *Flandr. gener.*, *Mon. Germ. hist.*, *Script.*, IX, p. 324.
8. V. p. 35, n. 2.
9. Audenarde, sur l'Escaut, à 28 kil. S.-O. de Gand.
10. Baudouin IV, comte de Mons ou de Hainaut (1120-1171).
11. Baudouin IV était arrière-petit-fils de Baudouin VI, comte de Flandre, frère de Robert le Frison, devenu comte de Hainaut par son mariage avec la comtesse Richilde. Les fils de Baudouin VI avaient été violemment dépouillés de la succession de Flandre par leur oncle Robert le Frison (v. plus loin, § 69). A l'assemblée d'Arras, Baudouin IV se fondant sur ces évènements avait réclamé du roi de France l'héritage de Charles le Bon ; v. Herman de Tournai, *Mon. Germ. hist.*, *Script.*, XIV, p. 286 et cf. Luchaire, *Louis VI le*

[**68.**] Nam, ut paulo altius retexamus comitum predecessorum suorum originem, Baldwinus comes Barbatus[1] principium generis subsequentium comitum fuit. Hic vero cum diem obierat, in Insulis humatus est. Habuit itaque duos filios post se heredes terrae Flandrensis, Baldewinum[2] et Robertum[3]. Utrosque quidem pater, dum viveret, uxores ducere precepit, et Baldewinum in Haenau[a] Richildem comitissam de Montibus[4] accipere in conjugem fecit, de qua genuit filios duos vir ejus; alter eorum vocatus est Baldewinus[5] et alter eorum Arnoldus[6]. Robertus igitur duxit Gertrudem[b] comitissam Holdlandensem[c] uxorem[7], de qua post peractam traditionem genuit abbatissam Messinis[8] et Gertrudem, matrem Simonis et Gerardi, quae quidem ducissa fuit in Elsatam: Theodericus dux eam duxerat[9].

a. Henau P. — *b.* Gerthrudem P. — *c.* Hollandensem P:

Gros, *Annales de sa vie et de son règne*, p. 176. Louis VI ayant écarté ses prétentions en faveur de Guillaume de Normandie, le comte de Hainaut se mit à ravager les frontières de la Flandre. Il était d'ailleurs soutenu, ainsi que Guillaume d'Ypres, par le roi d'Angleterre qui avait soulevé, en outre, contre Guillaume de Normandie, Etienne de Blois, Godefroi de Brabant, et Thomas de Coucy; v. Walter, § 45.

1. Le surnom de *barbatus* est habituellement donné par les chroniqueurs au comte de Flandre Baudouin IV (989-1036). Il s'agit ici de Baudouin V dit de Lille ou le Pieux (1036-1067).
2. Baudouin VI, dit de Mons, comte de Flandre de 1067 à 1070; auparavant comte de Hainaut par suite de son mariage avec la comtesse Richilde (1051) sous le titre de Baudouin I.
3. Robert I dit le Frison, comte de Flandre, de 1071 à 1093.
4. Richilde, fille du comte de Hainaut, Renier V, avait épousé le comte Herman. A la mort de celui-ci (1048-1050), elle se remaria avec Baudouin VI de Flandre (1051). Ce mariage fut un des grands succès de la politique des comtes de Flandre au XIe siècle et un des coups les plus sensibles portés par eux au pouvoir impérial en Lotharingie; v. Steindorff, *Jahrbücher des deutschen Reichs unter Heinrich III*, t. II, p. 152 et suiv.
5. Baudouin II, comte de Hainaut, de 1086 à 1098.
6. Arnulf III, surnommé le Malheureux, reconnu comme comte de Flandre à la mort de son père Baudouin VI et tué, en 1072, à la bataille de Cassel, en combattant contre son oncle Robert le Frison. D'après Gislebert, *Chronicon Hanoniense*, Mon. Germ. hist., Script., XXI, p. 491, Arnulf était l'aîné des deux fils de Baudouin et de Richilde. Il doit être né avant 1063; v. Schmiele, *Robert der Friese* (Sondershausen, 1872), p. 36.
7. Gertrude, veuve depuis 1061 de Florent I, comte de Hollande.
8. Ogiva. Vredius, *Genealogia comitum Flandriae*, I, p. 148, signale une donation faite par cette abbesse en 1127. Messines, en flamand *Meesen* est situé à 10 kil. S. d'Ypres.
9. Gertrude, fille de Robert le Frison et de Gertrude de Hollande, avait épousé d'abord le comte Henri de Brabant. Après la mort de celui-ci (1095), elle fut donnée en mariage à Thierry, duc de Lorraine (mort en 1115), dont

Genuit etiam matrem Karoli comitis Adalam, quae a primo viro soluta, in Salerniam duci[1] nupsit. Vir quoque ejus primus, rex Daciae Cnuto[a], a suis traditus, in ecclesia occisus, martirium pro justitia moriendo cum sanctis possidet[2]. Cumque ille primus pater Barbatus Baldwinus viveret, filios suos alterum a sinistra et alterum a dextera[3], quasi duas alas, quibus per omnes terras suas volaret, expanderat; ipse quoque medium, scilicet Flandriam, solus regebat.

[69.] Cumque plenus dierum bonorum obiisset, senior filius ejus Baldewinus comes de Montibus, cum uxore sua Richilde, comitatum obtinuit Flandriae. Igitur timens, ne aliqua inquietudo vel traditio per fratrem suum Robertum sibi fieri posset et filiis, hominium et securitatem a fratre sibi fieri requisivit et filiis suis. Cumque super hoc, cum principibus consilio habito, utile fore tam patriae quam sibi prenosset, arcessito[b] fratre suo consule aquatico Roberto[4], in Brudgis[c] curiam suam convocavit[5], simulque pares et

a. Cuito P. — b. accersito P. — c. Brugis P.

---

elle eut Thierry, comte d'Alsace, qui devint comte de Flandre en 1128. Galbert se trompe en citant parmi les enfants de Gertrude Simon qui succéda comme duc à son père Thierry. Simon était fils du premier mariage de Thierry avec Hedwige de Formbach; v. Bernhardi, *Lothar von Supplimburg*, p. 188, n. 6. On ne trouve pas de Gérard parmi les enfants de Thierry de Lorraine. Il faut probablement lire *Gertrudis* au lieu de *Gerardi*; Thierry eut, en effet, de son premier mariage, une fille nommée Gertrude qui devint comtesse de Hollande. C'est celle dont il est question au § 34.

1. Adèle épousa, peu après le meurtre de Canut, Roger, duc de Pouille, fils de Robert Guiscard, v. *Lamberti genealogia comitum Flandr.*, *Mon. Germ. hist.*, *Script.*, IX, p. 311.
2. V. p. 3, n. 1.
3. C'est-à-dire en Hollande, au nord (à gauche) et en Hainaut, au sud-est (à droite) de la Flandre.
4. *Consul aquaticus* ou *consul aquarum* est la traduction exacte de comte de Zélande (*Zee-land*, pays maritime). La Zélande appartenant à la Flandre depuis 1056, il faudrait croire que Robert le Frison avait reçu ce pays en apanage à la mort de son père. Toutefois aucun texte ne corrobore cette opinion. D'ailleurs le titre de *consul aquaticus* est purement littéraire; on ne le trouve jamais dans les chartes. Galbert peut l'avoir employé comme synonyme de *comes Hollandensis*, titre qu'il donne un peu plus loin à Robert, v. p. 111, n. 4 et cf. Schmale. *Op. cit.*, p. 34.
5. Gislebert, *Chron. Hanoniense*, *Mon. Germ. hist.*, *Script.*, XXI, p. 491, rapporte que cette assemblée eut lieu à Audenarde. De son côté, Herman de Tournai ne mentionne pas le serment fait par Robert à son frère Baudouin VI de ne pas molester ses neveux, mais il raconte, en revanche, que le père de Robert, Baudouin V, lui fit promettre, à Audenarde, de laisser à

barones totius sui comitatus. In quorum omnium presentia promulgavit hujuscemodi verba : « Ego Flandriarum comes Baldewinus, in posterum volens precavere patriae huic et liberis meis, ne a fratre meo per dolos et traditiones filii mei et incolae terrae meae aliquid injuriae et exheredationis patiantur, obsecro et precipio fratri meo Roberto comiti aquarum, ut fidem et securitatem juret filiis meis post mortem meam, ut neque fraude vel subtracto vim et dolum inferat filiis meis post obitum meum, sed in sua et suorum persona fidem filiis meis, scilicet nepotibus suis, jurabit et tenebit, ipso vivente, sicut melius sciri poterit ; et dabo sibi munera et donaria multa sub eadem conditione. » Igitur in ecclesia beati Donatiani in Brudgis juramentum factum est super sanctorum reliquias infinitas, quas afferri comes Baldewinus preceperat, in presentia omnium, qui eo tempore tam pares quam principes erant in terra, et [a], acceptis donariis consul rediit. Igitur cum Balduinus vir Richildis in Brugis obiisset, filius ejus Arnoldus, cui patria pertinebat [1], cum mater versus Montes et viciniam matris [b] rediit [2], circa Casletum et Sanctum Audomarum et illas partes conversabatur. Nondum enim juvenis ille arma acceperat [3] sed militiae virtutem arripuerat. Audierat namque Robertus comes Holdlandensis [4] patriam relictam nepotibus suis

a. ubi P. — b. K. corr. maris.

Baudouin VI toute la succession de Flandre (*Mon. Germ. hist., Script,* XIV, p. 280). Herman a-t-il fait erreur et placé trop tôt l'assemblée d'Audenarde; ou bien y a-t-il eu réellement deux assemblées, l'une à Audenarde sous Baudouin V, l'autre à Bruges sous Baudouin VI? Dans ce cas, Gislebert aurait confondu la seconde avec la première et se serait trompé en la faisant se réunir à Audenarde. Cf. Schmicle, *op. cit.*, p. 40.

1. Arnulf ne succéda pas à son père en Flandre seulement, mais aussi en Hainaut, v. Duvivier, *Le Hainaut ancien*, p. 95, n. 2, et Schmicle, *op. cit.*, p. 40.
2. La correction de Köpke *viciniam maris* est insoutenable : il est impossible que Galbert ait désigné Mons comme se trouvant dans les environs de la mer. Le sens paraît être celui-ci : après la mort de son mari, Richilda quitta la Flandre pour retourner à Mons auprès de sa mère, tandis que son fils Arnulf se rendit dans le pays de Cassel et de S. Omer.
3. Il n'avait alors qu'environ 15 ans, d'après la *Flandria generosa, Mon. Germ. hist., Script.*, IX, p. 321.
4. Robert était comte de Hollande par suite de son mariage avec la comtesse Gertrude. L'épithète de Frison par laquelle il est habituellement désigné lui vient de ce qu'au XIe siècle la Hollande portait encore fréquemment le nom de *Frisia*.

adhuc parvulis aetate, et matrem puerorum simul se a con
finio circa Bruggas jacente subtraxisse : habuit occasionem
per hoc et principium oportunitatemque traditionis. Misit
latenter et in dolo ad principes et majores viciniae circa
mare, scilicet in Isendica, Ostburg, Reddenburg et Brugis,
et ad Flandrenses marinos, et pretio et sponsionibus confe-
deravit sibi eos, quatenus ipse per illos patriae comitatum
obtineret, nepotesque qui parvuli et inutiles extitissent pro-
pelleret. Habuit quendam clericum in familia sua, qui
internuntius hujus traditionis fidelis fuit; qui cum toties
Bruggas veniret et circa confinia Flandriae, cepit rumor
diffamari, quod clericus ille traditionis internuntius esset.
Tunc ille subterfugiens alio tempore iterum mandata domini
sui deferens principibus, simulaverat se fuisse cecum, et
preeunte duce suo, ipse subsequebatur suspensis manibus
et palpitans baculo, sicque peregit corde et oculis cecus
traditionem mortis et cecitatis. Igitur cum omnium[a] principum patriae animos, fidem et securitatem comes Holdlan-
diae obtinuisset, navibus insidens cum armata manu clanculo tantummodo venit in Flandriam, accitisque omnibus
traditoribus clanculo, nocte quadam signum dederunt complicibus suis, ut in loco qui dicitur Clipello[1] domum incen-
derent et illic ad signum flammae[b] convenirent. Cumque
eodem signo omnes convenissent, fuit eorum turba multiplex et valida, et abierunt deinceps aperte persequendo
puerum Arnoldum, qui eo tempore in Casleto rem ignorans
degebat cum paucis, qui etiam conscii traditionis puerum
dominum suum exhortabantur, ut cum patruo suo traditore
bellum iniret, et quia juste resisteret ei, victoriam ei pro-
mittebant a Deo concedendam. Igitur puer Arnoldus anima-
tus ad bellum cum militibus admodum paucis occurrit, quem
in ipso tumultu belli ipsi servi sui qui eum armaverant et
armorum celaturas prenoverant, quasi extranei et alii essent

a. omnibus *Köpke.* — *b.* viso signo flammis P.

1. Localité inconnue qui devait se trouver sur la rive gauche de l'Escaut
occidental : peut-être Capelle, commune de Nieuwerkerke, en Zélande, au
N. de l'Ecluse.

quam servi, dejecerunt puerum dominum suum et gladiis jugulaverunt, traditoque domino suo, universi, qui in parte pueri pugnaverant, in fugam conversi, alii interfecti, ibidem exspiraverunt, alii lethaliter vulnerati, mortem in paucis vitae flatibus perpessi sunt. Multi quidem mortui, multi vulnerati multique capti sunt. Securus ab hoste comes Robertus cum exercitum suum pererraret, quidam Wilfricus[a] Rabel[b1], qui fidelis adhuc permanserat cum puero, quem interfectum ignoraverat, in virtute et cum potentia sua cepit Robertum consulem traditorem illum et conjecit in captivitatem. Sedato ergo tumultu illius diei, convenerunt omnes pares patriae, et obsederunt undique castellanum illum Wilfricum[c] in Sancto Audomaro, et coegerunt illum reddere Robertum comitem, quem cum reddidisset, in consulem patriae restituerunt[d2]. Frater igitur Arnoldi traditi pueri, qui superstes remansit nomine Baldewinus[3], heredes[e] post se reliquit de quorum linea iste puer de Montibus[4] comes et miles strenuus, jure patriam obtenturus Flandriarum, nunc audita traditione consulis Karoli, pro jure hereditario requirit patriam et hereditatem suam Flandriam totam. Facit igitur quod potest, et novo comiti nostro suum facere parum est; et[f] notandum in hoc facto antiquae traditionis illud propheticum : *Quoniam Deus[g] iniquitates patrum solet vindictae severitate corrigere in tertiam et quartam generationem*[5].

a. Wlfricus *ed.* — b. Kabel *ed.* — c. Wlfricum *ed.* — d. prestituerunt *ed.* — e. heredem P. — f. deest P. — g. Dominus P.

1. La *Flandria generosa*, Mon. Germ. hist., Script., IX, p. 322, donne à ce personnage, avec les manuscrits d'Arras et de Paris, le nom de Rabel. Il était châtelain de S. Omer, v. Giry, *Les Châtelains de S. Omer*, Bibliothèque de l'Ecole des Chartes, 1874, p. 334.
2. La bataille de Cassel eut lieu en février 1072. Il faut comparer avec le récit de Galbert celui de Herman de Tournai, Mon. Germ. hist., Script., XIV, p. 280, et celui de la *Flandria generosa*, Ibid., IX, p. 322. Ces sources s'écartent considérablement du récit de Galbert; v. aussi Schmicle, *Robert der Friese*, p. 50 et suiv.
3. Baudouin devint comte de Hainaut, sous le nom de Baudouin II, après la mort de son frère à la bataille de Cassel. Il mourut en 1098.
4. Baudouin IV de Hainaut, v. p. 108, n. 11. Galbert lui donne avec raison l'épithète de *puer*. Gislebert (*op. cit.*) rapporte en effet qu'il était encore un petit enfant quand son père mourut, en 1120.
5. Deut. 5, 9. Il faut remarquer que Galbert considère le meurtre de Charles

[**70.**] Robertus itaque ille, qui nepotem suum tradidit, primus numeretur, filius quoque ipsius Robertus, qui in Atrebato jacet, secundus et successione et comitatu[1]. Post quem filius ejus Baldewinus comes, qui in Sancto Audomaro jacet, tertius fuit[2]. Post illum vero comes, optimus omnium consulum consul, terrenae dignitatis sidus et lumen precipuum, quartus fuit[3], in cujus traditione et martirio Deus antiquae traditionis terminavit vindictae correctionem, et pro justitia patriae occisum transduxit in requiem sanctorum, in eodem loco in quo olim juratum est[4]. Utrumque Deus in secunda traditione dispensavit, et antiquae[a] traditionis vindictam exercuit, et pro justitia morientem statim inter sanctos martires suscepit. Igitur postquam Robertus comes ille, qui nepotem suum tradiderat, in consulatu sedisset, traditores Flandriae qui sibi comitatum tradiderant, semper suspectos habuit, et[b] ad suum consilium nullo modo accedere permisit. Igitur videntes se a consule suo contempni et despici, seorsum inierunt consilium, ut dolo interficerent consulem, et[c] fratrem Arnoldi pueri traditi nomine Baldewinum in consulem susciperent, sicut justum erat, quia justior heres Flandriarum erat; iterum sicut olim in desertum locum convenerunt, tractantes mortem inferendam domino suo. Cumque accepta opportunitate tradendi rediissent, unus militum qui intererat traditioni ad pedes comitis provolutus accusavit ceteros nefandae[d] traditionis illius complices, qui mortem comitis juraverant. Igitur ad bellum accusati, per consulem evocati et convicti, decollati sunt alii, et alii exilio dampnati, plures quippe proscripti. Tandem si dignum esset auditu, quod vere non est, sed

a. antiquam P. — b. deest P. — c. dolo... et, deest P. — d. *Ici cesse la lacune du manuscrit d'Arras.*

---

le Bon comme le châtiment de la trahison de Robert le Frison. On trouve identiquement la même manière de voir dans Herman de Tournai, *loc. cit*, pp. 280, 289.
 1. Robert II, dit de Jérusalem, comte de 1093 à 1111.
 2. Baudouin VII, dit Hapkin ou à la hache, comte de 1111 à 1119.
 3. Charles le Bon.
 4. C'est-à-dire à S. Donatien où eut lieu, d'après Galbert (§ 69), le serment fait par Robert le Frison à son frère de respecter les droits de ses neveux.

admiratione sola scribendum, in quarta vel tertia generis linea Deus vindicavit consequenter in genere traditorum scilicet antiquam traditionem novis periculis, novo genere precipitationis[1].

[**71.**] Paullo superius igitur principium generis prepositi et nepotum suorum recognoscere libet. Boldrannus[a] castellanus fuit in Brudgis[2], cujus uxor erat nomine Dedda vel Duva[3]. Hujus Boldranni homo et miles fuit Erembaldus, de Furnis natus. Imperata fuit quaedam expeditio Flandrensibus, et itum est equis et navibus pro defensione patriae usque ad locum periculi et insultus terrae[4]. Cum vero navibus perlaberentur[b] Scaldim fluvium, Boldrannus castellanus et Erembaldus miles suus, cui prae ceteris confidebat, ceterique plures omnes loricas induti et ad pugnam preparati, venit nox, et fixerant anchoram in medio amne, ut diem expectarent. At prefatus ille Erembaldus adulterio abutebatur saepe uxore domini sui castellani. Illa quoque adultera, sicut aiunt, promiserat adultero suo vicecomitatum[5], si forte vir ejus cito moreretur; unde adulter semper domino suo machinabatur mortem. Facto quoque noctis silentio, dum castellanus ad mingendum in ora stetisset navis, ille Erembaldus retro accurrens, longe a navi projectum dominum in profundum torrentis aquosi precipitavit. Hoc vero dormientibus ceteris factum est, et nemo preter adulterum illum sciebat, quo devenisset castellanus ille, qui absque liberis submersus erat. Reversus ergo Erembaldus, adulte-

a. Boldramnus *ms.; orthographe constante.* — *b.* perlemberent *ms.*

---

1. L'auteur fait ici allusion au supplice des meurtriers de Charles qui furent précipités du haut d'une tour (§ 81). Il laisse entendre, en outre, que les traîtres qui voulurent mettre à mort Robert le Frison étaient les ancêtres de ceux qui assassinèrent Charles.
2. On ne trouve pas mention de ce personnage dans les chartes. Le premier châtelain de Bruges que l'on connaisse est un certain Robert cité en 1046. (Warnkoenig-Gheldolf, *Histoire de Flandre*, IV, p. 164.)
3. C'est-à-dire la Colombe, en flamand : *duif*.
4. Les Bollandistes croient que cette expédition dut avoir lieu pendant la guerre de Baudouin de Lille et de Godefroi de Lotharingie contre l'empereur Henri III, 1047-1049.
5. C'est-à-dire l'office de châtelain. Cf. p. 97 n. 1.

ram suam duxit uxorem, et facultatibus opum *a* domini sui emit vicecomitatum ¹. De qua uxore genuit prepositum Bertulfum *b*, Haket, Wulfricum *c* Cnop, Lambertum Nappin ², patrem Borsiardi, Robertum quoque castellanum post ipsum secundo loco ³. Post ipsum Robertum, filius ejus Walterus castellanus tertio vicecomitatus loco heres successit ⁴. Post hunc, Haket castellanus fuit ⁵, sub cujus tempore Karolus comes traditus est. In hoc ergo gradu quarto punita est in successores suos antiqua precipitatio Boldranni nova ista precipitatione, quae facta est ab propugnaculis camerae comitis in Brudgis, et forsitan dispensante Deo *d*, punitum est in eis peccatum parentum, sicut in Exodo legitur, ubi ait Dominus ad Moysen in XXXIV.*e* capitulo ejusdem Exodi, ubi leges de universis protulit Deus, dicens : *Ego sum dominus Deus tuus fortis zelotes, visitans iniquitatem patrum in filiis, in tertiam et quartam generationem eorum, qui oderunt me* ⁶.

[**72.**] Revertamur igitur *f* ad describendum in Oldenarda eventum, quia comes de Montibus cum burgensibus *g* ejus-

a. operum *ms.* — *b.* Bertolfum *ms.* — *c.* Ulfricum *ed.* — *d.* deest. P. — *e.* 33 *Köpke.* — *f.* ergo A. — *g.* brugensibus *ms.*

---

1. Erembald est cité comme châtelain de Bruges en 1067, (Miraeus-Foppens, *op. cit.*, I, p. 513 et en 1089, *Ibid.*, III, p. 567). Hariulf, *Vita Arnulphi*, *Mon. Germ. hist.*, *Script.*, XV, p. 890, parle aussi de ce personnage qu'il appelle *Eremboldus pretor*. L'histoire de l'assassinat de Boldram par Erembald est fort sujette à caution. Galbert peut l'avoir empruntée à un chant populaire historique. Sur l'existence de ces chants en Flandre au XII° siècle, v. un passage très curieux de Lambert de Waterloos, *Annales Cameracenses*, *Mon. Germ. hist.*, *Script.*, XVI, p. 512. Cf. aussi Henning, *Niebelungenstudien*, p. 19 sqq.
2. On trouve ce personnage cité dans des chartes de 1109 (Miraeus-Foppens, *op. cit.*, III, p. 31 ; 1115 *Ibid.*, III, p. 30) et de 1112-1119 (*Cartul. de S. Bavon*, n° 18, p. 25). En se reportant au § 55, on voit que Lambert Nappin et Lambert de Reddenburg sont une seule et même personne.
3. Robert qui succéda à son père Erembald comme châtelain de Bruges, est cité par des chartes de 1101 (Miraeus-Foppens, *op. cit.*, II, p. 1149) 1105 (*Ibid.*, I, p. 273) et 1109 (*Ibid.*, III, p. 31).
4. Walter est déjà mentionné comme châtelain de Bruges, en 1101 (Rymer, *Foedera*, I, n° 1), c'est-à-dire du vivant de son père Robert. On le trouve, en outre, cité dans des chartes de 1113 (Duchesne, *Histoire généalog. de la maison de Guines*, Pr. p. 67) et de 1115 (Miraeus-Foppens, *op. cit.*, III, p. 30). Il dut mourir en 1115, puisque Hacket apparaît dès cette année comme châtelain.
5. Cf. p. 12, n. 7 et p. 27, n. 1.
6. Exod. 10, 5.

dem loci et militiae impetu irruit super Gendenses, et conversos in fugam alios interemit, alios vulneribus infecit *a* et multos cepit. Major quidem fugientium pars submersa est fluctibus ipsis, qui navibus devecti obsidionem preordinaverant; prevaluerant enim comes et sui circa fines illos. Castrum quoque Ninive[1] obtinuerat, et satellites suos in eo posuerat acutiores et fortiores. Eodem die in Brugis armiger unus a turre per funem elapsus est, qui statim captus, trahebatur ad carcerem, et in eo intrusus diem suae perditionis, quamvis nolens, expectabat.

[**73.**] Decimo quarto kal. maii, feria secunda[2], iterum cives nostri ad genua regis devoluti, deprecabantur pro Roberti liberatione. Indignatus vero rex despexit eos, qui toties ipsum vexarent, et iratus, jussit servos suos accelerato ire et ferramentis turrim succidere. Statimque ferramentis demoliebantur turrim inferius. Quibus succidentibus, obsessos timor mortalis invasit, ita ut sine modo stupore laborarent, cibus eis et potus fastidiret, omnes sensus hebetarent et languerent. Proinde macerati esurie et siti, cum sufficienter haberent quo vitam continuarent, evocabant illos quos foras viderant vagantes in curte castri, qui casum et ruinam turris succisae jam in parte expectabant, quia *b* vehementi sitis ariditate arescerent, simulque esurie et fame languerent, et mira Dei dispensatione factum est, ut ipsis traditoribus vinum suum acidum et sine sapore jam haustum et potatum feteret, frumenta et panes putrida saperent, et aqua insipida eis nihil prodesset, ita ut gustu et odore putrido fastiditi, fame et siti pene defecissent[3]. Hac igitur egestate coacti, querebant exeundi a turre licentiam et abeundi in quemcumque alium locum, quo principes decernerent ipsos ituros. Succisores igitur turris jam gradus

1127,
18 avril.

a. interfecit *ed.* — *b.* quam *ms.*

1. Ninove, sur la Dendre, à 42 kil. S.-E. de Gand.
2. Le lundi, 18 avril 1127.
3. Cf. Walter, § 46, et Suger (éd. Molinier), p. 112.

avulserant, et parumper restabat, quod in brevi succisum, casum et ruinam gravissimam faceret.

[**74.**] Decimo tertio kal. maii, feria tertia [1], cum intellexissent, turris majores [a] partes succisas et periculum ruinae imminere — namque ad singulas malleorum percussiones in summitate turris senserunt repercussiones et mutationes [b], et turrem jam quasi trepidantem et contrementem — timore infinito timentes, inierunt [c] consilium, ut ante sese regis potestati [d] redderent, quam [e] oppressi in ruina et casu turris suffocarentur. Evocabat ergo Robertus puer [2] se et complices suos regi reddendos, illa tamen conditione, ut ipse Robertus absque carcere teneretur, quamquam et ceteri truderentur in carcerem. Habito ergo principum super hoc consilio, rex secundum expostulationem obsessorum concessit exeundi libertatem, eo quod utillimum erat illos sponte se reddere et sine periculo mortis obsidentium et turrim succidentium. Exierunt ergo [f] singulus et singulus [g] usque ad XXVII. versus domum prepositi per fenestram in gradibus turris obliquatam [3]; ceterum qui corpulentiores erant per funes elapsi sunt a majori fenestra ejusdem turris. Robertus puer commendatus est militibus regis custodiendus in camera comitis superiore, at ceteri omnes in carcerem detrusi sunt. Voluit tandem pro civibus nostris rex quasi magnum quiddam facere, et commendavit eis Robertum puerum custodiendum in compede et nervis ea conditione, ut judicio principum postmodum tractandum regi et comiti redderent. Cives vero pro grandi dono sub predicta conditione susceperunt in custodiam juvenem adhuc ephebum.

a. majoris *Köpke.* — *b.* nutationes *ed. corr. Köpke.* — *c.* variunt *ms.* — *d.* potestatem *ms.* — *e.* quia *ms.* — *f.* igitur *ms.* — *g.* singulis et singulis A; singuli et singuli P.

---

1. Le mardi, 19 avril 1127.
2. Robert est maintenant le chef des défenseurs de la tour, tous ses parents, Bertulf, Borsiard, etc., s'étant successivement enfuis.
3. Il semble, d'après ce passage, que l'escalier de la tour était construit à l'extérieur. L'auteur anonyme du récit du meurtre de Charles dit d'ailleurs, § 9 : *illo autem tempore gradus altissimi, ex lignis et lapidibus exstructi, a camera comitis ad ecclesiam in summitate aeris pendebant.*

[**75.**] Hic vero notandum quomodo Deus traditores illos in paucitatem redegerit et genere et loco. Ante hoc facinus quidam fortiores et meliores ejusdem sanguinis predecessores obierant, quos ex nomine retexere longum esset; ad ultimum isti pessimi relicti sunt, per quos dispensatio Dei consummata est, traditio completa, patria desolata, rapina exercitata, manus omnium contra omnes armata. Cum igitur impune fecisse existimassent omnia quae traditiose egerant, et nullus hominum auderet vindictam inferre, soli Deo relicta est vindicta, qui statim coarctavit eos et timore concussit, ut non auderent extra vicum nostri loci[a] prodire, sed magis consiliati sunt villam et suburbium nostrum[b] sepire[c] et circumfodere, sicut supra memoravimus. Statim die octavo post mortem consulis per obsidionem in castro[d] clausi, deinde cum castrum fuisset invasum a nostris, in turrim fugati, magis coarctati sunt; deinde in carcerem trusi, in tantum arctati sunt, ut non possent simul omnes sedere, nisi tres aut quatuor ad minus stetissent. Tenebrae, calor et fetor et sudor inficiebant[e] illos, et desperatae vitae horror et incertae mortis futurae turpitudo. Maximae eis fuisset pietatis quidem donum indultum, si sic mori licuisset quomodo fures aut latrones suspendio perierunt. Igitur cum in turri sese prepararent exituros, unus juvenum per fenestram altiorem turris, gladio projecto, prosilire presumpserat, et sese raptim in cursu animaverat. Quem quidem reatus conscientaie[f] condemnaverat, fortis animi sui libertatem corpore exequi paratus erat; in ipso ergo raptu alii eum retinuerunt, et simul cum ipsis in carcerem ire perpessus est. Multi vero ex nostris civibus, viso periculo juvenis et miseria captivorum, flebant, quia sine lacrimis dominos suos captivatos ire in carcerem videre non poterant. Exierunt tandem pallidi illi miseri[g], signa traditionis in facie portantes, livore et inedia deformiter signati. Tunc quippe in exitu ipsorum concurrentium in turrim infinitus erat numerus, et omnia quae ibidem repererant pro preda

---

a. loci nostri *ms.* — *b.* nostrorum *ms.* — *c.* sepero *ms.* — *d.* claustro *ms.* — *e.* inficiebat *ed.* — *f.* conscientiae reatus *ms.* — *g.* miseri illi *ms.*

abstulerunt. Tumultuantibus vero et discurrentibus nostris in turri, Benkin coterellus[1] fune a turre in terram demisso elapsus est, et latuit qua potuit, donec per noctem transfugisset apud insulam in mari quae dicitur Wulpen[a][2]. Quem quidem unanimiter requirentes, etiam[b] in cloacariis et in[c] inmundis locis latuisse illum crediderant. Spe lucri et obtinendi thesaurum comitis fere omnes, qui in obsidione tunc aderant, in turrim conscendere satagebant. Tunc Gervasius castellanus milites suos armatos intus posuit[d], qui tumultuantes et ascendere volentes deinceps prohiberent; et obtinuit vinum traditorum optimum, etiam coctum vinum[3] quod consulis erat, bacones, caseorum pisas viginti duas, legumina, farinam triticeam, ferramenta etiam optima quibus panes excoquerent, omnemque supellectilem, et vasa quibus utebantur optima. Tamen de thesauro comitis nihil ibidem repertum est.

1127, 20 avril.

[**76.**] Duodecimo kal. maii, feria quarta[4], rex ibat ad Reddenburg videre situm loci, et qualiter ille Lambertus[5] se circumvallaverat, qui traditionis nota et crimine culpatus, obsessus erat. Quo die fulgore solis et levitate aeris Deus mundum circa nos renovavit, quia traditores et templi et ecclesiae coinquinatores expulerat a sacro loco, concludens eos in carcerem. Hujus ergo gratiae Dei donis letificati fratres templi, omnimodis ablutionibus pavimenta et parietes et altaria templi mundando, nihil reliquere quod non abluerent; gradus qui succisi fuerant reaedificaverunt, et[e] quasi renovato templo, novis utensilibus et reaedificationibus locum suum exornaverunt.

21 avril.

Undecimo kal. maii, feria quinta[6], consutum est corium

---

a. Wlpem *ed.* — *b.* et *ms.* — *c.* deest *ms.* — *d.* interposuit *ms.* — *e.* deest *ms.*

---

1. Sur ce personnage, v. §§ 36, 75.
2. L'île de Wulpen, en Zélande.
3. Le *coctum vinum* (vin cuit) est mentionné dans le *Capitulare de Villis,* 34, 62.
4. Le mercredi 20 avril 1127.
5. Voy. § 55.
6. Le jeudi 21 avril 1127.

cervinum, in quo corpus comitis imponeretur, et scrinium quoque fabricatum est, quo imponerent et clauderent.

[**77**.] Decimo kal. maii, feria sexta[1], preteritis jam septem hebdomadis primae ejus sepulturae, sepulchrum comitis destructum est in solario[2], et corpus ipsius inde cum thymiamate et thure et pigmentis venerabiliter sublatum est. Nam fratres illius ecclesiae crediderant corpus comitis jam fetere, et neminem posse perpeti mortalem fetorem, eo quod per septem hebdomades, a die sepulturae in solario factae, in feria sexta primo[3] usque in feriam sextam, quae fuit succedenter in decimo kalendas maii, sepulchro commendatum esset. Igitur preordinaverant, ut in sublatione corporis a tumulo, incenso igne, juxta positionem comitis thymiamata et thus posita in igne concremarent, et ita, si quid fetoris a tumulo spiraret, virtute odorum salutiferum[a] reprimeretur. Cumque sublato lapide nihil fetoris sensissent, corpus in corium cervinum involutum[b] in medio chori feretro imposuerunt. Rex ergo, collecta civium et universorum multitudine, in templo expectabat, donec episcopus[4] et cum ipso abbates tres[5] ab ecclesia sancti Christophori cum omni clero procedendo cum scriniis sanctorum Donatiani, Basilii, Maximi[6] obviam funeri et regi in ponte castri occurrerent, et in eandem sancti Christophori ecclesiam cum lacrimis et suspiriis referrent corpus beatum. Ibique episcopus cum omni sacerdotum choro celebravit commendationem et missam omnium fidelium defunctorum pro salute animae boni comitis. Eodem die captus est Benkin coterellus, et in rota malo superinfixa ligatus, disperditio-

1127, 22 avril.

a. odoris salutiferi *ed*. — b. deest *ms*.

1. Le vendredi 22 avril 1127.
2. Il s'agit du tombeau construit par Bertulphe, v. p. 40, n. 2.
3. Cf. § 23.
4. Simon, évêque de Noyon-Tournai, 1123-1148.
5. Parmi ces trois abbés se trouvaient Absalon, abbé de S. Amand (Walter, § 47) et Herman de Tournai qui nous a conservé, dans son *Historia restaurationis monasterii S. Martini Tornacensis, Mon. Germ. hist., Script*, XIV, p. 288, un récit de la translation qui concorde parfaitement avec celui de Galbert.
6. Voy. p. 11, n. 3.

nem vitae perpessus, omnium spectaculum fuit; apud Harenas quidem illo tormento miserabiliter mori promeruerat.

1127, 23 avril. [**78.**] Nono kal. maii, sabbato¹, edictum exiit a rege et principibus, ut apud Ipram et Stathan² expedirent se cives et prepararent ad obsidendum.

24 avril. Octavo kal. maii, dominica³, consecrata est ecclesia Sancti Salvatoris in Brudgis; ignis enim conflagratione exusta*a* erat illa ecclesia et altaria confracta.

25 avril. Septimo kal. maii, feria secunda⁴, quia ecclesiae beati Donatiani altaria non fuerant confracta*b*, episcopus reconciliationem celebravit ecclesiae*c* summo*d* mane. Deinde*e* rex et populus, precedente episcopo et abbatibus et omni clero loci ejus, processit ad ecclesiam Sancti Christophori, et relato corpore beati consulis, domini et patris nostri Karoli, ad ecclesiam beati Donatiani, in medio chori celebriter Deo suo commendatum corpus tumba decenter clauserunt. Exequiis igitur*f* sollempniter completis, rex et episcopus introduxerunt in statum prelationis Rodgerum prepositum⁵ in medio fratrum ejusdem ecclesiae. Eodem die rex et castellanus noster Gervasius cum magno exercitu versus Stathan*g* et Ipram simul cum civibus nostris transierunt. Eodem die festum erat Marci evangelistae. Et notandum, quod tria maxima dona contulit Deus ecclesiae sancti Donatiani illo die, quoniam reconciliari sibi Deus dignatus est ecclesiam illam, corpus boni consulis in ea custodiri concessit, eidemque ecclesiae in prepositum Rodgerum accommodavit.

26 avril. [**79.**] Sexto kal. maii, feria tertia⁶, rex et comes cum

---

a. destructa *ms.* — *b.* fracta *ms.* — *c.* ecclesiae celebravit *ms.* — *d.* in summo *ms.* — *e.* demum. *ms.* — *f.* ergo *ms.* — *g.* Statan *ed.*

---

1. Le samedi 23 avril 1127.
2. Staden, sur la route de Bruges à Ypres, à 22 kil. N. de cette ville.
3. Le dimanche 24 avril 1127.
4. Le lundi 25 avril 1127.
5. Roger est cité comme prévôt de S. Donatien et chancelier de Flandre, par de nombreuses chartes de 1127 à 1156.
6. Le mardi 26 avril 1127.

gravi exercitu obsedit Ipram, et facta est tornatio et militiae utrimque acriter occursus, quando ille adulterinus comes Willelmus cum trecentis militibus ad unam portarum pugnaret contra comitem novum. Igitur pessimi illi Iprenses, sicut seorsum pepigerant cum rege in alia parte villae, introduxerunt regem et ejus exercitum infinitum. Et introruentes concitaverunt clamores et incendia domorum ex abrupto, rapinam quoque exercuerunt gravissimam [a] quando ille adulterinus comes Willelmus obviam raptoribus occurreret, ignorans traditum fuisse castrum simulque se ipsum et suos; quem igitur comprehendit rex et comes, et captivum apud Insulas traduxerunt custodiendum [1]. Multi quidem post mortem Karoli consulis ascenderant ad illum, sicut capellani et ministri et solidarii et servi de familia cotidiana comitis, eo quod isdem adulterinus comes Iprensis de linea comitum progenitus fuisset. Furnenses [2] quoque cum ipso militabant ea de causa, ut si forte perstitisset in consulatu, inimicos suos disperderent ejus viribus et potentia [b]. Sed quia Deus pravorum mentes percutit, in contrarium illis accidit. Nam inimici eorum, audito eo quod Iprensis Willelmus captus fuisset, incursum fecerunt in possessiones et domos et familias hostiles, et igne et ferro demoliti sunt omnem substantiam eorum quos oderant; et ita non fuit miseris illis satis, quod capti sunt, quin etiam dispendia rerum suarum domi paterentur. Ergo et militiae et domi persequebatur Deus traditores illos, qui cum suo Iprensi consule in mortem domini et advocati terrae conspiraverant. Omnia [c] ergo quae ille Iprensis Willelmus possederat, comes noster obtinuit, milites quoque captivavit, et plures a terra fugavit. Victoriose itaque a nostris eo die actum est, et reversi sunt cum plausu et rapina maxima.

a. deest ed. — b. potentia et viribus ms. — c. quia P.

---

1. Sur le siège d'Ypres et la capture de Guillaume, voir le récit plus détaillé de Walter, §§ 48, 49. Suger (éd. Molinier), p. 114, ne dit pas que ce fut grâce à la trahison que le roi s'empara de la ville.
2. C'est-à-dire le lignage de Bertulphe qui était originaire de Furnes, v. § 71.

[80.] Kal. maii, dominica¹, relatum est nobis in Insulis Borsiardum captum fuisse, et rotae malo superinfixae alligatum*a*, vixisse diem illum et subsecutam noctem, et tunc turpi mortis suae dispendio periisse². Qui equidem promeruerat infinite mori, si toties mori potuisset, cum caussa sui sceleris tot post ipsum sint puniti, proscripti, precipitati, suspensi et decollati, de cujus interitu omnes fideles gratias Deo obtulerunt, qui tantum homicidam ab ecclesia sua exterminare dignatus est. Et bene dispensatum est in transacta temporum molestia, cum amenitate maii mensis gratiam pacis et status terrae nostrae Deus restitueret, suspenso Borsiardo et captivatis suis complicibus. Igitur divertens se rex ibat versus Oldenardam, ubi comes ex Montibus infestaverat terram nostram, ibatque per Gandavum. Sed et comes noster precesserat regem, et incenderat manu violenta suburbium usque ad turrim lapideam³; et plures igitur, qui suffugerant in ecclesiam illius loci, simul concremati sunt usque ad trecentos, ut aiunt.

[81.] Quarto nonas maii, feria quarta⁴, rex absque comite rediit Brudgas.

Tertio nonas maii, feria quinta⁵ postea, circa meridiem, comes rediit ad nos, quem fratres ecclesiae Sancti Donatiani cum processione susceperunt primitus, ubi oratione et oblatione in altari secundum morem predecessorum suorum Deo perlata, reversus, in domum comitis Karoli ipse comes potenter ascendit, ibique pransus est. Erat tumultus et turba maxima circa et infra castrum expectantium, quid de Roberto et captivis fieret. Igitur rex de hospitio suo egressus, pervenit usque ad comitem; quia vero domus plena fuerat populo et ministris et militibus, descendit comes in

a. illigatum *ms.*

---

1. Le dimanche 1 mai 1127.
2. Cf. les renseignements plus complets de Walter, § 42.
3. D'après Herman de Tournai, *op. cit.*, p. 288, ce fut Baudouin de Hainaut et non Guillaume qui brûla Audenarde.
4. Le mercredi 4 mai 1127.
5. Le jeudi 5 mai 1127.

plateam et curtem castri, et consecuti sunt eum universi, qui in aula constiterant. Cumque vidisset domum vacuam, sicut preordinaverat, fecit fores obserari domus suae, et assumptis sibi principibus solis *a* reascendit. Tunc diposuerunt quidem, a *b* qua parte traditores illi a turre camerae ¹ dejicerentur ². Quo preordinato, misit rex et comes spiculatores ad carcerem, qui callide evocarent primum Wulfricum *c* Cnop, fratrem prepositi Bertulphi, et sub dissimulatione qui missi fuerant mentiebantur carceratis, quod rex misericorditer acturus foret cum ipsis. Sub illa ergo misericordiae spe, sine dilatione e carcere egressi sunt. At non simul egredi captivos permiserant; nam primo illum Wulfricum eduxerant, et per intrinsecas vias domus usque ad propugnacula turris suprema traductum, ligatis manibus militis *d* retro dorsum, et sic mortis suae precipitium *e* deorsum prospicientem, spiculatores dejecerunt. At ille miser nihil indutus preter solam camisiam et solas braccas, decidit in terram toto corpore fractus et destructus, parum vitae reservans, qui statim lethaliter expiravit, spectaculum quidem factus et opprobrium sempiternum sui generis, imo totius terrae Flandrensis, a nemine defletus, periit. Secundo loco eduxerunt Walterum militem, filium Lamberti ex Reddenburg, usque ad precipitium, et ligatis manibus illius ante et non retro, ipso momento voluerunt eum *f* precipitare. At ille rogabat milites regis qui juxta stabant caussa Dei, ut spatium sibi Deum orandi preberent, et miserati illum, dimiserunt eum orare. Cumque perorasset, projectus est juvenis elegantioris formae et in terram decidens, suae mortis periculum insumpsit et statim expiravit. Subductus

---

a. solus *ms.* — b. *deest ms.* — c. Wlfricum *ed.* — d. *deest ed.* — e. principium *ed.* — f. ipsum *ms.*

1. La tour surmontant la maison du comte. D'après la *Passio Karoli auct. anon.*, § 9, cette tour était haute de 100 aunes.
2. On voit que les défenseurs de la tour furent condamnés sans forme de procès. On les condamna indistinctement au même supplice, bien que certains d'entre eux n'eussent pas pris part à l'assassinat de Charles. Guillaume de Normandie ayant promis aux *principes* les biens des meurtriers (§ 52), on comprend que ceux-ci avaient tout intérêt à ne détourner ni le roi ni le comte d'une exécution en masse.

est quoque miles nomine Eric, et similiter precipitatus, decidit super ascensorium ligneum, et avulsit gradum ascensorii qui quinque clavis fixus erat; et mirabile erat, quod de tam alto precipitatus adhuc sedens in terra, signo sanctae crucis se signavit. Quem cum mulieres vellent palpare, unus militum a domo comitis projecit inter illas lapidem grandem, et sic prohibuit accessus earum. Non utique totus intresecus poterat longius vivere, cui hoc ipsum quod vixerat post casum, non vita sed miseria moriendi fuit. Ut igitur enumerandi omiserim ordinem, similiter omnes reliqui precipitati sunt simul XXVIII.[1], quorum quidam speraverant[a] evadere, quia inmunes traditionis extiterant[b]; sed quia fata eos trahebant[2], imo divina ultio coegit, cum illis qui traditionis rei fuerant, precipitati sunt[3].

1127, 6 mai.

[82.] Pridie[c] nonas maii, feria sexta[4], in festo sancti Ioannis, quando[d] in dolium missus est[5], rex repatriare incipiens, a Brudgis discessit duxitque secum Robertum puerum captivum[6]. In exitu ergo juvenis illius, burgenses nostri prosequebantur illum oculorum lacrimis et planctu gravi, quia multum dilexerant illum; non enim propter infamiam, viri nostri loci ausi sunt ipsum[e] sequi. Qui respiciens fletum et miserationem civium, ait : « En amici mei, quia vitae meae subvenire non potestis[f], tandem rogate Deum, ut animae meae dignetur misereri. » Haud longe abierat a castro, quando[g] pedes militis copulari rex jusserat de subtus ventrem equi, in quo ascenderat captivus. Postquam ducatum comes regi prebuerat, rediit ad nos in castrum.

a. sperabant ed. — b. deestms. — c. Quarto ms. — d. qui ms. — e. illum ms. — f. poteritis ed. — g. quomodo A; quo ed.

1. Au § 74 Galbert dit que les défenseurs de la tour étaient au nombre de vingt-sept; mais un des assiégés avait déjà été emprisonné antérieurement (§ 72). Walter, § 50, parle de Wulfric Knop *cum aliis fere 28*. Herman de Tournai, *op. cit.*, p. 288 : *sicque 30 homines precipicio interfecit*.
2. Virgile, Aen. V, 709.
3. *Qui quamvis non omnes consilio vel facta equaliter peccaverant*... Walter, § 50. Sur le supplice des défenseurs de la tour, voy. aussi *Passio Karoli* auct. anon., § 9 et Suger (éd. Molinier), p. 119.
4. Le vendredi 6 mai 1127.
5. S. Jean l'Évangéliste, surnommé parfois *Johannes in dolio*.
6. On n'avait pas osé exécuter Robert à Bruges, à cause de la sympathie des bourgeois pour lui. Walter, § 50.

[**83.**] Nonis*a* maii, sabbato [1] postea, decanus Helias [2] reddidit novo comiti kannam argenteam et cuppam auream Karoli consulis cum operculo aureo, quae *b* prepositus Bertulfus, cum in fugam se daret, decano commendavit. Robertus puer comiti insinuaverat thesaurum istum, antequam a Brudgis discessisset, quia, ut aiunt, per flagella rex extorsit ab eo, ut insinuaret si quid de thesauro comitis repositum novisset [3]. Super hoc multi admirati sunt simplicitatem decani Heliae, qui cum cujusdam quasi sanctitatis rigore hactenus degisset, per susceptionem rapinae hujus nimis declinavit — cum ea auctoritate Dei interdictum sit *inmundum ne tetigeris* [4] — qua suae sanctitatis ac simplicitatis tenorem simulaverat. Namque thesaurum illum invitus comiti reddidit, per hoc satis ostendens quantum rapinam illam amaverat *c*. Dicebat quoque prepositum Bertulfum vasa illa ecclesiae Sancti Donatiani pro salute animae suae contulisse, per hoc excusare credens innocentiam suam. In hoc quoque omnes aperte cognovimus, quod prepositus ille in suum usum vasa consulis in partitione thesauri susceperat, et non valens secum deferre cum fugeret, reliquit illam miserrimam rapinam decano suo.

[**84.**] Licebit subsequenter subfigere *d* de penitentia Borsiardi et eorum, qui cum ipso comitem tradiderant Isaac et aliis. Asserunt, quod Borsiardus ille recognosceret peccatum suum, et pro eo doleret et peniteret, ita ut obsecraret omnes inspectatores patibuli sui, quatenus manus ei truncarent, quibus dominum suum Karolum occiderat. Et exoravit omnes, ut saltem deprecarentur et expostularent Deum *e* pro salute animae suae, cum nullam in vita ista salutem promeruisset, et Deum omnipotentem, quantum scivit

---

a. Tertio Nonas *ms.* — *b.* quam *ms.* — *c.* amaverit *ms.* — *d.* subfugero *ms.* et ed. *Köpke corr.* — *e.* dominum *ms.*

---

1. Le samedi 7 mai 1127.
2. Cf. p. 99, n. 2.
3. Cf. § 61.
4. Levit. 5, 2.

et potuit, sibi propitium fore interpellavit [1]. Ceterum hi qui precipitati sunt, cum in propugnaculis proni despicerent, signo sanctae crucis se signabant, et nomen Christi Iesu invocando in ipso adhuc casu ruentes vociferabantur[a]. Sed quia statim post facinus peractum excommunicati sunt traditores illi, propter rigorem justitiae non sunt ante perditionem nec post ab episcopo absoluti, et ideo in triviis et locis campestribus extra cemiterium sepulti jacent. Isaac ergo cum inter monachos[b] monachali habitu lateret, et previdisset irruentem in se turbam, ait abbati : « Domine mi[c], si animus mihi esset pugnandi, non sine multorum strage capi me permitterem, sed quia me reum fateor traditionis, omnia mala et ipsam mortem temporalem amplector, ut in hoc presenti in me puniatur quod in dominum meum graviter peccavi. » Accessit ergo filius advocati Teruanninae[d] [2] comprehendens Isaac, et in vincula projecit, donec adulterinus ille Iprensium comes adveniret et de eo judicaret. Isaac quoque expectabat eundem Willelmum, credens per illum evadere se posse, eo quod traditionis conscius fuisset. At postquam venerat comes ille, dissimulans conscientiam suam ream fuisse, precepit Isaac suspendi, quia Karolum comitem tradiderat. Isaac vero in via, qua apud Ariam castrum trahebatur ad suspendium, profitebatur aperte, quia tradiderat dominum suum, et rogabat tumultum populi, ut obruerent ipsum luto et lapidibus et fustibus, nihil satis penae credens sibi potuisse[e] inferri in hac vita, qui tantum facinus perpetrasset. Venerabatur ergo jacturas, ictus, lapides et omnes punitores suos, et eis gratias egit, quia dignabantur tam gravem peccatorem disperdere. Tandem cum pervenisset ad locum suspendii, salutabat stipitem arboris, et laqueos simulque arborem osculabatur, et ipse suo innexuit collo dicens : « In nomine Domini, meae mortis supplicium

---

a. vociferabant ms. — b. deest ms. — c. deest ms. — d. Teruannae ms. — e. posse P.

---

1. Galbert donne ici de nouveaux détails sur la mort de Borsiard qu'il a déjà racontée au § 80.
2. Arnulf, fils d'Eustache, avoué de Térouanne.

amplector, et precor vos omnes, ut mecum exoretis Deum[a], quatenus ista mortis acerbitate punitum fiat in me, quicquid miser ego in dominum meum deliqui. » Sicque laqueo subductus, mori turpiter promeruit[1]. Bertulfus prepositus a Deo multa acceperat suae mortis signa. Nam cum Brudgis custos ecclesiae in camera langueret, introivit prepositus ut visitaret illum, statimque confractae sunt trabes, quae[b] tectum subrexerant super caput ipsius, ita ut vix evadere a camera se credidisset. Alio quoque tempore trabs magna domus suae in Brudgis decidit nec ab homine aut vento[c] impulsa, recte super cathedram et sedilia juxta posita, ubi prepositus potenter et imperiose sedere consueverat — ipse vero eodem tempore Furnis erat — et funditus confracta sunt omnia, quaecunque in ipsa ruina comprehensa fuerant. Alio quoque tempore, cum prepositus transiret per Ipram juxta patibulum in foro positum, in quo postmodum suspensus est, ait militibus suis : « Deus omnipotens! quid est quod hac nocte somniaverim! Vidi ergo per somnium, quod in hoc eodem patibulo fixus starem. » Derisitque hujusmodi visionem, et pro nihilo eam reputavit. De ipsius vero pena et non de[d] penitentia quicquam audivimus. Robertus puer usque in Casletum ductus, jussu regis decollatus est, sed confessus peccata sua, percussori suo condonavit, quod eum morti daturus erat.

[85.] Duodecimo kal. junii, sabbato[2], in vigilia Pentecostes[e], Eustachius[f] noviter in Furnis a novo consule Flandriae castellanus[g] constitutus[3], Oldgerum olim camerarium Bertulfi prepositi[4] secum captivum Brudgas in presentia omnium de curia comitis adduxit, ut ille captivus

1127, 21 mai.

---

a. dominum ms. — b. qui ed. — c. magna — vento deest Köpke. — d. deest P. — e. Pentecostem ms. — f. Eustalius ms. — g. deest Köpke.

---

1. Sur la mort d'Isaac, cf. Walter, § 35, qui place cet événement au 20 mars.
2. Le samedi 21 mai 1127.
3. Eustacho, châtelain de Furnes, est cité dans une charte de 1137 environ. (Miraeus-Foppens, Op. dipl., III, p. 334).
4. C'est le même personnage que Algerus camerarius prepositi dont il a été parlé au § 35.

insinuaret comiti, qui de canonicis vel laicis obtinuissent a preposito Bertulfo thesaurum et predam Karoli consulis, sive a nepotibus ejusdem prepositi. Inculpavit ergo decanum Heliam *a* pro trecentis marcis, Litteram [1] canonicum pro ducentis marcis, Robertum custodem ecclesiae pro culcitris et palliis et argento, Radulphum magistrum [2] pro sex scyphis argenteis, Robertum [3] filium Lidgardis *b* pro centum marcis argenti. Hujusmodi mendacia confinxerat sibi ille Oldgerus, ut sic gratiam mereretur evasionis suae obtinere. Simile veri tamen videbatur multis — eo quod ille decanus Helias jam *c* antea per accusationem Roberti pueri reddidisset cannam argenteam pensae viginti unius marcae, et cuppam auream cum aureo ejus operculo pensae auri septem marcarum ipsi comiti [4] — multum argenti adhuc retinere tam decanum illum quam quosdam ejus canonicos, sicut postmodum patuit. Nam custos ecclesiae Robertus, introiens et libere exiens ad traditores illos in omni tempore obsidionis, accepit ab ipsis maximam pecuniam ea conditione ut, si traditores illi evasissent, ille presbiter et custos eis redderet quae in custodiam acceperat. Postquam ergo dampnati sunt miseri illi, voluit *d* custos ille astute dissimulare pecuniam. Finxit igitur se Hierosolimam iturum, et oneravit tres palefridos fortes et dimidium, et abiit a castro nostro summo mane, et sic asportavit predam Karoli comitis offerendam Christo in Hierusalem. Pro hujus ergo facto, omnium suspicio retorsa est in canonicos illos. Eodem die reddidit Littera tres marcas argenti ipsi comiti *e*, quas detinuerat ex argento prepositi.

1127, 22 mai.

Undecimo kal. junii, dominica sancta *f* Pentecostes [5],

a. etiam *ms.* — *b.* Ludgardis *ms.* — *c.* tam *ms.* — *d.* venit P. — *e.* deest P. *f.* forte secundo *ms.*

---

1. Une charte de 1116 (Miraeus-Foppens, *op. cit.*, II, p. 961) mentionne le chanoine Lita. Ce nom n'est évidemment qu'une mauvaise lecture de Littera.
2. L'enquête citée p. 51, n. 3, mentionne parmi les auxiliaires des assassins du comte, Rolin (Robin), fils de Liegarde de Jabbeke.
3. On trouve en 1130 : *Rodulphus magister et Brugensis canonicus* (Miraeus-Foppens, *Ibid.*, I, p. 381).
4. Cf. p. 61.
5. Le dimanche 22 mai 1127.

comes et castellanus Gervasius et Walterus ex Frorerdesflo et milites Flandriae qui aderant, juraverunt pacem sese pro posse suo conservaturos per totam terram Flandriarum [1].

[86.] Post festum sanctae Mariae in nativitate, quod est sexto idus septembris, sabbato scilicet [2], comes noster fecit secum adduci apud Bruggas Willelmum illum Iprensem, quem in[a] invasione Iprae captivaverat [3], et clausit eum in suprema camera castri Bruggensis cum fratre suo Thiebaldo Sorel[b][4]; qui cum per sex dies commorati sunt concaptivati, Thiebaldus commendatus est Everardo militi cuidam ex Gendt[5] ad custodiendum. Moxque prohibitum est Willelmo illi Iprensi, ne per fenestras foras perspiceret, sed intra domum tantummodo spatiaretur; appositi sunt etiam vigiles et custodes cum illo, qui cautissime observabant illum.

[87.] Decimo sexto kal. octobris, feria sexta, in nocte sancti Lamberti [6], ex unaquaque vicinia circa nos et ex civibus Bruggensibus meliores et magis fideles simulque castellanum Gervasium jurare precepit comes pro honore terrae, ut vera assertione profiterentur, quis Karolum comitem occiderit, vel quis eos interfecerit qui cum ipso prefato consule occisi sunt, quis rapinam comitis et secum occisorum vel hominum et familiae comitis rapuerit, quis in auxilium eorum traditorum post mortem domini totius patriae se associaverit[c], vel quis cum impiissimis illis ante obsidionem vel post permanserit, vel quis illos traditores et eorum[d]

---

a. *deest ms.* — b. *Forel ms.* — c. *associavit ms.* — d. *illorum Köpke.*

---

1. Cf. p. 4, n. 2.
2. Le samedi 10 septembre 1127.
3. Cf. § 79.
4. L'existence de ce personnage n'est connue que par ce passage de Galbert. Les Bollandistes supposent que Thibaut était un *frère utérin* de Guillaume d'Ypres.
5. Everard de Gand est mentionné dans des chartes de 1127 (Miraeus-Foppens, *op. cit.*, III, p. 31) et de 1120 (*Ibid.*, II, p. 962).
6. Le vendredi 16 septembre 1127.

complices sine licentia principum, qui castrum et ipsos infra obsederant, eduxerit, et ideo ab eis pecuniam et thesaurum comitis Karoli acceperit clanculo, quis illos postea detinuerit et auxilium prestiterit, quos rex et comes communi consilio terrae baronum reos condempnaverant et proscriptioni decreverant[1]. Igitur post conjurationem[2] consederunt simul in domo comitis, et accusaverunt apud nos centum viginti quinque, et in Reddenburg cum Lamberto[3], quem traditionis reum notaverant, triginta septem.

1127, 17 sept.

[**88.**] Decimo quinto kal. octobris, sabbato, in die sancti Lamberti[4], comes iturus versus Ipram, requisivit a burgensibus nostris teloneum. At illis ingratus erat comes, ideo quod de redditibus telonei milites sui feodati fuerant a tempore omnium predecessorum suorum comitum. Vexabant enim consulem milites sui, eo quod Burdgensibus[a] condonasset teloneum quo ipsi hactenus feodi exstiterant; et illud non potuisse[b] confirmabant comitem juste sine suorum militum assensu condonare, nec juste ipsos cives ut eis condonaret consulem expostulasse[5]. Unde invidia conci-

---

a. burgensibus *Köpke*. — b. posse *ed.*

---

1. C'est à la suite de cette enquête que fut dressée la liste des coupables que la chronique, dite de Baudouin d'Avesnes, nous a conservée en traduction française (*Mon. Germ. hist., Script.*, XXV, p. 441, cf. p. 51, n. 3). L'auteur de cette chronique se trompe évidemment quand il dit que l'enquête eut lieu à Ypres. L'enquête contient les noms de 116 personnes déclarées coupables.

2. Il s'agit ici d'un jury d'accusation. La procédure y est secrète; elle s'ouvre par un serment (*conjuratio*) prêté par tous les membres du jury. Cette sorte d'enquêtes a duré en Flandre pendant tout le moyen-âge. On les désignait par les expressions: *veritas, generalis veritas, libera veritas, dorghinga, stillen Waerheden, coies vérités, franches vérités*; v. Warnkoenig, *Flandrische Staats- und Rechtsgeschichte*, III, p. 432 et suiv.

3. Lambert de Reddenbourg ou Lambert Nappin, frère de Bertulf. L'enquête citée plus haut le range parmi les coupables de la mort du châtelain de Bourbourg assassiné avec Charles.

4. Le samedi 17 septembre 1127.

5. Dans l'affaire du tonlieu de Bruges, Guillaume de Normandie devait nécessairement se prononcer en faveur de la noblesse. Ayant avant tout besoin de soldats pour résister aux adversaires que lui suscitait la politique anglaise, il ne pouvait mécontenter les chevaliers. Les nécessités politiques le forcèrent donc, comme un peu plus tard les empereurs de la maison de Hohenstaufen en Allemagne, à agir contre les villes pour se conserver l'appui de la noblesse. Guillaume n'avait d'ailleurs abandonné le tonlieu aux Brugeois que pour assurer son élection. Mais en réalité cette concession était

tata est inter cives et inter comitem militesque suos. Secundum legem ergo obsidionis, quam principes decreverant, comes et sui post accusationem, agere studuerunt; namque lex et decretum tale statutum fuit : « Quicumque eduxerit contra assensum principum obsidionis quemquam de obsessis, quali pena erat mulctandus eductus, tali tormento dampnabitur eductor. » Itaque cum multi fuissent de obsessis clanculo et pro pretio educti, jam parentes illorum qui in obsidendo traditores occisi erant, flectebant se ad genua comitis, obsecrantes ut sibi ad occidendum vel puniendum daret illos, qui clanculo et furtim et traditiose obsessos eduxerant, aut illos seductores a terra ejiceret. Sicque constrictus ratione consul, accusatos ante se precepit stare, volens ipsos secundum legem obsidionis tractare. At illi responderunt, sese non fuisse legitime accusatos, sed caussa invidiae et odii et non caussa veritatis; summopere tamen rogabant consulem, ut secundum judicium scabinorum terrae ipsos tractaret, tam de nota traditionis quam de cujusque suspicionis respectu[1]. Plures quidem reconciliati sunt comiti de accusatis, quos adhuc persequebantur nepotes et filii et cognati eorum qui in obsidione occisi fuerant, vel quia traditores subduxerant, qui dominum terrae Karolum simulque patrem ipsorum tradiderant; sicut fuerant filii castellani ex Brudburg[2], qui in presentia etiam novi comitis appellare festinabant Everardum ex Gend[3], qui obsessos scilicet illos eduxerat caussa pecuniae, qui patrem

---

exorbitante. Après la mort de Guillaume, Thierry d'Alsace se garda de la renouveler. Au xiii° siècle, une grande partie des produits du tonlieu de Bruges constituait encore un fief comtal (Warnkoenig-Gheldolf, *Histoire de Flandre*, IV, P. J., n° 7).

1. On voit apparaître ici un autre grief contre Guillaume. Au lieu de déférer les coupables et les suspects à la juridiction ordinaire, c'est-à-dire aux échevins, il les fait juger sommairement par sa cour, non suivant la coutume, mais suivant une véritable loi martiale. Il fait en outre procéder contre eux à des enquêtes secrètes (§ 87). Cette conduite était d'autant plus maladroite que la violation des privilèges de l'échevinage par le châtelain Gervais avait déjà provoqué une émeute à Bruges pendant le siège (§ 59).
2. Cf. § 10.
3. L'enquête citée plus haut dit d'Evrard de Gand qu'il « jeta de la terre Watler de Penduch et Doedin, son père, et Robelin Mudersoth et eut le cheval et le haubert chelui Watler et le haubert Watler Mudersoth ».

et fratres occiderant suos simul cum comite patriae. Audito illo, major pars accusatorum se subtraxit, quos conscientia mordebat propria. Accepit ergo comes consilium, et convocatis baronibus suis decrevit, quatenus illos proscriberet accusatos, qui hominium Karolo comiti fecerant, et insimul auxilium prebuerant traditoribus obsessi cum ipsis, sed et alios ad satisfactionem susciperet, et alios misericorditer sine judicio reciperet in gratia sua[1].

[89.] Factum est ergo Dei districto et horribili examine, quod Walterus ex Frorerdeslo[2], unus parium terrae, in quadam militiae expeditione, ex proprio cursu suo ab equo precipitatus, totus confractus langueret, et postmodum in paucis diem obierit. Verum quippe fuit, illum conscium fuisse traditionis domini sui et patris universae terrae Flandrensis[3]. Qui etiam, ut certissima securitate cum traditoribus consisteret, adoptivum quendam filium sutoris, quem uxor ejus sibi mentita est filium fuisse, copulavit conjugio nepti prepositi Bertulphi. Crediderat enim verum fuisse sibi filium pater, quem olim fraudulenter mater, quasi uxor Walteri presati, peperisse dissimulabat. At infans, quem pepererat, statim in ipso partu obierat. Supposuit ergo filium sutoris, qui circa idem tempus genitus fuerat, et emortuum quem pepererat clanculo uxori sutoris submisit, dans ei pecuniam, ut fateretur se peperisse illum emortuum, et viro suo quod factum erat celaret. Cumque crevisset ille

---

1. L'enquête citée plus haut confirme ceci : « fu esgardé par le conte Guillaume... que fuit cil qui avoient esté au conseil dou conte Charlon mourdrir et as autres preudoumes avant et après, et cil qui roubèrent maisement les avoirs le conte et cil qui soustoltilèrent en lour osteus les malfaiteurs et ki les conduisrent hors dou pais, fuissent escillié à tous jours et desbyreté lour enfant et li enfant de lour enfans, sans nulle misericorde... De chiaus qui ont esté de l'hostel et de la maisnie as traïteurs et d'auchuns autres qui après la mort le conte ou par amisté ou par malvaise convoitise d'aquerre demourèrent en l'aide des malfaiteurs... et nekedent, ne furent il mie accusé de homecides ou de reubes, il est octroïlé au conte que il chiaus puet si pardonnablement espargnier se il veut que ils puissent demourer en la terre et avoir le leur par sa misericorde... »
2. V. p. 37, n. 5.
3. L'enquête citée plus haut dit, en effet, que « Watiers li boutilliers detint avoec lui Estevenon de Kayhem, coupables de la mort le conte. Cil meïsmes Watiers ot partie de la pechune le conte ».

furatus et adoptivus filius, et omnes crediderant vere filium fuisse illius Walteri, venit prepositus et dedit neptem suam, filiam filii fratris sui, illi furtivo filio uxorem, ut firmiter ad omnem fortunam simul per illud conjugium consisterent, audaciores, fortiores ac potentiores forent. Igitur post mortem ipsius Walteri profitebatur publice uxor ejus, puerum illum non esse *verum*[a] filium suum sed adoptivum, quem isdem Walterus apud burgensem quendam posuerat in vadimonium pro trecentis libris. Sicque arte Dei delusa est ars prepositi, qui cum vellet superbe et gloriose per illud conjugium cognationem suam extollere, filio sutoris, Dei arte deceptus, eam copulavit. Nemo vero ausus fuit manum mittere contra Walterum, quamvis traditionis conscius fuisset, erat enim par terrae illius, alter a comite. At Deus, cui vindicta relinquebatur, morte languida a fidelium aspectu exterminavit illum.

[90.] Octavo idus octobris, sabbato ante festum sancti Richarii[1], jussu comitis abductus est Willelmus ille Iprensis ad Insulas et commendatus castellano illius castri. Timuit cives nostros et etiam a terra proscriptos, ne aliquo dolo ejicerent in Brugis a captivitate Willelmum, et vi irruerent in castrum. Notandum quod, occiso comite Karolo, Borsiardus et sui sceleris participes, more paganorum et incantatorum, nocte qua primo sepultus erat comes Karolus, acceperunt sciphum plenum cerevisiae et panem, considentes circa sepulchrum, posuerunt potum illum et panem in mensa sepulchri, edentes et bibentes super beati comitis corpus ea fide, ut nullo modo illum quis vindicaret[2].

1127, 8 octobre.

[91.] Nono kal. novembris, feria secunda ante festum sancti Amandi[3], Baldewinus ex Alst[4] obiit. Qui unus etiam

24 octobre.

a. *vero ms.*

1. Le samedi 8 octobre 1127.
2. Sur l'emploi des sortilèges en Flandre, v. Hariulf, *Vita S. Arnulphi, Mon. Germ. hist., Script.*, XV, p. 879 sqq.
3. Le lundi 24 octobre 1127.
4. Sur ce personnage, v. p. 59, n. 3.

par parium Flandriae, domini sui Karoli traditionis notatus malo [1], non longe post, hac vita potitus expiravit leviori occasione mortis, dum scilicet cornu flaret [a], et jam [b] vento arterias [c] intrinsecus turgente, totius capitis sui vires ad flandum laborarent, ex abrupto medulla cerebri, a naturali loco concussa, erupta est per vulnus antiquitus factum in fronte. Quod cum ventorum et proprii spiritus tumor disruperat, ebullierant medullae quae in cerebro jacuerant, ita ut meatus narium, oculorum [d] et [e] simul gutturis suffocarent, et sic mortuus ense Dei plagas mortales sustinuit. Tandem cum suprema vita spiraret, monachilem habitum accepit, et sic more christiani militis a seculo migrabat. Igitur isti duo prescripti principes terrae, cum e vicino et interposito intervallo obiissent, omnibus terrae incolis in ore et memoria fuerant, ita ut de subita morte eorum tractarent, quos post mortem domini Karoli Deus tam veloci sententia a vita privaverat, et tam levis causae moriendi ipsis occasionem ordinemque disposuerat. Contra morem christianum quidem in obsidione egerant cum preposito et aliis [2], quos a captivitate eduxerant. Nam accepta pecunia a preposito et suis, postquam subductos contra regis et principum decreta per devia diverterant, nudos et solos in locis campestribus dimiserunt, quousque ipsi vagantes et pererrantes campos et villas, capti sunt et miserrimae mortis exterminio dispersi.

[**92**.] Decimo sexto kal. januarii, sabbato [3], tertia hebdomada finita adventus Domini, eodem anno in quatuor temporibus, Desiderius frater Isaac illius predicti traditoris mortuus est, qui traditionis conscius, non promeruit ulterius

---

a. cor instaret P. — b. deest ms. — c. arteria ed. — d. et oculorum ms. — e. deest ms.

---

1. Herman de Tournai, op. cit., Mon. Germ. hist., Script., XIV, p. 286, rapporte, au contraire, que ce fut Baudouin d'Alost qui se mit à la tête de la résistance contre les meurtriers de Charles. Toutefois l'enquête citée plus haut dit que « Baudouins d'Alost retint... le chastelain (Hacket) et lui fist aide. »
2. Cf. § 42.
3. Le samedi 17 décembre 1127.

vitae felicitate perfrui [1]. A tempore ergo obsidionis nusquam ausus est prodire ad curiam comitis, nisi latenter; nam plures fuerant in comitatu nostro, qui illum appellassent ad bellum et reum traditionis convicissent, si aperte ad curiam exiisset. Insuper interdictum est a comite novo eidem Desiderio, quamquam forte ad curiam ascenderet, ne sibi propinaret; nam in curia unus ex propinatoribus ipse constiterat.

[93.] Kal.[a] augusti retro, itaque in festo sancti Petri in Augusto [2], habitis nundinis[b] in[c] Insulis, cum comes voluisset quendam de servis suis ibidem in foro capere et jussisset capi, cives Insulenses ad arma ruebant, comitem et suos extra suburbium fugaverunt, alios de curia verberantes, et Northmannos[d] in paludes precipitantes, plures aliis et aliis affecerunt lesionibus [3]. Statimque comes obsedit Insularum omnia loca, et coegit cives sibi reddere marchas argenti mille et quadringentas, si saltem illo modo repacificarentur. Unde concitata est invidia maxima inter cives illos et comitem, ita ut deinceps sibi suspecti utrimque starent.

1127, 1er août.

[94.] Tertio nonas februarii, feria sexta post festum purificationis matris Domini [4], insurrexerunt burgenses in Sancto Audomaro contra comitem, eo quod injuste volebat comes

1128, 3 février.

a. Idus ed. et ms. Köpke corr. — b. nundinibus ms. — c. deest ms. — d. Normannos ms.

1. Sur Didier, frère d'Isaac, cf. p. 48, n. 3. On ne trouve pas Didier parmi les coupables signalés dans le texte de l'enquête citée plus haut.
2. La fête de S. Pierre *ad vincula* tombant le 1er août, il faut nécessairement adopter la correction de Köpke, qui remplace *idus*, leçon des manuscrits, par *kal.*
3. Cette anecdote est une preuve intéressante de la *paix* particulière dont jouissaient les foires. En temps ordinaire, le comte aurait évidemment eu le droit de faire arrêter son serf, mais il ne l'avait pas pendant la durée de la foire. — Sur la révolte de Lille, première explosion du mécontentement des villes contre Guillaume, cf. Herman de Tournai, p. 289. L'antipathie des bourgeois pour Guillaume a fait considérer plus tard ce prince comme un tyran (*Chron. comit. Flandr.*, éd. De Smet, *Corpus chron. Flandr.*, I, p. 95) ou comme un usurpateur (Jean d'Ypres, *Mon. Germ. hist., Script.*, XXV, p. 705).
4. Le vendredi 3 février 1128.

preferre illis castellanum loci illius¹, qui violenter res et substantiam civium illorum diripuerat et adhuc rapere satagebat; obsedit quoque Sanctum Audomarum cum gravi exercitu. At cives subintroduxerant*a* Arnoldum ², nepotem Karoli consulis, et hominia ei fecerant et securitates, ut*b*, si forte perduraret comes novus in injusta obsidione, ad illum Arnoldum se converterent. Eadem tempestate nix et glacies et frigus et orientis ventus simul inhorruerant super aciem terrae, et ideo timebant insultum comitis, reddideruntque pro repacificatione sexcentas marcas argenti. Unde maxima invidia excitata est inter cives illos et comitem, et deinceps facti sunt sibi suspecti ³.

1128, 16 février.

[95.] Decimo quarto kal. martii, feria quinta ante septuagesimam ⁴, insurrexerunt Gendenses contra castellanum suum ⁵, eo quod injuriose et perverse semper egisset contra ipsos, qui transtulit se ad consulem, quem ad repacificandum se et cives adduxit. Igitur comes, volens opprimere cives et eisdem violenter anteponere castellanum profatum, ibidem per aliquot dies expectabat. Tunc cives, sicut pepigerant cum Daniele principe ⁶ et Iwanno fratre Baldwini ⁷, posuerunt comitem ad rationem, et convocatis universis in Gandavo, Iwan prolocutor civium statutus est, et sic orsus est : « Domine comes, si cives nostros et vestros burgenses et nos amicos ipsorum jure volueratis*c* tractasse, non aliquas exactiones pravas et infestationes debueratis nobis

a. superintroduxerant P, introduxerunt *Köpke.* — *b. deest ms.* — *c.* volueritis *ms.*

1. Il s'agit ici du châtelain Hoston établi à S. Omer par Guillaume de Normandie et qui fut chassé l'année suivante par Thierry d'Alsace; v. Giry, *Les châtelains de S. Omer, Bibl. de l'Ecole des Chartes*, 1874, p. 339.
2. Arnoul était fils de Cécile ou Ingertha, sœur de Charles le Bon. Sur ses prétentions au comté de Flandre et son alliance avec les bourgeois de S. Omer, v. Simon de S. Bertin, (*Cartulaire de S. Bertin*, éd. Guérard, p. 298; *Flandria generosa, Mon. Germ. hist., Script.*, IX, p. 324, et Walter, § 44.)
3. Sur tout ceci v. Giry, *Hist. de S. Omer*, p. 57.
4. Le jeudi 16 février 1128.
5. V. p. 52, n. 2.
6. Daniel de Termonde, v. p. 53, n. 3.
7. Iwan d'Alost ou de Gand, v. p. 52, n. 3. Anselme de Gembloux, *Mon. Germ. hist., Script.*, VI, p. 381, cite aussi Iwan et Daniel de Termonde comme les chefs de la révolte contre Guillaume.

intulisse, imo ab hostibus defendisse et honeste tractasse. Nunc ergo contra jus et sacramenta, quae pro vobis juravimus de condonato teloneo, de confirmanda pace et de ceteris justitiis, quae homines hujus terrae obtinuerant a predecessoribus bonis terrae consulibus, et maxime tempore domini Karoli, et a vobis, vos in propria persona fregistis, et fidem vestram et nostram, qui in idipsum vobiscum conjuravimus, violastis. Manifestum est, quantam violentiam et rapinam in[a] Insulis fecistis, et quantum cives in Sancto Audomaro persecuti sitis injuste et perverse; nunc quoque in Gandavo cives, si potueritis, male tractabitis. Sed cum sitis dominus noster et totius terrae Flandriae, decet nos[b] vobiscum[c] rationabiliter agere, non violenter, non perverse. Ponatur curia vestra, si placet, in Ipra, qui locus est in medio terrae vestrae, et conveniant principes utrimque nostrique compares ac universi sapientiores in clero et populo in pace et sine armis, tranquillo animo et bene considerato, sine dolo et malo ingenio, et dijudicent. Si potueritis comitatum salvo honore terrae deinceps obtinere, volo ut obtineatis; sin vero[d] tales estis, scilicet exlex, sine fide dolosus, perjurus, discedite a comitatu, et eum nobis relinquite idoneo et legitimo alicui viro commendandum; nos enim mediatores sumus inter regem Franciae et vos, ut sine honore terrae et nostro consilio nihil in comitatu dignum ageretis. Ecce! Tam nos, fidejussores vestros[e] apud prefatum regem, quam burgenses totius pene Flandriae perverse tractastis contra fidem et jusjurandum, tam ipsius regis quam vestri[f], et subsequenter nostrorum omnium principum terrae. » Igitur comes prosiliens exfestucasset[g] Iwannum, si ausus esset prae tumultu civium illorum, et ait: « Volo ergo, rejecto hominio quod mihi fecisti, parem me tibi facere, et sine dilatione bello[1] comprobare in te, quia bene et rationabiliter adhuc per omnia in comitatu egerim. »

a. deest ms. — b. vos ed. — c. nobiscum ed. — d. sin si ms. — e. nostros ms. — f. nostri ed. — g. exfestucavit ed.

1. Par duel judiciaire.

At Iwan renuit. Et determinaverunt*a* diem, feria quinta in capite jejuniorum, octavo idus martii [1], quando pacifice in Ipra convenirent. Igitur comes descendit Bruggas, et convocatis viciniae illius militibus, precepit ut ad diem positum*b* secum et ad ipsum armata manu festinarent, convocatisque civibus in Brudgis, conquestus est eis quam inhoneste ipsum a terra expelleret Iwan et sui, si possent, exoravitque eos, ut secum fideliter starent. At illi annuerunt. Igitur ad diem ascendit comes manu armata, et implevit Ipram militibus et coterellis [2] preparatis et ad pugnandum accinctis. Ascendit quoque Iwan et Daniel juxta Ipram, scilicet in Roslara [3], et premisit internuntios ad comitem, dicens : « Domine comes, quia dies in sacro jejuniorum tempore positus est, cum pace et sine dolo et armis sed rationabiliter venisse debueratis, et non fecistis, imo contra homines vestros*c* pugnaturus presto estis, mandant vobis Iwan et Daniel et Gendenses, quia dolose ipsos interficere venistis, hominia, quae inviolabiliter hactenus vobis servaverunt, exfestucare per nos non differunt. » Et exfestucaverunt ex parte dominorum suorum internuntii illi et abierunt. Ante hoc tempus Iwan et Daniel transmiserant per castra Flandriae mandantes salutem : « Obsides et fidejussores dabimus adinvicem, si vos vultis cum honore vivere in terra, ut, si violenter velit comes irruere super vos vel nos, undique ad mutuam nostram defensionem concurramus. » Annueruntque eis id libentissime se facturos, si cum honore terrae et suo comite isto tam perverso carere possent, qui nulli rei intenderet, nisi quo astu cives suos persequi potuisset. Et adjunxerunt : « Ecce! patet quomodo mercatores et universae terrae Flandriae*d* negotiatores obsessi sunt [4] caussa

---

a. determinavit *ed.* — *b.* posterum *ms.* — *c.* nostros *ed.* — *d.* deest *ms.*

---

1. Le jeudi 8 mars, c'est-à-dire dans trois semaines.
2. Sur les *coterelli* et les autres mercenaires de l'époque, v. Giraud, *Les routiers au XIIe siècle*, *Bibl. de l'Ecole des Chartes*, 1841, 1842.
3. Roulers, en flamand Rousselaere, à 32 kil. S.-O. de Bruges.
4. Les §§ 7 et 17 de la charte de S. Omer (Giry, *op. cit.*, pp. 372, 373), montrent que le commerce des Flamands était alors entravé dans les terres du roi d'Angleterre et dans celles du comte Etienne de Blois, tous deux ennemis de Guillaume.

comitis istius, quem vos in comitatum dignissimi patris
Karoli subrogastis, et jam per annum istum consumpsimus
substantias nostras, et insuper quicquid in tempore alio
sumus lucrati, aut iste comes abstulit aut nos infra terram
istam clausi et obsessi ab inimicis ejus consumpsimus.
Videte ergo, qua ratione isto careamus raptore et perse-
cutore nostro, salvo tamen honore terrae et vestro. » Interim comes in Ipra insidiabatur Danieli et Iwanno, congre-
gans sibi universos terrae milites.

[**96**.] Quinto idus martii, dominica prima quadragesimae [1], fama vera nos percellebat, quod juvenis Theodoricus[a], nepos Karoli consulis [2], ex [b] Elsatan venisset in
Gandavum ibique expectaret, donec, propulso isto comite
cum suis Normannis, ipse in consulem susciperetur. Et
valde mirandum est, quod Flandria tot dominos susciperet,
et eodem tempore puerum de Montibus, et Arnoldum, quem
in Sancto Audomaro subintroduxerant, et istum qui jam
expectat Gandavi, et istum nostrum abusivum comitem, se
recepturum parata foret. Nam istum Normannum, consulem
nostrum, Theodericus castellanus [3] et ipsius cognati et
amici, Arnoldum vero illi in Sancto Audomaro, comitem de
Montibus illi de Atrebato et illis[c] confiniis, Theodoricum
istum Iwan et Daniel et Gendenses in comitem assumere
festinabant.

1128,
11 mars.

[**97**.] Decimo septimo kal. aprilis, feria sexta [4], cives Bru-
gensium[d] corruerunt in castrum, inquirentes si Fromoldus
junior domum comitis implesset frumento et vino et ceteris
victualibus, ad opus comitis Willelmi observandam. Eodem
die, audito eo[e] quod comes veniret in suburbium Brudgis,

16 mars.

---

a. A et P emploient concurremment les deux orthographes : Theodoricus et
Theodericus. Il suffit d'en faire la remarque une fois pour toutes. — b. In ms.
c. in ed. — d. burgensium, ed. corr. Köpke. — e. audito Köpke.

1. Le dimanche 11 mars 1128.
2. Thierry d'Alsace, cousin de Charles. cf. p. 76.
3. Thierry, châtelain de Dixmude, v. p. 53, n. 4.
4. Le vendredi 16 mars 1128.

obviam ei*a* si forte venisset, clauserunt portas, nolentes illum deinceps tenere pro comite.

1128, 17 mars. Sabbato in quatuor temporibus, jam transacta plena prima jejuniorum hebdomada, in sexto decimo kal. aprilis, Gertrudis virginis[1], castellanus Gervasius imperavit sese preparare omnes qui in vicecomitatu*b*[2] ejus habitarent, ut in Toroholt*c*[3] expediti ad bellum conscenderent feria quarta post sabbatum prescriptum, ibidem expectantes, donec comes noster Willelmus ipsos deduceret contra Danielem et Iwan pugnaturos.

21 mars. Duodecimo kal. aprilis, in Benedicti abbatis[4], castellanus noster Gervasius a Toroholt*d* in Bruggas rediit cum suis, retulitque*e* quod Arnoldus, nepos Karoli comitis, jam secunda vice subinductus erat in Sanctum Audomarum fraudulenter a quibusdam civium. Quo rescito, comes Flandriae Willelmus cum potentia valida ab Ipra accurrit in Sanctum Audomarum, ac in ecclesiam Sancti Bertini obsessum fugavit, volens incendere ecclesiam, coegitque ut Arnoldus ille abjuraret prorsus Flandriam simulque illi qui cum ipso obsessi fuerant[5]. Et hoc eodem die reversus est comes in Ipram, preparans se ut sequente die invaderet Iwannum et Danielem cum expeditione imperata in Toroholt*f*. Eodem die, scilicet feria quarta, cives nostri et maritimi Flandrenses[6] nostri conjuraverunt, ut simul deinceps starent pro tuendo honore loci et patriae.

23 mars. [**68**.] Decimo kal. aprilis, feria sexta[7], transmissis litte-

---

a. sibi *ms.* — *b.* vicecomitatum *ed. et ms*; corr. Köpke. — *c.* Toroholt *ed.* — *d.* Toraholt *ed.* — *e.* retulit quidem *ms.* — *f.* Toreholt *ed.*

---

1. Le samedi 17 mars 1128.
2. C'est-à-dire dans sa châtellenie, v. p. 97 n. 1.
3. Thourout, à 18 kil. S.-S.-O. de Bruges.
4. Le mercredi 21 mars 1128.
5. Cf. sur cette introduction d'Arnold à S. Omer, Simon de S. Bertin (*Cartul. de S. Bertin*, éd. Guérard, p. 300). Il dit que l'abbé Jean fut l'instigateur de ce nouveau coup de main du prétendant. Au lieu d'accuser, avec Galbert, Guillaume d'avoir voulu mettre le feu à l'église, il raconte au contraire (p. 299) que le comte empêcha ses soldats d'incendier celle-ci. Voir aussi Giry, *op. cit.*, p. 58.
6. Les habitants du Franc ou châtellenie de Bruges.
7. Le vendredi 23 mars 1128.

ris, illi ex Gend simul Iwan et Daniel dicebant nostris burgensibus, ut usque in diem lunae proximum previderent sibi, utrum deliberarent prorsus permanere cum Gendensibus et prorsus exfestucare comitem, an prorsus persisterent cum consule Willelmo, et contradicerent Gendensibus et ipsorum dominis ac amicis. Ultra prescriptum diem igitur nolebant in ambiguo suspendi cum Brudgensibus.

Nono kal. aprilis, sabbato *Dixit Rebecca*[1], audierant Brudgenses, quod comes ex Alstra[2] satageret descendere Bruggas : contradixerunt ei locum et[a] castrum suum. Remandaverunt comiti per castellanum Gervasium, ut alias se[b] diverteret, donec inimicos suos extirpasset a Flandria, et tunc primum redderent ei et[c] locum et castrum in Brudgis. Requirebant quoque ab eodem Gervasio castellano, ut profiteretur ipsis utrum deliberasset, an prorsus remanere in fide et securitate eadem cum ipsis, an prorsus ab ipsis cum suo consule recedere. Eodem die circa vesperam, viderunt transitum comitis apud nos versus Maldenghem[d][3], statim ad arma prosilientes cives nostri, in exitibus portarum restitissent comiti in faciem, si ad Brudgas descendisset, et portas[e] undique clauserunt contra illum. Eodem die, Cono frater Walteri mortui ex Frorerdeslo[e][4] introivit ad cives nostros, et in medio fori coram universis jurabat, se cum sua potentia deinceps cum civibus fideliter persistere. Erantque civibus nostris coadjutores milites, Walterus ex Liswega[5] et sui, et illi ex Ostkerca, Hugo Snaggaerd[f] et fratres sui[6].

1128, 24 mars.

---

a. In ms. — b. deest ms. — c. deest ed. — d. Maldengem ms., *orthographe constante.* — e. Florerdeslo ms. — f. Sucagard ms. —

---

1. Le samedi 24 mars 1128.
2. Aoltre, à 23 kil. O. de Gand.
3. Maldeghem, à 30 kil. N.-O. de Gand.
4. Conon, frère du bouteiller Walter de Vladsloo mort en 1127 (§ 89), était avoué d'Oudenbourg (Miraeus-Foppens, *op. cit.*, I, p. 380). Il doit être mort avant 1151, car on trouve à cette date son fils Walter mentionné comme son successeur : (*ibid.*, II, p. 680.)
5. Walter Crommelin, gendre de Didier Hacket, v. § 54. L'enquête citée plus haut nous apprend qu'il assista le châtelain Hacket après sa fuite et qu'il reçut de l'argent du trésor du comte.
6. L'enquête cite H. Snaggaerd parmi les hommes du comte accusés d'avoir comploté contre lui. C'est sans doute pour échapper au châtiment dont il était menacé par Guillaume de Normandie qu'il aura embrassé le parti de Thierry

1128.
25 mars.

[**99.**] Octavo kal. aprilis, in dominica in annuntiatione*a* sanctae Mariae[1], evangelium legebatur *Omne regnum in se divisum desolabitur*; ad Brudgenses nostros, tam ad clerum quam ad populum viciniae nostrae mandarunt Hollandiae comitissa[2] et frater ejus Theodoricus[3] adoptivus comes Gendensium et nostrorum civium salutem : « Quicquid a predecessoribus nostris consulibus legitime possidetis, et per me firmius obtinebitis, si quidem me in comitatum subrogatis. Mercatoribus vestris et totius Flandriae pacem et liberum negotiandi prebebo transitum, simulque soror mea comitissa idem prebebit, eatenus tamen, ut obsides demus in *b* invicem recipiendi me *c* a vobis et liberam prestandi vobis negotiationem. » Statim castellanus Gervasius transivit ad comitem in Maldenghem, consulens ei ut versus Ipram ascenderet, quia in Maldenghem quasi obsessus teneretur, si Gendenses in eum excursum forte fecissent. Statimque Brudgenses transmiserunt propter Danielem, ut cum sua potentia ad ipsos in Bruggas descenderet. Interim cum castellano ex Brudburg Heinrico *d*[4], Arnoldus quem in Sancto Audomaro olim susceperant in comitem, satagebat cum auxilio et consilio regis Angliae[5], ut comitatum Flan-

---

a. annuntiationem *ed.* — *b.* deest *ed.* — *c.* mea *ed. et ms.* — *d.* Henrico *ed.*

---

d'Alsace. On voit par la note précédente que Walter de Lisseweghe était dans le même cas. Il ne faut pas rapporter les mots *illi ex Ostkerca* à H. Snaggaerd. La famille de ce dernier était originaire de Bruges. On trouve, dans cette ville plusieurs personnes de ce nom au moyen-âge. En outre il y existait antérieurement au xive siècle et il y existe encore une rue et un pont appelés Snaggaerd. C'est probablement à cet endroit que se trouvaient les terres de notre personnage.

1. Le dimanche 25 mars 1128.
2. Gertrude ou Pétronille, comtesse de Hollande, veuve depuis 1121 du comte Florent II. Cf. § 34.
3. Thierry d'Alsace était le demi-frère de Gertrude de Hollande, v. p. 56, n. 4. On voit que cette princesse avait renoncé à faire nommer son fils comte de Flandre et travaillait en faveur de Thierry.
4. Henri était fils de Thémard assassiné en même temps que Charles le Bon (§ 16). Il succéda à son père comme châtelain de Bourbourg. Lambert d'Ardres (*Chronicon Ghisnense et Ardense*, éd. Ménilglaise, pp. 143, 281, 428,) donne sur lui plusieurs renseignements. Il dit entre autres que Henri avait épousé Béatrix, fille de Baudouin de Gand ou d'Alost dépouillée par son oncle Iwan, l'allié des Gantois, de la plus grande partie de l'héritage paternel. On comprend facilement, dès lors, que Henri se soit rangé dans un autre parti qu'Iwan.
5. Henri Ier.

driae obtineret. Itaque terra Flandriae divisa est, ut alii adhuc fidem conservantes et hominia comiti Willelmo, cum ipso militarent, alii peroptarent Theodoricum, sicut Daniel et Iwan et Gendenses ac Brugenses, alii Arnoldum, sicut illi in Sancto Audomaro et vicinia illa, alii comitem ex Montibus preferendum crederent. Igitur[a] in tanta divisione desolata est terra.

[**100**.] Septimo kal. aprilis feria secunda[1], castellanus Gervasius noluit cum Brudgensibus nostris deinceps commanere, eo quod comiti Willelmo contradixissent locum et castrum suum et portas obstruxissent[b] contra eum, et superadoptassent Theodoricum sibi in consulem. Igitur extra castrum Bruggarum Gervasius mandavit pro melioribus civium, et habuit cum eis hujusmodi orationem : « Quia fidem unico domino meo, comiti Willelmo, adhuc servo, a quo separari secundum legem seculi non potero salvo honore meo, non potero vobiscum commanendi licentiam habere, qui tantum feceritis comiti contemptum. Sed quia vos amo, ibo ad comitem, perorabo pro vobis, quatenus usque in dominicam proximam induciet de vobis ne aliquam inferat vobis molestiam[c], ita ut si vos comiti potuero componere, faciam ; sin vero, cautos vos faciam de omni molestia, quam comes inferet vobis, si eam prescire potero. Uxorem meam, filios et filias et res meas adhuc infra castrum habitas[d], precor, honeste conservetis usque in determinatum diem. » Et concesserunt ei omnes cives nostri fideliter sese observaturos. Eodem die Steven ex Boulara[2] introivit ad nos cum circa XL. militibus[e]. Excursum fecerunt milites nostri ante domum Thanemari[3]. Eodem die Iwan et Daniel Bruggas induxerunt Theodoricum ex Elsatan, ut in comitem assumeretur ; occurrerant ei cives nostri, applaudentes ei.

1128, 26 mars.

a. *deest ms.* — b. et castrum — obstruxissent, *deest Köpke.* — c. no — molestiam, *deest Köpke.* — d. habitantes *ed.* — e. militum *ms.*

1. Le lundi 26 mars 1128.
2. Neder-Bou'aere, près de Grammont, à 37 kll. S. de Gand.
3. Sur l'impopularité de Thanemar. v. p. 14, n. 2 et cf. § 113.

1128, 27 mars.

[101.] Sexto kal. aprilis, feria tertia[1], in mane, Thancmarus et nepotes ipsius domum et mansiones proprias in Straten combusserunt, quia, si hoc non fecissent, Daniel et Iwan cum suo Theodorico combussissent. Didicimus revera, quod Iwan et Daniel illi Theodorico hominium et securitatem non fecerant adhuc, sed ducendo eum per castra Flandriae populum et milites commoverent ad eligendum illum[a] in consulem. Nam sine licentia et assensu ducis Lovaniae[b 2] electionem facere Iwan et Daniel non poterant; sic enim fidem duci utrique dederant, ne Theodoricum illum in consulem eligerent sine consensu ducis. Eodem die audivimus, quod Willelmus Iprensis a captivatione productus Cortracum venisset, ut consilio et viribus suis et suorum forte juvaret consulem Willelmum[3], a Bruggis et a Gandavo expulsum[c]. Quia ergo Iwan et Daniel, duo ex paribus et principibus Flandriae, a rege Angliae donaria plurima susceperant, et plura erant pro expulsione nepotis sui, scilicet nostri consulis Willelmi, accepturi[4],

a. eum ms. — b. Iwante A, Luvaniae P. — c. propulsum ms.

1. Le mardi 27 mars 1128.
2. Godefroi I, comte de Louvain depuis 1095 et créé, en 1106, duc de Lotharingie par le roi de Germanie, Henri V. Sa fille Alix avait épousé Henri Ier, roi d'Angleterre. Lui-même avait épousé en secondes noces la comtesse Clémence, veuve du comte de Flandre Robert de Jérusalem et mère du comte Baudouin VII, prédécesseur de Charles le Bon. Iwan et Daniel étaient vassaux de Godefroi pour les biens considérables qu'ils possédaient en Brabant.
3. Guillaume d'Ypres avait donc renoncé alors à ses prétentions au comté. Il se comprend facilement que Guillaume de Normandie ait cherché à utiliser les talents militaires de ce personnage. Guillaume d'Ypres fut, en effet, un véritable *condottiere* du xiie siècle. Après la mort de Guillaume de Normandie, il résista quelque temps à Thierry d'Alsace (*Flandria generosa*, Mon. Germ. hist., Script., IX, p. 324). Puis il se réfugia en Angleterre où, après la mort de Henri I (1135), il s'attacha à Étienne de Blois pour le compte duquel il combattit longtemps à la tête de bandes de Flamands mercenaires. Étienne récompensa ses services en le faisant comte de Kent. A l'avènement de Henri II (1153), Guillaume fut chassé d'Angleterre avec ses Flamands et revint se fixer dans ses domaines du pays d'Ypres où il vécut encore dix ans, v. *Flandria generosa*, ibid., IX, p. 324; *Vita S. Thomae Cantuariensis* auct. Willelmo, ibid., XXVII, p. 23, et le mémoire de Sroet, cité p. 35, n. 2.
4. La plupart des contemporains mentionnent l'appui donné par le roi d'Angleterre à Thierry d'Alsace, v. notamment : Simon de S. Bertin, *Cartul. de S. Bertin*, éd. Guérard, p. 293; *Flandria generosa*, Mon. Germ. hist., Script., IX, p. 324; Henri de Huntingdon, éd. Savilo, p. 383 (reproduit par Robert de Torigny, Roger de Hoveden et Mathieu Paris); Ordéric Vital, Duchesne, *Hist. Normann.*, p. 886; *Sigeberti continuatio Praemonstratensis*, Mon. Germ. hist., Script., VII, p. 450; *Chronicon Turonense*, Rec. hist. Franc., XII, p. 470.

nihil absque consilio regis facere deliberarant, seu absque consilio[a] ducis Lovaniae, cujus filiam [1] rex Angliae et[b] idem dux daturus erat Arnoldo nepoti consulis piissimi Karoli, quem eodem tempore Furnenses et castellanus ex Brodburg in comitem susceperant, et hoc consilio et auxilio regis Angliae [2]. Interrogabant tandem cives nostri ipsos Iwanum et Danielem : « Cur ergo istum Theodoricum ad nos usque perduxistis, si fidem, securitatem et hominia ei vos priores, et nos secundo loco, non fuerimus facturi? » Responderunt : « Quia cum apud Bruggas veniret[c], nobiscum venit, et nos cum ipso, ut videret situm loci, et temptaret, quo animo eum susciperent Brudgenses, et qui cum ipsis stabant amicitia et securitate conjuncti. »

Quarto kal. aprilis, feria quinta [3], illi milites ex Ostkercka ex nomine inscriptos pargameno, sese et plures alios transmiserunt consuli Willelmo in Ipra, et exfestucaverunt fidem et hominia, quae olim fecerant ipsi eidem consuli.

1128, 29 mars.

[102.] Tertio kal. aprilis, feria sexta [4], expectabant Brugenses reditum Danielis et Iwani, qui antea exiverant suburbium clanculo cum militibus suis. Nam determinaverant civibus nostris hunc diem, in quo hominia et securitates facerent Theodorico ex Elsaten, simulque Gendenses et Brudgenses et qui cum ipsis conjuraverant. Haec autem feria sexta hoc[d] anno bissextili, in anno preterito erat feria quarta ante diem Paschae proxima [5]. Eodem die in vespera

30 mars.

---

a. regis — consilio, deest P. — b. deest ms. — c. veniretur ms. — d. haec ante feriam sextam anno ed. Le fragment publié par Duchesne a, comme les mss. : haec autem feria sexta, hoc anno, leçon adoptée par Köpke.

---

1. Il s'agit peut-être ici d'Ide, fille de Godefroi de Brabant; v. Butkens, Trophées du Brabant, I, p. 109.
2. Le but du roi d'Angleterre était de tenir Guillaume Cliton en échec. Il lui importait peu que le comté appartint à Thierry d'Alsace ou à Arnould. Ni l'un ni l'autre ne pouvait être dangereux. Aussi accordait-il des secours à chacun des deux prétendants : aux bourgeois de Saint-Omer et au châtelain de Bourbourg qui soutenaient Arnould (§§ 94, 98 99), aux bourgeois de Gand et de Bruges, à Iwan d'Alost et à Daniel de Termonde qui reconnaissaient Thierry.
3. Le jeudi 29 mars 1128.
4. Le vendredi 30 mars 1128.
5. Galbert veut dire que le 30 mars qui tomba en 1128 (année bissextile) un vendredi, était tombé en 1127 le mercredi avant Pâques.

reversi sunt ad nos in Brudgis Iwan et Daniel et Hugo Campus-Avenae ¹. Et relatum est, quod Willelmus Iprensis ille captus libertate donatus fuerit a consule Willelmo Normannorum. Statim postquam pransi sunt, tam principes quam populus convenerunt in exitu castri apud Harenas omnes, ibique elegerunt Theodoricum ex Elsatan in consulem totius Flandriae, feceruntque ei hominia Iwan et Daniel in presentia universorum, lexque data est omnibus, qui pro traditione comitis Karoli proscripti habebantur, revertendi in curiam hujus novelli comitis, et si auderent, secundum judicia principum et feodatorum terrae, si miles erat et ad curiam comitis pertinuisset, excusationem facerent; sin vero, secundum judicia scabinorum terrae sese*a* quisque notatus purgaret. Superaddita est a consule principibus suis et populo terrae libertas de statu rei publicae et honore terrae meliorandi omnia jura et judicia et mores et consuetudines ipsorum terram inhabitantium ². Et notandum quod in anno preterito, ista eadem feria, reversi sunt principes obsidionis ex Atrebato, qui exiverant a nobis pro eligendo consule terrae secundum regis Lodewici*b* consilium ac preceptum, Iwan et frater ejus Baldevinus ex Alst, Walterus ex Frorerdeslo et ceteri terrae compares; redeuntes ad nos cum alacri animo, denuntiaverunt nobis sese cum rege Franciae elegisse Willelmum puerum ex Normannia*c* libere et legitime in comitem et dominum universae terrae nostrae ³. Et notandum*d* quod consule Willelmo cum baronibus suis considente in Ipra in solario quodam ut consilium acciperet, quid facturus foret contra noviter electum Theodoricum, consulem Gendensium et Brudgensium et complicum eorum solummodo, decidit ipsum sola-

a. deest ms. — *b.* Luduwici ms. — *c.* Normannia ed. — *d.* deest ed.

1. Cf. p. 108, n. 1.
2. Cf. § 55 les mêmes concessions faites par Guillaume de Normandie. On possède, en date du 22 août 1128, la ratification par Thierry d'Alsace de la charte accordée à S. Omer par Guillaume de Normandie. Giry, *op. cit.*, p. 376 et suiv. On voit, par le texte de Galbert, que le nouveau comte avait agi de même à Bruges dès le 30 mars.
3. Cf. § 52.

rium in terram, et corruerunt simul considentes in eo, ita ut unus ipsorum pene casu ipso prefocatus expirasset.

[103.] Pridie kal. aprilis, sabbato [1], iterum[a] clerus et populus reversi sunt apud Harenas, et super feretrum sancti Donatiani juravit comes, sicut prediximus, et dati sunt inter consulem et clerum et populum obsides, Iwan et Daniel, illa omnia consulem adimplere et scienter non fraudare quae juraverit. Deinde Gendenses fidelitatem jurabant, et deinde Brudgenses consuli et hominia fecerunt. Eodem die Lambertus ex Reddenburg [2] venit Brugas, ut se a traditione excusaret.

Kal. aprilis, dominica *Laetare Hierusalem* [3], in medio quadragesimae, Theodoricus susceptus est in consulem, et cum processione in ecclesia Sancti Donatiani in Brudgis et more predecessorum suorum comitum ascendit, et pransus est in aula et domo comitum, et per totum diem Brudgenses nostri elaborabant[b] pro introducendo castellano Gervasio, quem fideliter dilexerant. Erant tamen aliqui Brudgensium, homines quidem ejusdem Gervasii, qui nequiter agebant contra ipsum[c], seorsum inito consilio cum quodam Waltero, genero Haketti castellani [4], quem superponere Gervasio moliebantur.

[104.] Quarto nonas aprilis, quae feria in preterito anno erat sabbatum sanctum[d] Paschae, modo vero feria secunda [5], introivit Gervasius castellanus in castrum Bruggarum ad consulem Theodoricum in multitudine militum suorum et burgensium, qui fideliter ipsum dilexerant, stansque coram universis ait : « Domine comes Theodorice, si Deus hanc gratiam contulisset nobis et patriae, ut vos

---

a. interim *ed.* — *b.* laborabant P. — *c.* deesi *ed.* — *d.* sanctae *Köpke.*

1. Le samedi 31 mars 1128.
2. Sur ce personnage, v. p. 116, n. 2.
3. Le dimanche 1 avril 1128.
4. Il s'agit de Walter Crommelin de Lysseweghe dont il a été question aux § 54 et 99.
5. Le lundi 2 avril 1128.

statim post mortem domini nostri et nepotis vestri Karoli presentem habuissemus*a*, neminem in comitatum preter vos suscepissemus*b*. Notum ergo facio omnibus, quod a consule Willelmo prorsus discesserim, hominium et fidem et securitatem, quam hactenus sibi servaverim, rejecerim, eo quod pares terrae et omnis populus illum condempnaverint, sine lege, sine fide, sine justitia Dei et hominum adhuc in terra errantem, vosque heredem naturalem et dominum terrae justum cum honore et dilectione susceperint. Volo ergo hominium et fidem vobis facere, sicut domino naturali terrae et de cujus conditione nos sumus*c*, officium et feoda, quae a predecessoribus vestris hactenus tenui*d*, a vobis recipere volo. Si quis vero vicecomitatum contra me impetit ex parte Haketti [1], qui ante me castellanus proxime fuit, in presentia vestra et parium terrae satisfacturus presto ero. » Sicque, finita oratione, factus est homo Theodorici consulis. Deinde per reliquum diem fecerunt hominia consuli omnes, qui feodati fore debuerant in comitatu, et per reliquos dies deinceps. Statim pacem ipse consul componere festinabat in omni comitatu suo inter illos, qui hactenus in invicem discordias et lites gravesque pugnas exercuerant.

1128, 6 avril.

(105.) Octavo idus aprilis, feria sexta [2], Lambertus ex Reddenburg ferro ignito purgabat se in presentia comitis Theodorici a traditione et morte domini Karoli consulis; Daniel et Iwan non interfuerunt.

9 avril.

Quinto idus aprilis, feria secunda [3], quidam Iprensium venerant coram consule Theodorico in lobio domus suae in Brudgis, denuntiantes quod idem*e* comes in auxilium veni-

---

a. habuimus *ms.* — *b.* suscepimus *ms.* — *c.* fuimus *ms.* — *d.* quae hactenus a predecessoribus vestris tenui *ms.* — *e.* si idem *ms.*

1: Les châtellenies (*vicecomitatus*) étant devenues purement héréditaires, Walter, comme le plus proche héritier du dernier châtelain Hacket, revendiquait celle de Bruges contre Gervais de Praet qui l'avait obtenue comme récompense de sa conduite après le meurtre de Charles (§ 54). Après la mort de Gervais on en revint à l'ordre héréditaire : ce ne fut pas un de ses enfants qui lui succéda, mais le fils de Didier Hacket. Warnkoenig-Gheldolf, *Hist. de Flandr.*, IV, p. 165.

2. Le vendredi 6 avril 1128.
3. Le lundi 9 avril 1128.

ret civibus Iprensibus, ea conditione, ut, si cives consulem Willelmum ab Ipra expellerent, statim die altero comes Theodoricus in auxilium civium eorundem intraret ad ipsos.

[**106.**] Quarto idus aprilis, feria tertia [1], consul Theodoricus cum feodatis suis et burgensibus Brudgensium excursum fecit versus hostes suos, qui in Oldenburg[a][2] et Gistella[b][3] consederant, et quia undique premuniti erant fortiter ad resistendum, comes cum civibus in media via rediit. Eodem die misit rex Franciae litteras hujusmodi civibus nostris : « Volo ut in dominica Palmarum [4] octo viros discretos a vobis mihi in Atrebato transmittatis, de singulis quidem castris Flandriae totidem sapientiores evocabo, coram quibus et universis baronibus meis retractare velim rationabiliter, quid sit questionis et pugnae inter vos et comitem vestrum Willelmum, et statim laborabo pro pacis conformatione inter vos et ipsum. Si quis de civibus non ausit venire ad me, conductum secure prebebo veniendi et redeundi [5]. » Statim cives super remittendis litteris rationis et consilii studium inierunt, dicentes : « Quia rex juraverat ante susceptionem Willelmi comitis, nullam coemptionem vel pretium se velle et debere accipere pro electione consulis ejusdem, et postmodum mille marcas pro pretio et coemptione aperte susceperit, perjurus est. Item quicquid civibus in telonio condonavit, et quicquid super hoc simul cum rege juravit se inviolabiliter conservaturum, violenter fregit. Et cum obsides dedisset, ipse comes pro confirma-

1128, 10 avril.

---

a. Oldemburg A. — *b.* Gistela ms.

1. Le mardi 10 avril 1128.
2. Oudenbourg, à 18 kil. O.-S.-O. de Bruges.
3. Ghistelle, à 28 kil. O.-S.-O. de Bruges.
4. Le 15 avril.
5. A la fin de mars, le comte Guillaume avait écrit à Louis VI pour lui dénoncer les menées du roi d'Angleterre qui essayait par les armes et par la corruption de soulever les Flamands contre lui. Il le priait de venir au plus vite en Flandre pour faire rentrer les habitants dans le devoir (Duchesne, *Hist. Franc.*, IV, p. 447; Luchaire. *Louis VI*, p. 188, n° 404). Le roi d'Angleterre ayant débarqué en Normandie, Louis VI ne put venir en Flandre et dut se contenter de convoquer une assemblée à Arras : *Henricus rex... perrexit hostiliter in Franciam... compulit regem Ludovicum auxilia comiti Flandrensi non ferre.* Robert de Torigny. *Mon. Germ. hist., Script.*, VI, p. 488.

tione omnium eorum quae civibus condonaverat et dederat, ipsos fefellit obsides. Igitur cum tandem apud Ipram diem nobis determinasset et paribus terrae, ut se componeret nobiscum, sicut omnes sciunt terrae incolae, armata manu predictum castrum anticipavit, ut violenter nobiscum ageret, et ad quicquid vellet, nos constringeret. Itaque sine ratione, sine lege Dei et hominum nos in terra hac clausit, ne negotiari possemus, imo quicquid hactenus possedimus, sine lucro, sine negotiatione, sine acquisitione rerum consumpsimus; unde justam habemus rationem expellendi illum*a* a terra. Nunc ergo justiorem terrae heredem in consulem nobis elegimus, filium sororis matris*b* Karoli consulis*c*[1], virum fidelem et prudentem, secundum morem terrae sublimatum, fide et hominio nostro stabilitum, naturam et mores et facta predecessorum suorum digne imitantem. Notum igitur facimus universis, tam regi quam ipsius principibus, simulque presentibus et successoribus nostris, quod nihil pertinet ad regem Franciae de electione vel positione comitis Flandriae si *d* sine herede aut cum herede obiisset*e*. Terrae compares et cives proximum comitatus heredem eligendi habent potestatem, et in ipso comitatu sublimandi possident libertatem. Pro jure ergo terrarum, quas in feodum tenuerit *f* a rege, cum obierit consul, pro eodem feodo dabit successor comitis armaturam tantummodo regi[2]. Nihil ulterius debet consul terrae Flandriae regi Franciae, neque rex habet rationem aliquam, ut potestative seu per coemptionem seu per pretium nobis superponat consulem,

---

a. ipsum ms. — *b.* deest ed. On lit dans la marge de A, cette note qui est écrite d'une autre main que le ms. : Ms. Jac. Meyeri habet inter verba sororis et Caroli medium verbum matris, sed inter lineas et alia manu scriptum. Nota vero in margine talis est : Theodoricus non erat filius sororis Caroli, sed ejus materterae. Le copiste de P a reproduit cette annotation. — *c.* consulis Karoli ed. — *d.* deest ed. L'éd. laisse un espace blanc entre Flandriae et sine. — *e.* obiisse ed. Le copiste de P après avoir écrit obiisset a corrigé ubiit sed, ce qui donne un sens peut-être plus clair. — *f.* tenuerat ed.

---

1. La leçon des textes imprimés *filium sororis consulis Karoli* ferait commettre à Galbert une erreur dans laquelle il n'a pu tomber. Tout le monde savait, en Flandre, que Thierry d'Alsace était fils de Gertrude, fille de Robert le Frison et par conséquent sœur d'Adèle, mère de Charles.

2. Affirmation gratuite des Brugeois pour les besoins de la cause.

aut aliquem preferat. Sed quia rex et comites Flandriae cognationis natura hactenus conjuncti*a* stabant, eo*b* respectu milites et proceres et cives Flandriae assensum regi prebuerant de eligendo et ponendo illo Willelmo sibi in consulem. Sed aliud est prorsus quod ex cognatione debetur, aliud vero quod antiqua predecessorum Flandriae consulum traditione ac justitia*c* examinatur*d* instituta [1]. »

[107.] Tertio idus aprilis, feria quarta, Leonis papae [2], nepotes Thancmari cucurrerunt super Brudgenses apud Harenas, evocantes et allicientes cives adhuc vix*e* impransos et comitem Theodoricum et suos milites ad militias faciendas. Igitur campanas custodes templorum et milites lituos pulsantes, fugabant eos procul a Brudgis. Subsequenter vero expeditiores militum nostrorum et civium ascenderunt iterum adversus hostes suos in Gistella*f*, et coegerunt quosdam, ut leti fuissent, si forte liceret eis hominia facere comiti nostro Theodorico et super hoc obsides dare, ne unquam fraudem sibi facerent.

1128, 11 avril.

Nono kal. maii, feria secunda post dominicam Paschae [3], comes noster Theodoricus equitabat ad Insulas, et vicinias illas obtinuit. Interim Lambertus ex Wingihina [4] cum paucis militibus excursum fecit contra Bruggas, et simul cum illo nepotes Thancmari incenderunt domum Fromoldi junioris, notarii comitis, quae domus defensabilis*g* steterat in Beren-

23 avril.

---

a. et conjuncti hactenus *ms.* — *b.* eo quod *ms.* — *c.* ad justitias *ed.* — *d.* examinat *ms.* — *e.* deest *ed.* — *f.* Gistela *ms.* — *g.* defensabiliter *ed.*

---

1. Il n'est pas probable que les Brugeois aient envoyé à Louis VI le manifeste donné par Galbert. Le ton en est trop agressif et le style trop éloigné du style ordinaire des actes diplomatiques. L'auteur a probablement reproduit, à sa manière, le contenu de la réponse faite au roi. Il est intéressant de constater que ce passage de Galbert a servi plus tard dans les contestations relatives au droit de suzeraineté entre les rois de France et les comtes de Flandre. Un recueil de « Traittes entre la France et la Flandre depuis l'an 1196 jusque au Roy Louis XI*e* et Philippe le Bon, duc de Bourgogne », écrit au xvii*e* siècle et conservé aujourd'hui à la Bibliothèque Nationale (ms. fr. 17489), débute par une copie de ce texte datée faussement de 1191. Je dois ce renseignement à mon ami M. M. Prou.
2. Le mercredi 11 avril 1128.
3. Le lundi 23 avril 1128.
4. Wynghene, à 22 kil. S. de Bruges.

hem [1]. At consul Willelmus ad regem Franciae ascenderat eadem tempestate apud Compendium [2], qui locus est in Francia, quatenus a rege acciperet consilium et auxilium, quomodo Flandriam obtineret. Episcopo nostro Simoni Noviomensis sedis libere reddidit duodecim altaria [3], quae in feodum acceperat, ut advocatus et defensor staret ecclesiarum Dei, quae in Flandria sunt, eo tenore, quatenus episcopus banno et excommunicationis verbo dampnaret omnes quicumque Flandrensis terrae cives suscepissent consulem Theodoricum et ad potentiam consulatus promoverent, atque comiti Willelmo violenter et sine judicio superposuissent. Hoc ergo pacto episcopus misit litteras in Gandavum, et suspendit inibi ecclesias a divino officio.

1128, 30 avril.

[108.] Pridie kal. maii, feria secunda [4], Lambertus ex Reddenburg, qui sub nota traditionis fuerat usque dum *a* satisfecisset comiti Theodorico per igniti ferri examen, in Ostburg *b* obsederat inimicos suos in validissima manu; etenim asciverat sibi ex insulis maris circumquaque homines et amicos cognatosque suos fere tria millia *c*. At contra illum illi ex Reddenburg collegerant et peditum et equitum manum validam. Cum igitur utrimque accessissent illi ad obsidendum et isti ad liberandum obsessos, intervenit nuntius comitis Theodorici, scilicet castellanus Gervasius, volens differre bellum, quousque comitis in presentia pacificarentur. Sed quia pertinaces fuerant Lambertus et sui ad occidendum *d* obsessos, noluerunt aliquo modo differre quin obsessos percuterent. Igitur dum insultum tot millia facerent, et obsessi egregie sese defensarent, ex improviso illi milites ex Red-

a. deest ms. — b. Ostburc ed. — c. circa millia ms. — d. occidendos ed.

1. Köpke conjecture à tort Erneghem; l'endroit en question est Beernem, à 13 kil. E.-S.-E. de Bruges.
2. Compiègne; v. Luchaire, *Louis VI*, p. 189, n° 406.
3. Sur ces 12 autels cédés par les évêques de Tournai aux comtes de Flandre afin de jouir de la protection de ces princes, v. *Chronica Tornacensis*, éd. de Smet, *Corpus chron. Flandr.*, II, p. 500, et cf. Wauters, *Avènement et mort de Guillaume de Normandie*, dans *Revue d'histoire et d'archéologie*, II, p. 153 (Bruxelles, 1860).
4. Le lundi 30 avril 1128.

denburg, qui in auxilium obsessorum in alia domo eventum belli expectaverant, armati equis et pedibus alii et alii, tamen respectu obsidentium pauci, prosiliebant. Statimque strepitum et clamores infinitos in aera moventes illi qui prosilierant, perterritos et prorsus attonitos reddiderunt obsidionem facientes in tantum ut fugam inirent, et, clipeis et armis abjectis, ad cursitandum in fuga sese succingerent. Tunc illi prius obsessi in armorum virtute egressi, simulque et illi ex Reddenburg a tergo persequentes eos qui sese fugae dederant, omnium inimicorum illorum capitales et duces truncabant; ceterum de peditibus quos voluerunt enecabant. Sed et vulneratorum infinitus erat numerus et occisorum liberorum virorum numerus erat.

In hac ergo pugna notandum, quia Lamb. tus ille, qui nuper excusaverat se ferro ignito non tradidisse Karolum consulem, modo occisus est. Nam quamdiu erga Deum humiliter egit, Deus illi quod in domini sui morte egerat indulsit. Igitur post liberationem igniti examinis, cum isdem Lambertus et sui sine aliquo respectu misericordiae superbe cum tribus millibus*a* paucos obsedisset, et eis obstinatus, quantum in se erat, non parceret, nec propter Deum nec propter sacramentum jurandi, quod comiti Theodorico fecerat, ut nullam in propria vel suorum persona seditionem moveret[1], voluisset pugnam et stragem obsessorum differre, merebatur ipse occidi, oblitus misericordiae Dei et dispensationis, qua eum reservaverat vitae cum omnibus occidendus videretur, si tamen dignos penitentiae fructus, sicut promiserat Deo et ecclesiae, institisset. Cum enim servus humiliter agit cum domino pro suo reatu, dominus indulget servo secundum legem penitentiae*b* agenti. Cum vero homo juste agens in alium hominem perverse*c* egerit, et Deus judex inter utrosque adsciscitur*d*, fidem juste agentis Deus juvat, injustum hominem a causa prosternens et in obstinatione sua confun-

---

a. tribus milllibus *ms.* — *b. Köpke corr.* ponitentiam. — *c.* perversum *ms.* — *d.* adcitur *ms.*

---

1. Allusion au serment fait par les nobles de Flandre de maintenir la paix; v. § 104.

dens. Unde fit, ut in bello alter iniquus prosternatur, in judicio aquae vel*a* ferri iniquus, penitens tamen, non cadat. Notandum vero, quod isti occisi in Ostburg, primitus consilio et dolis suis Theodoricum comitem in Gandavo et Brudgis prestituerunt et Willelmo comiti supposuerunt. Et quamvis Theodoricus heres sit naturalis Flandriae et justus comes et pius, Willelmus vero comes Flandriae sit inhonestus et civium terrae persecutor, tamen non juste consuluerunt ii*b* qui nunc miserabiliter jacent occisi, nec a traditione domini sui poterunt dici innocentes, quorum consilio et violentia doli adhuc comes Willelmus errat*c* in terra sua Flandrensi.

1128, 2 mai.

[**109.**] Sexto nonas maii, in nocte feriae quartae [1], illi qui in Gandavo in domo comitis [2] a civibus illis adhuc obsessi tenebantur, eo quod in parte Willelmi consulis persisterent, exierunt et platearum domos plurimas incenderunt. Cumque cives pro ignis destructione laborarent, securibus exciderunt jactatoria ingenia, scilicet mangunellas, quibus lapideam domum et turrim, in qua degebant obsessi, prosternerent. Eodem die, scilicet quarta feria, Gervasius castellanus Brudgensis cum militibus obsidere voluit in Wingehina*d* in parte comitis Willelmi agentes. At illi strenui milites occurrerunt Gervasio, et ipsum illum vulneraverunt, et de armigeris duos ceperunt, equos et palefridos lucrati sunt.

5 mai.

[**110.**] Tertio igitur in nonis maii, sabbato [3], revoluto anno, instabat dies anniversarius omnium illorum, qui de turri precipitati erant*e* pro morte Karoli comitis [4]. Et notandum, quod in hac eadem septimana occisi sunt in Ostburch*f* Lambertus filius*g* Ledewif*h*, et cum ipso plures quorum consilio et traditione Theodoricus Flandriae superpositus vio-

a. et *ed.* — *b.* hi *ms.* — *c.* erat *ed.* — *d.* Wingehina *ms.* — *e.* fuerant *ms.* — *f.* Ostburg *ms.* — *g.* et *ms.* — *h.* Ledwig *ms.*

1. Le mercredi 2 mai 1128.
2. Le château du comte qui existe encore à Gand.
3. Le samedi 5 mai 1128.
4. Voy. § 81.

lenter est *a* Willelmo Northmannensi. In hac eadem hebdomada satagebat rex Franciae in pridie nonas maii, dominica *b* *Misericordia Domini* [1], convocare archiepiscopos, episcopos et omnes synodales personas in clero, et abbates, et discretissimos tam in clero quam in populo, comites et barones ceterosque principes, ut ad se in Atrebatum convenirent, habiturus consilium de istis duobus consulibus, quem eorum cum regia potentia expelleret aut quem stabiliret [2]. Quo tempore Theodoricus in Insulis et Willelmus errabat in Ipra. Tota vero terra in periculis agitabatur, in rapinis, incendiis, traditionibus, dolis, ita ut nemo discretus viveret securus. Igitur utrobique expectabant, quod consilium aut quae sententia daretur in curia et conventu tot prudentum et discretorum virorum, et quae pericula in futuro timerent, cum omnia pericula sibi superventura timerent. Et notandum, quod omnes fere, quibus terra Flandrensis prohibita erat propter traditionem Karoli consulis, et hoc secundum judicia principum et baronum terrae, hoc tempore reversi sunt in terram hac simulatione et dolo, ut, si quis esset qui eos auderet interpellare de traditione, ipsi interpellati responderent, vel secundum *c* quod miles erat, in curia comitis, vel secundum quod inferioris conditionis, coram scabinis et judicibus terrae. Igitur adhuc nullus interpellatus est nec respondit.

Et memorandum, quod cum *d* jam primo comes Theodoricus in Insulas conscendisset, quaedam incantatrix occurrit illi, descendens in aquam illam [3], quam comes transiturus erat per pontem juxta incarminatricem; at illa conspersit consulem aquis. Igitur, ut aiunt, comes Theodoricus languebat in corde et visceribus, ita ut comestionem et potum fastidiret. Cumque milites ejus indoluissent super eo, ceperunt incantatricem, et ligatis manibus et pedibus, stipulis et straminibus succensis impositam combusserunt. Ab illo

1128, 6 mai.

---

a. deest. — b. dominica in *ms. — c.* secundum vel *ms. — d.* cum quod *ms.*

1. Le dimanche 6 mai 1128.
2. Cf. Luchaire, *Louis VI*, p. 189, n° 407.
3. La Deule.

ergo tempore usque in septimum idus maii, Cono ex Frorerdeslo*a* in Winendala, et illi qui in Winchina ¹ cum Lamberto arma ferebant contra comitem Theodoricum et suos, non desistebant depredari villas circa se et rusticos simulque cum rebus ipsorum violenter auferre. At Brudgenses fossatis novis circumdederunt se, vigiliis et insidiis suis et suorum militum sese defensabant. Qua tempestate villa Orscamp *b* ² depredata est prorsus a militibus Willelmi consulis.

1128, 14 mai.

[**111.**] Pridie idus maii, feria secunda ³, Brudgenses impetebant illos in Winchina, et vulnerati sunt utrimque plurimi, et mortui quidam. Non tamen oppidum illorum obsessorum destructum est.

15 mai.

In *c* idibus maii, feria tertia ⁴, Willelmus comes, collectis militibus suis, invasit preconem ⁵ in Orscamp, et fugavit illum in ecclesiam ejusdem ruris, et clausum intus obsedit eum, appositisque ad fores templi ignibus, ipsas fores conflagravit. Interim burgenses nostri occurrerunt ei armati in Orscamp, et cum perspexissent et consulem et milites ejus et flammas ignium in templo, perterriti fugerunt, et plures capti sunt eodem *d* die. Cum ergo in fugando et in persequendo cives nostros comes excurreret, preco ex Orscamp cum paucis e templo prosiliebat, et evasit periculum ignis, et captus est unus militum qui in evasione eadem exiverat a templo, burgenses vero nostri fugerunt, timore et pavore perterriti, simulque quia conscii erant sibi, quod eundem comitem Willelmum injuste expulerant et tradiderant; et quidam eorum in furnos campestres latuerunt, de quibus extracti, captivi sunt abducti.

21 mai.

[**112.**] Duodecimo kal. iunii, feria secunda ⁶, fama retu-

a. Florerdeslo *ms.* — *b.* Köpke *corr.* Ostcamp. — *c.* Nam *Aüpke.* — *d.* eo *ms.*

---

1. Wyngene, à 22 kil. S. de Bruges.
2. Oostcamp, à 6 kil. S. de Bruges.
3. Le lundi 14 mai 1128.
4. Le mardi 15 mai 1128.
5. L'amman, v. p. 79, n. 8.
6. Le lundi 21 mai 1128.

lit ex Lens [1] regem Franciae fugisse ab Insulis, ubi comitem nostrum Theodoricum obsederat per quatuor dies [2]. Eadem tempestate Gendenses evisceraverant quandam incantatricem, et stomachum ejus circumferebant circa villam suam.

Quarto kal. junii, feria tertia [3], comes Willelmus, collecta maxima manu militum et peditum, invasit Bruggas, et usque in portis et cingulis [4] et infra fossata nostra insultum impetuose et animose inferebat; utrobique alii interfecti, alii perplures sunt vulnerati. Tandem in vespera reversus est apud Jadbeca [5].

1128, 29 mai.

Tertio kal. junii, feria quarta [6], comes Willelmus rapuit iterum apud Orscamp rusticos et milites cum armatis, et violenter abduxit apud Winendala et Oldenburg.

30 mai.

Pridie kal. junii, in die Ascensionis Domini [7], ex Oldenburg misit quendam monachum nomine Basilium comes Willelmus, precipiens notario suo Basilio, ut ad se festinaret, eo quod in presentiam suam berquarii et custodes curtium et reddituum suorum rationem debitorum suorum reddituri venissent. Igitur monachus ille detentus est in Brudgis per Iwannum et Gervasium castellanum et Arnoldum nepotem Karoli consulis, qui priore die a Brudburg venerat Brugas. Eodem tempore comes Willelmus Oldenburg circumsepiri et fossatis firmari precepit, ubi se et suos recipere ordinaverat. Igitur nemo ruricola circa nos securus erat, sed cum omni supellectile sua aut ad nemora subterfugerat et latitabat, aut infra Bruggas ascendit, vix ibidem vitae suae aut rerum securus.

31 mai.

[**113.**] Quarto idus junii, dominica sancta Pentecostes [8],

10 juin.

---

1. Lens, dép. du Pas-de-Calais, à 20 kil. S.-E. de Béthune.
2. Herman de Tournai, *Mon. Germ. hist.*, *Script.*, XIV, p. 289, dit que le roi assiégea Lille pendant six jours.
3. Le mardi 29 mai 1128.
4. *Portas intrare et clausos expugnare conatur;* Herman de Tournai, *loc. cit.*
5. Jabbeke, à 10 kil. O. de Bruges.
6. Le mercredi 30 mai 1128.
7. Le jeudi 31 mai 1128.
8. Le dimanche 10 juin 1128.

comes Theodoricus venit Bruggas, conquisitis circumadjacentiis villarum circa Gandavum, et in maximo gaudio susceptus est a nostris.

1128. 11 juin. Tertio idus junii, feria secunda [1], milites et latrunculi quidam, qui erant in parte Willelmi consulis, ex Jadbeca prodibant, et quasi speciem pacis ferrent, cum milite quodam ex nostra parte manente sermones et salutationes conferebant. Hujus ergo equitis nostri domus defensabilis et firmissima stabat, in quam omnes circummanentes et plures ex civibus Brudgensibus res suas comportaverant, quas ibidem tutius salvarent. Interceperunt ergo equitem illum in curte sua secure vagantem, et traditum vulneribus interfecerunt, et domum, eodem expulso equite, violenter obtinuerunt. Statim comes Theodoricus letus cum innumera multitudine advolans, obsedit eos coegitque eos obsessos, ut sese redderent. Quos tamen salvis membris abire dimisit, et equitem dominumque illius domus bene in propria domo restituit, feria tertia, scilicet pridie idus junii [2].

12 juin. Eodem pridie idus junii, audientes milites consulis Willelmi, qui in Oldenburg et Jadbeca et Straten jacuerant ut insidias pararent nostro comiti Theodorico et nostris, quod cum tota potentia sua obsidionem Theodoricus fecisset extra in remotis villis a Brudgis, accurrentes circa sexaginta precursores, incenderunt domum vicinam castro Brugensi, allicere volentes cives nostros, quos fortassis sic caperent. Magis vero ideo nos impetebant, ut Theodoricum consulem per ignis fumum et flammas ab obsidione revocarent. Igitur castellanus Gervasius cum militibus occurrens ad insultum insidiatorum, cepit duos milites strenuos, Walterum nepotem Thancmari, per quem occasio et causa seditionis et pugnae totius originem habuit inter Borsiardum, illum traditorem comitis Karoli, et Thancmarum [3], cepitque alium cum Waltero militem. Sed isdem Walterus lethaliter vulneratus erat in captione illa. Cives vero Brudgenses manus

---

1. Le lundi 11 juin 1128.
2. Le mardi 12 juin 1128.
3. Cf. § 9.

prae gaudio complosas conferebant, animi exhilarationem
non satis sibi invicem ostendentes pro tam bono suo suc-
cessu. Nam tandem post tot mala, post tot predas et domorum incendia, et post tot homicidia in nostros perpetrata,
captus est Walterus ille a nostris, qui caput et principium
fuit totius mali terrae nostrae, pro cujus dolis Karolus consul traditus est[1], non quod ipse tradidisset, sed hostes suos
Borsiardum et suos ad tradendum compulisset. Haec quoque
dico secundum sensum vulgi et secundum furorem animi
illorum, qui modo captivum Walterum prefatum suspende-
rent[a], aut novo et inaudito mortis fine dissipassent, si
comes permisisset. Nam viso igne juxta Bruggas, comes
Theodoricus jam ab obsidione revertens, cum tota multitudine accurrit[b], sed ante accursum ipsius capti sunt illi duo
et ceteri insidiatores retro fugati. Eodem die Walterus ex
Somerengem[2] et milites et pedites cum eo, qui quidem ex
nostra parte militabant, apud Haltras[3] capti sunt. Eodem
die Daniel et Iwan apud Ruplemunda[4] super ducem Lovaniae
quinquaginta milites ceperunt. Auditis his omnibus cives
Brudgenses successus suos et fortunam suam cuidam suo
sacerdoti deputaverunt qui anathemate suo sic excommuni-
casset Willelmum consulem et in sua parte agentes. At apud
Ipram prepositus quidam Hildfredus excommunicabat quo-
tidie omnes qui in parte et adjutorio Theoderici consulis
nostri starent. Sed hac vice, anathema nostri sacerdotis
prevaluit nec puto nostrum sacerdotem velle ab anathemate
cessare donec Willelmum consulem cum suis fautoribus et
suo etiam Hildfredo preposito exilio adduxerit. Et mirum
est quod sacerdos ita Deum incantare possit ut, velit nolit
Deus, Willelmus a comitatu ejiciatur[c]. Eodem die mise-

---

a. suspendere ms. — b. occurrit ms. — c. Auditis — ejiciatur *deest ed.*

---

1. Cf. p. 14, n. 2.
2. Somerghem, à 15 kil. N.-O. de Gand. Walter de Somerghem est cité dans une charte de 1122 comme frère de Baudouin de Somerghem, dont Galbert parle au § 84. (Van Lokeren, *Charles de S. Pierre*, I, p. 124.)
3. Aeltre, à 23 kil. O. de Gand.
4. Rupelmonde, à 45 kil. E. de Gand, sur la rive gauche de l'Escaut, en face de l'embouchure du Rupel.

runt Iprenses secreto litteras Brudgensibus, quatenus privatim et in tuto loco aliquos sapientiores nostros et suos vellent convenire, et de honore comitatus utiliter agere.

[114.] Quarto decimo et decimo tertio kal. julii[1], comes Theodoricus ascenderat cum comite Frederico[2] in Gandavum, et collegit sibi infinitum exercitum de Axla[3] et Buchold[a][4] et Was[5] et confiniis illis; adduxit quoque instrumenta jactatoria, quibus dejiceret domos defensales et oppida inimicorum suorum. Applicuitque cum gravi exercitu ad Tiled[6], et obsedit domum Folket militis. Igitur duodecimo kal. julii, feria quarta[7], Brudgenses occurrerunt comiti cum suo castellano Gervasio et cum infinita Flandrensium multitudine, qui cum ipsis conjuraverant. Consederunt ergo foris nocte sequente circa domum predictam. Igitur comes Willelmus juxta subsequens exercitum circumspexit, quota foret turba et exercitus, qui militem suum obsederant, nec parum indoluit de injuria illa et grassanti arrogantia obsidentium. Elegerat namque Willelmus comes prius emori, quam tantum opprobrium sui sustinere. Igitur undecimo kal. julii, feria quinta et die quarto ante festum sancti Ioannis Baptistae[8], circa mane, in Oldenburg ab abbate illius loci[9], religioso et prudenti viro, penitentiam suorum peccatorum devotus suscepit, et vovit Deo, ut deinceps pauperum foret advocatus et ecclesiarum Dei. Similiter omnes strenui milites ejus voverunt, circumcisis-

a. Bucholt *ms.*

1. Le lundi 18 et le mardi 19 juin 1128.
2. Personnage inconnu : c'est probablement un parent allemand de Thierry.
3. Axel, en Zélande, au sud de l'Escaut.
4. Bouchaut, à 26 kil. N. de Gand.
5. Le pays de Waes, région de la Flandre située au nord de l'Escaut, entre Gand et Anvers.
6. Thielt, à 27 kil. S. de Bruges.
7. Le mercredi 20 juin 1128.
8. Le jeudi 21 juin 1128.
9. L'abbé d'Oudenbourg, de 1105 à 1143, fut Hariulpho, l'auteur de la chronique de S. Riquier en Ponthieu (abbaye où il avait été moine avant 1105), et de la vie d'Arnulphe de Soissons, un des textes les plus instructifs pour la connaissance de la civilisation flamande au XII° siècle (*Mon. Germ. hist., Script.*, XV, p. 873 sqq.).

que crinibus et rejectis vulgaribus indumentis, camisia et lorica, ceteris armis induti sunt, humili voto apud Deum et fortissimo zelo progredientes ad bellum, veneruntque in vertice montis qui eminebat juxta exercitum Theodorici consulis, ibique preordinabant sese ad bellum [1]. Fecit ergo Willelmus comes tres turmas equitum, et obtinuit primam suorum aciem, cujus ipse dux primum insultum facere se constituit. Ex adverso itaque Theodoricus comes similiter ordinaverat acies suas, in quarum una ipse et Gervasius castellanus capita erant, in altera comes Frethericus; curtatisque hastis utrimque paullatim sese aggressi sunt in virtute hastae et gladii, cecideruntque infiniti. Comites[a] pugnabant non aliter quam morti se offerrent, in media arma inimicorum corruebant; ante quidem sese prejudicaverant mori in bello, quam a comitatu expelli. In aggressu enim primo Daniel, qui caput erat militiae[b] Theodorici consulis, volebat se inferre cuneis Willelmi consulis, ibique dejectus est comes Fredericus, et contra illum vinctus[c] [2] Riquartus ex Woldman[3] in priore junctura[d]; plures quippe et infinitae fiebant in invicem juncturae[e]. Tandem gladiis contendebant. At pars et cuneus ille, in quo Willelmus comes pugnabat, deficere incipiens, retro in fugam se convertit, quem[f] Daniel persequebatur cum suis. Cumque utrimque laborarent, illi in fugiendo, illi in persequendo, secunda pars cuneorum Willelmi consulis, quae ad insidiandum latebat, prosiluit in adversas facies Danielis et suorum;

---

a. cominus ed. — b. militiae erat ms. — c. junctus Köpke. — d. vinctura ed. Duchesne a junctura comme les mss., leçon adoptée par Köpke. — e. vincturae ed. Duchesne a juncturae comme les mss., leçon adoptée par Köpke. — f. quam ed.

---

1. La bataille eut lieu à Axpoel, dépendance de Ruysselede, à 7 kil. N. de Thielt; v. Simon de S. Bertin, éd. Guérard, Cartul. de S. Bertin, p. 298; Flandria generosa, Mon. Germ. hist., Script., IX, p. 324; Lamberti genealogia contin. ibid., p. 313; cf. Carton, La bataille d'Axpoel (Annales de la Société d'émulation de Bruges, série 2, t. II, p. 204).
2. Lié, c'est-à-dire fait prisonnier.
3. Lambert de Waterlos, l'auteur des Annales Cameracenses, Mon. Germ. hist., Script., XVI, p. 512, appelle ce personnage signifer Guillelmi comitis. Il dit qu'il appartenait à l'une des familles les plus célèbres de Flandre : il était frère de Lambert, abbé de S. Bertin et de Gisèle, abbesse de Bourbourg.

et quia recenti virtute et unanimi consensu exhortati fuerant et instructi ad bellum, in nullo hesitantes, hastis et gladiis persecutores illos interruperunt. Tunc comes Willelmus a fuga velociter resiliens, sese cum suis recepit, unoque cursu et animo virili ac*a* robore corporum suorum crudelitati*b* armorum et dispersioni*c* inimicorum insistebat. Igitur universi qui cum consule Theodorico pericula belli sibi inminere previderant, in diversa armis disjectis nudique prorsus fugerunt, adeo ut cum comite suo preter decem milites nulli commanerent. Willelmus quidem comes et sui loricas projicientes, leviores equis insidentes, tunc tandem victoriae suae fructum consecuti, hostes alios occiderunt, alios ceperunt. Circa mediam noctem ad Bruggas rediit comes Theodoricus; ceterum quo Willelmus comes redierit, non audivimus. Tunc nostri loci conjuges viros suos, filii patres, servi et ancillae dominos suos perditos deflebant, casum et infortunium belli perquirentes, tota nocte et deinceps fletibus et*d* suspiriis languebant. Summo diluculo igitur cum exirent nostri ad mortuos suos, iterum a militibus Willelmi capti sunt. Tam gravis persecutio et multiplex captivitas nostrorum nunquam audita est contigisse in nostris partibus ante hoc facinus belli. Infinita vero pecunia data est pro captivatis nostris redimendis Willelmo comiti et suis, et sic quodammodo iterum terra nostra depredata. Tandem audientes nostrates, quod Willelmus comes ante ingressum belli se Deo humiliter subjecisset, penitentiae remedium insumpsisset, crines et superfluas vestes ipse et omnes sui truncassent post belli infortunia sua, cives nostri simul cum suo consule Theodorico crines et vestes circumciderunt, et ipsi quoque presbiteri nostri ad exemplum inimicorum tandem penitentiam predicaverunt, et post tot damna, spolia et captivitates in nostros peractas indixerunt jejunium universale, et ferebant cruces et scrinia sanctorum in ecclesiam beatae Mariae in Brudgis [1], ibique excommu-

a. deest Köpke. — b. crudelitatem ms. — c. dispersionem ms. — d. deest ms.

[1]. A la suite d'un arrangement intervenu en 1122 entre les évêques de Noyon et d'Utrecht (Miraeus, *Op. dipl.*, II, p. 963), l'église Notre-Dame de

nicaverunt omnes sacerdotes Brudgenses ex nomine Willelmum comitem Northmannum, Thancrannus decanus, Eggardus, Sigebodo[1], Heribertus, Fromoldus senior, Theodoricus presbiteri; feceruntque vovere consulem Theodoricum coram universis, quod, si aliqui ex Iprensibus sese ad ipsum converterent, misericorditer eos susciperet, sive de omni comitatu quicumque se converterent similiter ad ipsum, non exheredaret eos. Hic notandum quod excommunicationes a nostris sacerdotibus et contra ab archiepiscopo nostro et ejus suffraganeis factae ad invicem pugnabant, quia nostri excommunicabant Willelmum et archiepiscopi et episcopi corumdem sacerdotum excommunicabant Theodoricum consulem nostrum. Cum tamen archiepiscopus et episcopi ejus crederent locum Brudgensem in banno a divino suspensum fuisse officio et nostros quoque mortuos sine atrio sancto humatos, nos quidem, contra preceptum metropolitani nostri et episcopi nostri, divinum officium peragebamus mortuosque in bello tumulabamus in sanctis atriis et Willelmum et fautores ejus ex nomine anathemate percussimus[a].

[**115**.] Octavo kal. julii, dominica, in die sancti Joannis Baptistae[2], in ecclesia beatae Mariae, crucifixus qui stabat in pavimento ad adorandum fidelibus, per se ipsum et Dei virtute a loco, in quo firmiter fixus steterat, sursum levatus decidisset in pavimentum, nisi quidam custodum ecclesiae casum manibus preripuisset. Qui quidem custos iterum solito loco infixit crucifixum illum, et cum abiisset, iterum, sicut primitus, ab infixione levatur, et ruere ceperat idem crucifixus. Tunc omnes, qui ad adorandum stabant, accur-

1128, 24 juin.

a. Hic notandum — percussimus *deest ed.*

Bruges faisait partie de l'évêché d'Utrecht. C'est ce qui explique pourquoi on la choisit pour les cérémonies religieuses dont parle ici Galbert : toutes les autres églises de la ville se trouvaient, en effet, sous le coup de l'interdit lancé par l'évêque de Noyon.
1. Thancrannus, doyen de Notre-Dame, est cité dans la charte à laquelle renvoie la note précédente. — Il en est de même du prêtre Sigebodo. — Pour Eggardus, cf. § 61 et p. 100, n. 2.
2. Le dimanche 24 juin 1128.

rentes iterum infixerunt, putantes casum illum evenisse ex incuria infigentis. Sed circumquaque conspectantes, incuriam [a] nullam hoc fecisse probaverunt. Iterum nostri sacerdotes idiote dicebant presbyterum ex Artrica [1] et presbyterum ex Cuislara [2] et Odfridum clericum per incantationes fugasse in bello consulem Theodoricum et suos, cum Deus omnia disponat et ordinet [b].

1128, 4 juillet.

[116.] Quarto nonas julii mensis, feria quarta, in translatione Martini episcopi Turonensis ecclesiae [3], obsedit comes Willelmus Nortmannensis cum gravi exercitu domum magni preconis in villa Orscamp, adducens instrumenta jactatoria, magnellam et pyrrira [4], quibus dejiceret domum prefatam. Sed Theodoricus comes cum civibus Brudgensibus et Flandrigenis circa Bruggas, et infra fossata et sepes ejusdem domus simulque Arnoldus Wineth sese opposuerunt, utrumque vero exercitum fluvius diviserat, qui domum illam predictam orientem versus muniebat [5]. At ex illa parte, in qua Willelmus insultum fecit, domus illa sepibus et fossatis firma fuit. Multi igitur in aggressu belli et pugnae in invicem utrimque mortui seu vulnerati sunt, sed domus et fossata et sepes ejus firmiter perstiterunt. Tandem turrim ex una et turrim ex altera parte oppositam erexerunt, quibus conscensis, acriori modo pugnaverunt. Tunc exercitus Willelmi, eo quod ventus ex occidente duriter perflaret oppositum sibi hostium cuneum, comportari jussit undecunque fenum, herbam, tecta domorum, fruteeta et omnem materiam, quae subministraret impletionem fossatorum, ut sic intrarent ad hostes oppositos. At illi de intus ignem pice et uncto veteri et cera levius ardentem machinae injecerunt, et ita igne consumptum est quicquid con-

a. injuriam ms. — b. Iterum nostri — ordinet *deest ed.*

1. Aertrycke, à 18 kil. S.-O. de Bruges.
2. Couckelaere, à 29 kil. S.-O. de Bruges.
3. Le mercredi 4 juillet 1128.
4. Ce mot désigne, sans doute, la machine de guerre appelée *petraria*.
5. Le ruisseau d'Oostcamp qui coule entre ce village, au sud et la ville de Bruges, au nord.

jectum*a* fuit. Ejusdem quidem machinae ardentis fumus, ventorum stridore agitatus, in oculos irruit eorum qui ignem injecerant ab intrinsecus; hastis et telis et*b* sagittis multi occubuerunt infecti. Sedit igitur Willelmus ille sex dies in obsidione illa, in quibus diebus tot militias, tot tornationes exercitabant milites utriusque exercitus. Nam cum fluvius profundus esset inter*c* utrumque hostem, querebant omni tempore obsidionis milites Willelmi vada et transitus fluvii, quibus transire non differebant, avidi pugnae et belli, utpote illi qui fortiores armis et numerosiores erant multitudine. Sexto ergo die, qui erat septimo idus julii, feria secunda¹, circa vesperam, videns Willelmus, quod nihil proficeret in obsidione domus illius, transire jussit milites quadringentos per vada fluvii, et combusserunt domum Ansboldi militis ² et domos fratris et sororum ejus; tunc exercitus ejus recessit. At nostri fugerunt in Bruggas, et vicini qui circa nos commanebant, cum omni supellectili sua et pecudibus fugientes, intraverunt ad nos in Bruggas, tremore et pavore attoniti, noctemque illam insomnem duxerunt. Eadem die monachi Sancti Trudonis et eorundem cellula, juxta Orscamp sita ³, prorsus depredata est, ut nec libri vel*d* calix sacrificii ibidem remaneret.

Notandum quidem, quod nullus sapientum inter nostros Brudgenses ausus erat vera profiteri de casu et infortunio et fuga nostra. Quicumque enim aliquid veritatis profitebatur, illum traditorem loci nostri et fautorem Willelmi consulis deturpabant, mortemque subito minati sunt. Nec mirum, quia Deus obstinabat*e* corda eorum, ne omnem veritatem vellent audire. Tamen cruces et processiones per ecclesias*f* a clero delatas subsequentes, magis Deum*g* ad iram quam ad placationem provocaverunt, quia in obstinatione animi in

1128, 9 juillet.

---

a. Injectum *ms.* — b. deest *ms.* — c. deest *ms.* — d. nec P. — e. obstinabatur *ms.* — f. ecclesiam *Köpke.* — g. Dominum *ms.*

1. Le lundi 9 juillet 1128.
2. Cf. § 50.
3. Il s'agit ici d'une dépendance de l'abbaye d'Eeckhout à Oedeghem, près de Bruges, laquelle était dédiée à S. Trond. Sur cette abbaye, v. *Gesta abbatum S. Trudonis, Mon. Germ. hist., Script.*, X. pp. 334, 367.

malis et in superbia et pugna contra potestatem a Deo ipsis
prelatam exiverant*a*. *Omni quidem potestati omnis anima
debet esse subdita* *b*1, sicut ait apostolus. Igitur si in loco illo,
unde pessimae traditiones emerserant, infortunia contingerent, bella, seditiones, homicidia, opprobria sempiterna
totius Flandriae, nonne jure idem locus debetur omnibus
malis? Et si ecclesia fratrum patitur quae in Brudgis est,
nonne merito, quia prepositus ejusdem ecclesiae causam
malorum intulit? Et quamvis nemo auderet annuntiare
bannum et anathema archiepiscopi nostri et episcopi ceterorumque suffraganeorum episcoporum ejus, audivimus et
cognovimus*c* quidem vere et nos fuisse merito*d* in banno
positos et in prohibitione divini officii, eo quod superposueramus comitem comiti et infinitas mortes per hoc intulimus
universis. Presbiteri nostri et clerus nostri loci preparaverunt sese ad pugnam cum populo et turba, male illius
memores, quod starent quasi*e* murus pro domo Israel.

1128, 11 juillet. [**117.**] Quinto idus julii, feria quarta, in*f* translatione*g*
Benedicti abbatis[2], Christianus de Gistela[3] et fratres Walteri Pennati-mendacii venerunt Bruggas per conductum
Danielis. Et posuit Christianus filium suum in obsidem, et
fratres prefati duo remanserunt obsides pro Waltero fratre
suo compediti in domo comitis, quae est in Brudgis. Ferebant igitur secum Christianus et milites ejus Walterum
illum, donec viderent, si aut convaleret aut moreretur,
utpote illum qui vulneratus ad mortem languebat.

12 juillet. [**118.**] Quarto*h* idus julii, feria quinta[4] dux Lovaniae[5]

---

a. erexerant *ed. Köpke corr.* se erexerant. — *b*. subjecta *ms.* — *c*. recognovimus *ms.* — *d*. et merito nos fuisse *ms.* — *e*. quia *ms.* — *f*. deest *ms.* — *g*. translatio *ms.* — *h*. quinto *ed. corr.* Köpke.

---

1. 1 Pet. 2, 13.
2. Le mercredi 11 juillet 1128.
3. Ce personnage est mentionné dans des chartes de 1146 (*Cartul. de S. Nicolas de Furnes*, p. 84) et de 1168 (van Lokeren, *Chartes et documents de l'abbaye de S. Pierre*, I, p. 177). On voit par l'enquête citée plus haut (p.51, n. 3) qu'il avait épousé la sœur de Borsiard.
4. Le jeudi 12 juillet 1128.
5. Godefroi I, comte de Louvain, duc de Basse-Lotharingie, 1095-1140,

obsedit Alst[1] cum gravi exercitu; et venit sibi in auxilium comes Flandriarum Willelmus cum quadringentis militibus[2]. Interim apud Brudgenses multa mendacia volitabant de negotio obsidionis prefatae. Contigit interim, quod in Brudgis molendinum aquis inmersum undique dilapsumque destrueretur, et aqua, quae ad plagam meridiei munierat castrum et suburbium Brudgense, in loco quo molendinum concluserat aquas, elaberetur fere tota. Inde commoti cives accurrebant, et fimo, lignis, terra, aquas effluentes obstruebant. Imputabant igitur suffossionem molendini factam fuisse furtive ab inimicis suis[a], eo quod ita post defluxum aquarum castrum et suburbium ipsorum ad ingressum pateret hostibus. Multi aderant divinatores et laici et sacerdotes, qui adulabantur civibus nostris, predicentes eis quaecumque sciebant cives voluisse audire. Si quis vero sapiens de negotio obsidionis aut de loci et civium periculis inminentibus verum profitebatur, vilissima repulsa impetitus ab ipsis obmutuit. Sed presbyteris adulatoribus bonum fuit quia, cum in quadragesimali sancto tempore concessissent civibus bis comedere in die quo omnes catholici observabant jejunia et modo in tempore obsidionis ducis praefati ante vigiliam sancti Jacobi apostoli et Christophori martyris feria secunda indixissent jejunium in pane et aqua omnibus nostri loci et pueris qui septennes exstiterant et universis

a. deest P.

---

1. Alost, en flamand Aelst, sur la Dendre, à 27 kil. S.-E. de Gand.
2. Godefroi assiégeait dans Alost Iwan de Gand (*Continuat. Lamberti Genealog. comit. Flandr. Mon. Germ. hist.*, Script., IX, p. 313) qui avait violé sa promesse de ne reconnaître Thierry d'Alsace qu'après l'autorisation du duc (Galbert, § 101). Or, au lieu de reconnaître Thierry, Godefroi avait les meilleures raisons du monde de soutenir Guillaume de Normandie. Le roi des Romains, Lothaire, lui était décidément hostile et peut-être lui avait-il déjà retiré alors le titre de duc de Basse-Lotharingie pour le donner à Waleran de Limbourg (la nomination de Waleran eut lieu, en tout cas, avant le 13 septembre, Bernhardi, *Lothar von Supplinburg*, p. 186, n. 2). Les intrigues de Simon, duc de Haute-Lotharingie, frère de Thierry d'Alsace, ne furent pas étrangères à cet acte de la politique de Lothaire (Bernhardi, *Ibid.*, p. 187, 191). D'autre part, Waleran entretenait avec Thierry les meilleures relations; il épousa même sa fille Laurence (*Flandria generosa, Mon. Germ. hist.*, Script., IX, p. 324). Une alliance avec Guillaume de Normandie s'imposait donc au comte de Louvain. Galbert dit d'ailleurs clairement (§ 120) qu'il craignait : *si ipse Theodoricus forte regnaret et persisteret in consulatu Flandrensi multa mala posset in posterum inferre sibi et fortassis a ducatu expelleret.*

utriusque sexus hominibus, cruces ferendo, consulem Willelmum anathematizando, candelas et denarios et ceteras oblationes ventribus tantummodo utiles, ipsi sacerdotes in pretium susceperunt, quasi tali jejunio et oblatione, ipsum Deum ad injustitiam flecterent, cum tamen cives in eadem obstinatione persisterent ut nullo modo dominum suum recognoscerent et, ut sepe diximus[1], *omni potestati omnis anima sit subjecta* propter Deum et ipse dominus Pilato respondit, qui et ipse Pilatus a Romanis prestitutus erat Ierosolimis Judeis, tempore eodem quo passus est dominus, *non haberes*[2], inquit, *in me potestatem nisi tibi datum fuisset desuper a patre meo*; et iterum : *quae sunt Dei Deo reddite et quae sunt Cesaris Cesari*[3]. Injuste quidem agebant cives ut, vivo domino suo, alium superponerent dominum, neutro quippe vel juste depulso vel suscepto. Quidam presbyterorum consilium accepit a convicariis suis utrum consulem Willelmum et omnes ejus fautores cujuscumque fuissent conditionis excommunicaret in festo sancti Christophori in Brudgis. Ecce in aperto est quia a senibus judicibus iniquitas egressa sit qui videbantur regere gregem domini[a]. Adhuc vero languebant cives nostri in extorquendo pecuniam ab invicem, quam comiti Theodorico transmitterent in expeditionem obsidionis prefatae. Similiter illi ex Gend laborabant. Erantque in Alst obsessi Iwan et Daniel et comes Theodoricus cum forti milite satisque in bello probato.

1128, 25 juillet. — Octavo kal. augusti, feria quarta, in die sancti Christophori[4], reductus est Walterus Pennatum-mendacium in captivitatem Brudgis[b]; et redditi sunt obsides, qui pro eo dati et usque ad id temporis observati fuerant.

27 juillet. — [**119.**] Sexto kal. augusti, sexta feria post transfiguratio-

---

a. Sed presbyteris adulatoribus — gregem domini decst ed. — b. In Brudgis ms.

---

1. Voy. p. 2 et § 16.
2. Joan., XIX, 11.
3. Luc, XX, 25.
4. Le mercredi 25 juillet 1128.

nem Domini in monte Thabor[1], dignabatur Dominus suae previsionis et nostrae simul persecutionis ponere in hac seditione quadammodo finem, quia comes Willelmus Northmannus, dum in assultu presatae obsidionis se pretulisset hostibus penes castrum Alst, dejectus ab equo, dum sese in pedes recepisset, et manum dexteram ad oras armorum deduceret, quidam peditum ab hostibus prosiliens, lancea eandem dexteram consulis in palma perfigens, medium brachii, quod adjunctum manui cohaeserat, perfodit et lethali vulnere infecit.[2] Quem milites sui collegerunt, utpote dominum suum miserando occasu morientem, ac per totum illum diem mortem celando inimicis, sine planctu et ejulatu voces et clamores dolorum compresserant, tanto acriori mentis angustiati confusione. Dux igitur Lovaniae querere satagebat, ut se et suos componeret cum comite nostro Theodorico, et totius discordiae in invicem habitae, caussas in judicio Iwan

---

1. Le vendredi 27 juillet 1128.
2. Les sources ne sont pas d'accord sur la date de la mort de Guillaume. Anselme de Gembloux, *Mon. Germ. hist., Script.*, XI, p. 381, le fait mourir seulement cinq jours après avoir reçu la blessure : *Ibi Guilelmus comes, quendam militem aggrediens monomachia, in dextro brachio lanceatur et subrepente dracunculo quinto die moritur.* Ordéric Vital, l. XII, donne la même date, mais il reproduit plus loin l'épitaphe de Guillaume à S. Bertin, d'après laquelle le comte serait mort le 28 juillet, ce qui concorde à peu près avec les renseignements fournis par Galbert :

> *Miles famosus Guilelmus vir generosus,*
> *Marchio Flandrensis jacet, hic monachus Sithiensis,*
> *Rodbertus pater huic materque Sibylla fuere,*
> *Et Normannorum gentis freaum tenuere.*
> *Luxque kalendarum sextilis quinta redivit,*
> *Cum pugnax apud Alst ferro plagatus obivit.*

Le *Chronicon Anglo-Saxonum*, *Rec. hist. Franc.*, XIII, p. 64, fait mourir, comme Galbert, Guillaume, le 27 juillet, mais dit qu'il fut d'abord malade pendant cinq jours. D'après la *Genealogia comitum Flandriae*, *Mon. Germ. hist., Script.*, IX, p. 312, il serait mort également le 27 juillet, mais aurait été malade trois jours; Simon de Durham, *Rec. Hist. Franc.*, XIII, p. 83, concorde avec la *Genealogia*. Herman de Tournai, *Mon. Germ. hist., Script.*, XIV, p. 289, dit seulement *mense augusto*. D'après le même auteur, la blessure reçue par Guillaume aurait été très légère (*in manu sub pollice... vulneratus*). Robert de Thorigny, *Mon. Germ. hist., Script.*, VI, p. 489, et Henri de Huntingdon, éd. Saville, p. 384, concordent avec lui sur ce point. Il serait alors difficile d'admettre que le comte fût mort le jour même où il fut blessé. Une tradition postérieure explique, par le poison, la mort de Guillaume : d'après Baudouin de Ninove, *Corpus chron. Flandr.*, II, p. 699, le médecin qui soignait le comte aurait empoisonné sa blessure. Le *Chron. comit. Flandr., Ibid.*, I, p. 96, rapporte de son côté qu'il aurait été frappé par une flèche empoisonnée.

et Danielis et regis Angliae commendavit[1]. Concessione ergo compositionis utrimque laudata, dum rogabat comitem nostrum Theodoricum, ut ducatum preberet consuli Willelmo revertendi cum suis pacifice ab obsidione, cumque etiam[a] comes Theodoricus duci super hoc assensum prestitisset, ait dux : « Ecce ! quem in tantum virtus tua persequitur hostem, Willelmus comes e vulnere lethali expiravit. » Igitur prosiluit unusquisque utrimque, alius ad deflendum tanti et tam precipui militis occasum, alius ad excitandum hostes in exultandum, alius ad denuntiandum his qui domi remanserant, ut sibi precauti rerum suarum non nisi vigilanter et preconsiderati agerent. Volitabat enim undique rumor et fama mortis principis illius, et qui in fide et securitate ejusdem consulis decertaverant, ad tutiora loca sese conferebant. Tunc cum planctu infinito et clangore excelso corpus militis strenui feretris impositum ad Sanctum Audomarum humandum transtulerunt[2].

[120.] Ceterum Theodoricus comes inimicos suos persequebatur ubique, et conflagratione ignis eos vastavit, captivavit, disperdidit, nisi qui gratiam ejus ante conflagrationem ipsam aut pecunia aut aliter conquisierant. Ascendit igitur Theodoricus comes apud Ipram quarto kal. augusti, dominica[3], cum infinito militum auxilio et obtinuit Ipram. Cives vero Brudgenses et milites et solidarii eorum exierunt, et depredati sunt villam Ridevorda[4] et domos combusserunt. Igitur Lambertus ex Ridevorda[5] et Lambertus ex

1128, 29 juillet.

a. omnem *ed.*

---

1. D'après Herman de Tournai, *loc. cit.*, le duc aurait seulement feint de se réconcilier avec Thierry, pour pouvoir battre en retraite sans être inquiété; il lui aurait également, dans le même but, caché tout d'abord la mort de Guillaume.
2. Sur la sépulture de Guillaume à S. Bertin, cf. les sources citées p. 171 n. 2. Il s'agit de l'abbaye de S. Bertin à S. Omer, lieu de sépulture des comtes de Flandre.
3. Le dimanche 29 juillet 1128.
4. Ruddervoorde, à 14 kil. S. de Bruges.
5. Ce personnage est cité dans des chartes de 1132 (Cartul. de S. Martin d'Ypres, I, n° 9) et de 1139 (*Commission royale d'histoire de Belgique*, 4e série, XIII, p. 86).

Winchina[1], et*a* Folketh*b* ex*c* Tileth[2], et plures alii de confiniis nostris, qui in auxilio consulis Willelmi certaverant, sese in oppido Winendala receperunt. Illi quoque qui in Ipra cives in parte constiterant Willelmi, cum Isaac apud Formesela sese contra comitem Theodoricum firmaverunt, ubi exercitata est militia maxima.

Et notandum, quod cum in tantis periculis Brudgensium locus fuisset, ut cives nullo consilio sibi posse, nisi a solo Deo, mederi credidissent, et ideo cordis sacrificio Deum placassent, dispensatione solita Deus subvenit ipsis; nam consulem Willelmum gladio sui judicii enecavit, sed illo quippe modo, ut non in propria sed in alienae pugnae caussa, scilicet ducis illius cujus in auxilio militabat, emoreretur. Proinde nos Brudgenses a morte illius innoxii deputabamur, quoniam quidem nemo e nostris ipsi intulerat mortem, imo eodem tempore, quo defunctus*d* est a vita, nos timebamus illum procul dubio ad nos obsidendos futurum. Illi etiam ex Ostkercka milites, qui de consilio comitis Theodorici et nostro pendebant, eadem die qua obiit consul Willelmus, improperabant nobis quod traditores fuissemus, et recesserunt a nobis. Interea apud Bruggas nuntius venit, qui mortem denuntiaret Willelmi consulis; quo audito, cives et omnes nostrates Deo referebant gratias pro tanta liberatione sua et rerum suarum. Igitur mirabilis dispensatio Dei, quae hoc modo principem illum mori dispensavit, ut in ducis prefati obsidentis Alst auxilio obiret extra consulatum nostrum [3]. Et quamquam contra nostrum comitem et nostrates in parte pugnaret, non fuit quidem alicujus alterius caussa illius pugnae et obsidionis quam ducis. Et licet Willelmus comes libenter quacumque occasione nostrates impugnaret, et ideo in auxilium ducis maxime conscendisset, ejus

a. aliqui ex *ed.* — *b.* Folquotus P. — *c.* et *ed.* — *d.* functus *ed.*

1. Wyngene, à 22 kil. S. de Bruges.
2. Thielt, à 27 kil. S. de Bruges.
3. Alost, où fut tué Guillaume de Normandie était en effet une terre allodiale ne relevant pas du comté de Flandre dont elle ne fit partie que depuis 1160.

pugna aut ejus mors ibidem a Deo prefixa non imputabatur nisi duci; ducis enim miles in hoc fuerat, nec ibidem pro comitatu primo, sed pro salute et honore ducis, velut alius quislibet solidarius, mortuus est. Contendunt aliqui quod nostrates, postquam expulerant Willelmum consulem, superopposuerunt ei Theodoricum comitem, et eundem argento et consilio et omni facultate tam consilii quam pecuniae undique confirmatum in castris et omnibus locis, in quibus prevenire poterant, Willelmo illi opposuerunt ad resistendum; illo enim modo non potuerunt innocentes a morte illius probari. Alii dicunt ducem impetisse Theodoricum comitem[a], quia presciebat, si ipse Theodoricus forte regnaret et persisteret in consulatu Flandrensi, multa mala posset in posterum inferre sibi, et fortassis a ducatu expelleret[1], aut saltem dotem illam, pro qua comes Theodoricus satagebat ducem coram imperatore appellare[2] violenter auferret[b]. Comes Willelmus pro consimili causa in predicta ducis obsidione impugnabat comitem Theodoricum, quia sciebat hunc emoliri, quo astu a consulatu expellere ipsum potuisset; attamen sibi injuste et traditiose sciebat[c] illum Theodoricum sibi superpositum fuisse, et ideo utrimque[d] poterant rationabiliter et comes Willelmus pro causa ducis et pro propria injuria ibidem recte occubuisse, et comes Theodoricus pro dote a duce expostulata juste et pro comitatu oblique tradito ibidem restitisse[e] duci et Willelmo comiti.

[121.] Queratur[f] ergo, cum per mortem alterius Deus pacem vellet restituere patriae, cur magis dispensavit, ut moreretur Willelmus comes, qui justiorem caussam regendi

---

a. deest ed. — b. auferre ms. — c. sciebant ms. — d. utrique ed. — e. restitisset ms — f. querebat ms.

---

1. Sur ceci, v. plus haut p. 169 n. 2.
2. Il s'agit du douaire de Clémence, veuve du comte de Flandre, Robert II, que le duc Godefroi avait épousée en secondes noces. Ce douaire était fort considérable. Il comprenait, d'après Walter, § 8 : *circiter 12 oppida*; la *Genealogia comitum Flandriae, Mon. Germ. hist . Script.*, IX, 324, dit qu'il comprenait à un tiers de la Flandre.

terram obtinuit, et quare non citius *a* mortuus fuit Theodoricus comes, qui injuste superpositus videbatur, aut qua justitia Deus concessit ei consulatum, qui violenter arripuit dignitatem. Si igitur neuter eorum bene suscepit comitatum, jure uterque *b* erat auferendus. Attamen quia jure hereditario Theodorico consuli pertinebat comitatus, jure eum possidet; et si injuste videatur arripuisse, tamen quia olim ante electionem illius Willelmi, qui mortuus est, per litteras directas primatibus Flandriae requisiverat, quod sibi pertinebat, quamquam et tunc non sit exauditus ab illis, non minus debebat petere et conquirere hereditatem suam, quae injuste sibi ablata est, et alii injuste a rege Franciae vendita. Igitur post tot controversias preponimus justiorem caussam Theodorico comiti, qui non injuste *c* dicitur superpositus consuli Willelmo, imo ille comes mortuus ipsi Theodorico injustissime superpositus est, et per coemptionem ex regis potestate potestative comes effectus. Igitur jure *d* illum ex antiqua justitia Theodoricum vitae *e* reservavit, et suae hereditati restituit, illumque morte a consulatu removit, qui quantumcumque potenter viveret, totam terram vastaret, omnesque terrae incolas ad bellum civile provocaret, legesque Dei et hominum confunderet, quem lege districta Deus viam universae carnis ingredi non sine malis meritis suis adjudicavit. Nec enim comes Willelmus de omnibus quae in vita possedit secum post mortem permanere fatebitur inter umbras, quas ad penalia loca premisit, nisi militiae laudem; bonus enim in militia dicebatur [1]. Igitur tantam injuriam, quia nulla potestas humana corrigere aut potuit aut voluit *f*, secundum lineam districti examinis sui Deus correxit. Ideoque in homines Flandriae iram et flagella indignationis suae intulit, quia omnium erat in arbitrio positum ante deliberare, previdere et discutere et

---

a. occius *ms.* — *b.* utrique *ed.* — *c.* juste *ms.* — *d.* deest *ed.* — *e.* jure *ms.* — *f.* noluit *corr. Köpke.*

---

1. Herman de Tournai, les généalogies des comtes de Flandre, Ordéric Vital, Robert de Thorigny, Henri de Huntingdon, etc., sont unanimes pour reconnaître le courage de Guillaume.

summa diligentia perquirere, Deumque contrito corde et piae mentis sacrificio super hoc placare, quem sibi et patriae dominum prestituerent, et electum amarent et venerarentur. Quia ergo hoc neglexerunt, eum, quem incaute dominum susceperunt, tyrannum et vastatorem totiusque mali exa*orem perpessi sunt, eundemque post electionem et susceptionem in consulatu nullam viam vel mores honestos predecessorum comitum, principes et*a* bajuli aut consiliarii terrae docuerunt, sed ad predam et argutas fallacesque causas instruxerunt, quibus pecunias infinitas super cives et burgenses terrae conquirerent et quandoque violenter extorquerent.

[**122.**] Igitur Theodoricus Flandriarum marchio ab illo mortis Willelmi tempore regnavit, et peragratis castris, scilicet Atrebato, Teruannia, Sancto Audomaro, Insulis, Aria, in quibus locis more bonorum predecessorum suorum venerabiliter susceptus est a clero et populo, et fide et hominio confirmatus, tandem ad reges Franciae et Angliae ascendit, suscepturus ab ipsis feoda et donaria regalia. Complacuit ergo sibi utriusque regni scilicet rex Franciae et rex Angliae super comite nostro Theodorico, et investituras feodorum et beneficiorum, quae ab ipsis sanctissimus et piissimus comes Karolus obtinuerat, gratanter dederunt [1].

a. aut *Köpke.*

---

[1]. Cf. Herman de Tournai, *Mon. Germ. hist., Script.,* XIV, p. 289. On ne connaît pas la date exacte de la reconnaissance de Thierry comme comte de Flandre, par le roi de France. Simon de Durham, *Rec. hist. Franc.,* XIII, p. 83, rapporte qu'après la mort de Guillaume un accord intervint entre les rois de France et d'Angleterre, ce dernier renonçant à tous les droits qu'il réclamait sur la Flandre en faveur de Thierry. — Les fiefs que Thierry releva de Henri II ne sont pas des fiefs de terre, mais de simples fiefs d'argent, tels que, depuis la fin du xie siècle, ses prédécesseurs en avaient reçu du roi d'Angleterre moyennant la promesse de certains services militaires; v. Rymer, *Fœdera,* I, p. 1, 2 (édit. de La Haye 1745).

APPENDICE

POÉSIES LATINES

SUR LE MEURTRE DU COMTE CHARLES LE BON

I

LAMENTATIO DE MORTE KAROLI COMITIS FLANDRIAE *a* [1]

Proh dolor! ducem Flandriae*b*
et*c* defensorem ecclesiae,
bonum tutorem patriae
et cultorem justiciae,

Traditorum versutia,
impiorum nequitia,
plena gravi invidia,
peremit pro justitia.

---

a. Ce titre est celui du ms. de Baluze (B); le ms. de Douai (D) n'a pas de titre. On lit dans l'éd. des Boll. : Lamentatio de morte B. Caroli comitis Flandriae; et dans celle de Martène : Rithmus de nece Caroli boni Flandriae comitis. — *b.* D écrit régulièrement e au lieu de ae, oe. — *c. deest* D, Martène.

---

1. Cette pièce a été imprimée trois fois : 1° par les Bollandistes, *Acta Sanctorum*, mars, I, pp. 218, 219, d'après un manuscrit de Jacques Sirmond; 2° par Martène et Durand, *Amplissima collectio*, VI, col. 1103 à 1138, d'après un manuscrit du XIII° siècle provenant de S. Martin de Tournai; 3° par Édélestand du Méril, *Poésies populaires latines du Moyen-Age*, pp. 226 à 275, qui s'est borné à reproduire, mais assez négligemment, le texte des Bollandistes. On trouvera ici les variantes de deux manuscrits : 1° d'un manuscrit du XIII° siècle, provenant du monastère de Marchiennes, actuellement à la bibliothèque de Douai, n° 882 (anciennement 838), fol. 135 r° et 135 v°; M. le professeur Holder-Egger a bien voulu mettre à ma disposition la collation qu'il en a faite avec le texte publié par Martène et Durand; 2° d'une copie du XVI° siècle, provenant de Saint-Quentin, insérée dans le manuscrit n° 43 de la collection Baluze, à la Bibliothèque nationale de Paris, fol. 258 r° et 258 v°. Dans ces deux manuscrits, comme dans le texte publié par Martène et Durand, le poème ne présente aucune division. Dans le texte publié par les Bollandistes, il est divisé en trois parties ayant chacune un titre différent. Il est probable que ces titres ont été ajoutés par les éditeurs. La pièce est, en effet, visiblement d'un auteur unique et forme un tout dont les parties s'enchaînent

O infidelis^a Flandria!
o crudelis! o impia!
quae te cepit dementia,
quae perversa nequitia,

Ut ducem tuum^b sperneres,
mortem illius quaereres
et laqueos praetenderes,
protectorem perimeres?

Tu per eum^c florueras
et decorem indueras,
primatum obtinueras,
cunctis^d honore praecras.

Sed quia fornicata es
praevaricatrix facta es,
et non^e audenda ausa es,
prae ceteris spernenda es.

O infelix! o misera!
crudelis et pestifera!
Cur^f intulisti vulnera
patris^g fundendo viscera?

Cur hoc scelus perpetrasti,
pacis jura^h conturbastiⁱ,
justiciam violasti,
patrem tuum jugulasti?

Quid vobis deerat, impii,
crudelitatis filii,
tanti sceleris conscii,
timoris Dei nescii?

Non aurum, vestes, praedia,
non equorum subsidia;
ergo pro^j multa copia
perpetrastis^k flagitia.

O moerore plena dies!
nostri luctus materies,
qua finivit^l nostra quies,
per malignas^m progenies!

Omni privanda lumine,
tetroⁿ fuscanda turbine,
quo patria^o munimine,
privatur et regimine!

Impudens luge Flandria,
gravi^p digna miseria!
tibi manent supplicia,
mortis inscrutabilia.

Prius eras praecipua,
modo facta es fatua,
exigente culpa tua,
strages reddetur mutua.

---

a. infelix, D. — *b.* tuum ducem, *Martène.* — *c.* Super eum, B. — *d.* multis, D, *Martène, Boll. Du Méril, corr.* multos. — *e.* tam, B. — *f.* quae, B. — *g.* pacis, *Martène.* — *h.* vota, *Martène.* — *i.* turbavisti, B. — *j.* prae, *Martène.* — *k.* perpetratis, *Boll.* — *l.* finitur, D, *Martène, Boll. Du Méril.* — *m.* maligna, D. — *n.* caeco, B. — *o. Du Méril corr.* qua patria. — *p.* grandi, B.

---

parfaitement. En revanche, le texte publié par Martène et Durand contient quelques strophes qui ne se trouvent ni dans le texte publié par les Bollandistes ni dans les manuscrits, et qui sont dues probablement à un interpolateur. — Les détails très précis que donne cette pièce sur l'assassinat de Charles le Bon et les évènements qui suivirent, permettent de croire que son auteur était Brugeois. L'*Histoire littéraire de la France*, VI, p. 137, l'attribue à un poète flamand nommé Blittero. Ce Blittero est connu par une phrase d'Ordéric Vital qui fait de lui l'auteur d'un poème perdu sur la mort de Henri V. L'*Histoire littéraire* dit à tort qu'il était d'Utrecht. Une charte de 1116 (*Miraeus-Foppens, Op. dipl.*, II, p. 961) prouve qu'il était chanoine à Bruges.

[*O infelix revertere,
cilicio induere,
asperge caput cinere,
festina culpam luere.

Ne te Deus abjiciat,
in abyssum projiciat,
atque lacus deglutiat,
qui proditores cruciat.

Commisso tanto scelere,
es digna multo genere
tormentorum, nec vivere
vix poteris evadere.

Pete tibi propitiam
Dei misericordiam,
ut per ipsius gratiam
adipiscaris veniam.]

Karole gemma comitum *b*,
dux inclite *c*, flos militum,
te dolemus immeritum
pertulisse interitum *d*.

Cujus prudens modestia
et sollers *e* vigilantia
sollicita *f* pro patria
tuta servabat omnia.

Te exhorrebant impii,
amabant pacis *g* filii,
bonis locus refugii,
malis eras supplicii.

Nam *h* domans gentes efferas
non tantum quibus praeeras,
cum aliquando aberas,
verbo subdere poteras.

Te luget dulcis Gallia,
pro te gemit Burgundia,
teque deflet Apulia *i*,
insuper nostra patria.

Quae lacrimarum flumine
exuberans sine fine,
flet se tuo regimine
privatam et munimine *j*.

a. Les quatre strophes placées entre crochets ne se trouvent que dans l'édition de Martène et Durand. — b. Dans l'édition des Bollandistes on lit, avant cette strophe, le titre : Lamentatio alia. Dans le manuscrit de Douai Karole a une grande initiale. — c. inclyto, B, Martène, Boll., Du Méril. — d. protulisso exitium, B. — e. solers, Martène, Boll. — f. sollicito, Boll., Du Méril. — g. patris, Du Méril. — h. Cette strophe manque dans le manuscrit de Baluze et dans l'édition des Bollandistes. — i. Ce vers manque dans les manuscrits de Douai et de Baluze. Il est remplacé, dans l'édition des Bollandistes, par :

et proxima Britannia.

Il faut évidemment préférer à ce vers celui que l'on trouve dans l'édition de Martène et Durand. La mère de Charles le Bon s'étant remariée à un duc de Pouille, il est tout naturel de voir le nom de ce pays figurer parmi ceux des contrées qui pleurent la mort du comte. — j. Les deux derniers vers de cette strophe manquent dans l'édition de Martène et Durand. On lit dans celle des Bollandistes et dans le manuscrit de Baluze :

flet vacua (vacuo, B) regimine
privata et munimine.

Le manuscrit de Douai donne évidemment la bonne leçon : à la place de se il a deux lettres illisibles, mais dont la signification, vu le sens, ne peut être douteuse.

[a Luget tellus morte tua,
facta cultore vacua,
ecclesia sit vidua,
mala ferens continua.

Te deflet nostra regio,
suo privata gaudio,
fugit pius pro impio,
fit omnium confusio.

O quam dira, quam effera,
quam saeva, quam pestifera
mors prae omnibus aspera,
quae nobis demit prospera!

Ovis pastorem jugulat,
sibi peccatum cumulat,
genusque suum maculat,
sine spe digne exulat.]

O quam bona constantia,
quam constans patientia,
moritur pro justitia
per quam b constabat patria.

Cum esset in ecclesia
intentus in psalmodia,
orans Deum mente pia,
emersit cohors c impia.

Mox exeruntur gladii,
jugulant patrem filii,
perimuntur innoxii
una quatuor socii d 1.

[e O approbanda bonitas,
incomparanda puritas,
quam ita jungit caritas
ne separet adversitas!]

Junguntur amore pio,
mortis dantur f exitio;
eorum internecio g
fit Flandriae confusio.

Hic h cum duobus filiis
pater truncatur gladiis,
qui eruti ab impiis
coeli fruantur gaudiis 2.

[i O proles digna titulis,
cunctis amanda populis,
quae pro amore consulis
carnis solvitur vinculis!]

Mox istorum j cognatio,
compatiens exitio k,
luget, gemit corde pio,
ut exigit conditio.

a. Les quatre strophes placées entre crochets ne se trouvent que dans l'édition de Martène et Durand. — b. per quem, D, Martène, Ball., Du Méril. — c. canis, B. — d. filii, Du Méril. — e. Cette strophe ne se trouve que dans l'édition de Martène et Durand. — f. damnantur, Martène. — g. internecio D. On lit au lieu de ce vers dans le manuscrit de Baluze :

horum infami vitio.

h. Sic, Martène. — i. Cette strophe ne se trouve que dans l'édition de Martène et Durand. — j. sed eorum, Martène. — k. exillio, corr. exitio, D.

1. Voy. Galbert, § 16, 17.
2. Voy. ibid., § 10.

Cesset amodo lugere *a*,
studeat preces fundere,
constat animas quaerere
juvari precum munere.

Pia Dei clementia
caesos pro tua gratia
transfer ad *b* coeli gaudia,
ut tecum sint in gloria. Amen *c*.

[*d* Fundat preces pro fletibus,
det vota pro gemitibus,
orans ut in coelestibus
isti locentur sedibus.]

Descripta morte consulis *e*
cunctis invisa *f* populis *g*,
lacrimis flenda sedulis
et inaudita saeculis,

Describantur *h* crudelia
impiorum supplicia,
quae pro sua nequitia
pertulerunt in Flandria.

Justa Dei potentia
volens tanta flagitia
suppliciis obnoxia *i*
puniri cum justitia,

Mittit ab Austro judicem *j*
justitiae opificem
et nequitiae vindicem
qui impiis reddat vicem.

Venit igitur *k* Franciae
rex provisurus patriae *l*,
inimicus nequitiae
et amicus justitiae.

Init grande consilium
qualiter agmen impium
puniat *m*, quod discidium *n*
fecit per homicidium.

Cum principibus loquitur,
de nefandis conqueritur,
consilium revolvitur,
sanum tandem suggeritur.

Hortantur mentem regiam
ut transeat in Flandriam
punitura *o* nefariam
nefandorum nequitiam.

Rex fretus hoc *p* consilio,
illuc it *q* cum consortio,
hos daturos exitio
opere pro nefario.

---

a. luere, D. *On lit au lieu de ce vers, dans le manuscrit de Baluze :*

Celsus admodum ludere.

b. In. B. — c. *Dans l'édition de Martène et Durand cette strophe est placée après la strophe 33.* — d. *Cette strophe ne se trouve que dans l'édition de Martène et Durand.* — e. *On lit, avant cette strophe, dans l'édition des Bollandistes, le titre :* Vindicta de morte ejusdem comitis. *Dans le manuscrit de Douai, descripta a une grande initiale rouge.* — f. deest B. — g. apostolis, B. — h. vescebantur, B. — i. innoxia, Martène. — j. indicem corr. judicem, Du Méril. — k. quoque rex, B. — l. *Ce vers manque dans B.* — m. nunciat B. — n. dissidium, B. Martène, Boll., Du Méril. — o. puniturus B. — p. hoc fretus, B. — q. illuc et, Du Méril; illico it B; *il est entre crochets dans l'édition de Martène et Durand.*

Hoc audientes noxii
iniquitatis filii,
quaerunt locum refugii,
vim timentes imperii [a].

Intrant castrum tutissimum,
ad bellandum [b] aptissimum,
cor habentes promptissimum [c]
tueri nefas pessimum.

Sed Ysaac subtractus [d] est,
monachus simulatus est [1],
ovina pelle tectus est,
qui ferox lupus intus [e] est [f].

Captus fatetur peccasse,
tantum scelus perpetrasse [g],
mortem comitis tractasse,
quem [h] debuit honorasse.

Ore suo convincitur [i],
ad tormentum [j] deducitur :
sic [k] in altum suspenditur,
quod meruit [l] assequitur.

Intrat ergo rex Flandriam,
cohortem quaerens impiam,
de his, per Dei gratiam,
expleturus justitiam.

Venit potestas regia,
machinis vallat moenia,
aggreditur palatia [m],
quibus latet gens impia.

Utrimque bellum geritur,
hostis hostem aggreditur [n],
alter mucrone [o] coeditur,
alter jaculo figitur.

Istis dat vires caritas,
illis crescit [p] debilitas,
his animum dat aequitas,
illis tollit iniquitas.

Qui privati consilio
desperant de auxilio,
tanto pro homicidio
dari timent exitio.

Caput hujus nequitiae
nullius dignum veniae,
per fenestras [q] maceriae [r]
dimittitur ab acie [2].

Dum desperat de venia,
cogente conscientia,
fugit nequam per devia,
mortis timens exitia.

a. On lit au lieu de ce vers dans le manuscrit de Baluze :
    ut se salventur impii.

b. abellandum, B. — *c. Ce vers manque dans B.* — *d.* deest B. — *e.* visus, B.
— *f. Dans l'édition de Martène et Durand, cette strophe est remplacée par la suivante :*
    Isaac tamen abfuit,
    monachi vestes induit,
    ovem mentitus latuit,
    qui post hoc lupus patuit.

g. perpettasse, *corr.* perpetrasse, *Du Méril.* — *h.* cur Boll., *Du Méril.* —
i. convicitur, B. — *j.* cornitum, B. — *k.* hic, B. *Martène.* — *l.* quaesiit, *Martène.* — *m.* pallatia, B. — *n.* assequitur, *Martène.* — *o.* mucione, *corr.*
mucrone, *Du Méril.* — *p.* obest, B. — *q.* fenestram, Boll., *Du Méril.* —
r. machinae, B.

1. Voy. Galbert § 84.
2. Voy. *ibid.*, § 42.

Huc et illuc progreditur
fugere mortem nititur :
sed latere non sinitur *a*
qui hoc scelere premitur *b*.

Compertum est prepositum *c*
sic latenter expositum
fugisse, ne interitum *d*
subeat propter meritum.

Passim per terras quaeritur,
tandem repertus capitur,
ad judicium trahitur,
quod promeruit patitur.

Tortores tenentes eum
ponunt in collo laqueum,
trahitur *e* ad eculeum *f* :
talis poena decet *g* reum.

In eculeo *h* ponitur,
pugnis, fustibus caeditur,
saeva *i* flagella patitur :
sic cruciatus *j* moritur.

Iste postquam mortuus est,
patibulo suspensus est.
ita tractari dignus est;
qui proditor probatus est.

Redeamus ad alios
iniquitatis filios,
proditionis conscios *k*,
prae omnibus nefarios.

Audita fama miseri
de capite sic fieri,
non cessant intus conqueri,
sic metuentes *l* conteri *m*.

Burchardus *n* mox exponitur,
fugiens errat, capitur;
captus ad mortem trahitur,
rotae *o* suspensus moritur [1].

Audiens cohors impia
et hunc *p* pati supplicia,
desperando de venia,
reddit castelli moenia.

Intrat castrum rex inclitus *q*
et ipsius exercitus,
de consule sollicitus
currit *r* fundendo gemitus,

Ad ducis tendit *s* tumulum *t*,
gemitum promens querulum,
flet, plangit gemmam consulum *u*
bene regentem populum [2].

a. fruitur, Boll., Du Méril. — *b.* Les trois derniers vers de cette strophe sont remplacés par les suivants dans le manuscrit de Baluze :

fugit, mortem insequitur,
sed latens tandem sumitur,
qui hoc scelus.....

c. propositum, B, Martène — *d.* exitium, B. — *e.* traitur, D. — *f.* equuleum, Martène, Boll., Du Méril. — *g.* decuit, Martène. — *h.* equuleo, Martène, Boll., Du Méril. — *i.* sceva, D. — *j.* cruentatus, B. — *k.* socios, B. — *l.* intuentes, Boll., Du Méril. — *m.* finiri, B — *n.* Burcadus, D. Burgardus, B, Boll., Du Méril. — *o.* rota, B. — *p.* per hunc, B. — *q.* inclytus, Martène, Boll., Du Méril. — *r.* errat, B. — *s.* transit, B. — *t.* adducit tradi tumulum, Boll., Du Méril. — *u.* flet vulgus gemmam consulum, B.

1. Voy. Galbert § 80.
2. Voy. ibid., § 64.

His expletis ^a doloribus
et captis proditoribus,
alligantur compedibus,
mancipandi tortoribus.

Tractatur de supplicio,
exqueritur confusio ^b,
placet vultui regio
hos n ori praecipitio ¹.

Ruunt ab arcis solio,
mortis dantur exitio :
hoc sunt digni supplic:o,
quibus placet proditio.

II ²

Karole ^c, tu mea cura manens ^d,
Karole, tu mea flamma calens,
Karole, te mea lingua colit,
Karole, te mea musa canit.
Karole, regia progenies,
Martyris, apta patris soboles,
Rite viam ingrederis.
Karole, dum patre signifero,
Milicie geris arma Deo,
Fortiter hostis ad ^e insidias
Pervigiles agis excubias.
Karole, dum bene pauperibus
Agnus es et leo divitibus,
Hos reprimis sed eos relevas.
Omnibus omnia factus eras.
Karole, dum tua larga manus
Larga stipendia pauperibus

a. expertis, B. — *b.* confessio, *Martène*. — *c.* Carole *ms*. — *d.* manes *ms*. — *e.* ab *ms*.

---

1. Voy. Galbert, § 81.
2. Pièce publiée dans le *Catalogue des manuscrits de la bibliothèque de la ville d'Arras* (Arras, 1860), p. 281, d'après un ms. du XIIe siècle provenant de l'abbaye d'Ourscamp, où elle se trouve à la suite de la vie de Charles le Bon, par Walter.

Distribuit inopes*
Arce poli bene condis opes.
Karole, talibus officiis
Crimina diluis et lacrimis
Justicieque simul meritis.
Multiplicatus inimicicias
Circuit et studet ut pereas.
Karole, dum bene stratus humi
Daviticum [b] miserere mei
Psalmis in ecclesia,
Gladio crederis hostia grata Deo.
Karole, commoda debilibus
Pluribus obtinet hic obitus.
Martyrium quia judicio
Sic Deus approbat ipse suo.
Karole, consule te, pietas
Floruit et viguit probitas,
Sed quasi morte tua vegetum
Nunc caput omne levat vitium.
Karole, consule te, rabies
Bellica cessat et alta quies
Multiplicat populi varias
Rure, mari, lare, divicias.
Karole, te duce, Flandria gens,
Inclita que fuit atque potens
Ipsa cruore notata tuo,
Perfidie patet obprobrio.
Karole, te duce, terribilis
Hostibus undique cara suis,
Jam modo sordet et est humilis,
Hujus habens maculam sceleris.
Karole, sed nota diluitur
Criminis ejus et obtegitur.
Ultro reos quia persequitur
Gens ea vivere nec patitur.

a. Ed. laisse entre distribuit et inopes un blanc qui n'existe pas dans le manuscrit. — b. Davidicum ed.

III[1]

Huc ades, Calliope,
vires mihi suggere!
carmen fingo lugubre
nobili de principe

Quem produxit Dacia
satum stirpe regia;
mater fuit Athala
Frisionis filia.

Pater cujus, hostia
factus in ecclesia,
mortem pro justitia
pertulit in Dacia.

Noster autem Carolus,
clam sublatus hostibus,
fugit ad avunculum
comitem Flandrensium.

In qua proles regia
marchionis curia,
crevit sapientia
atque morum gratia.

Ubi vero inclitus
obiit avunculus,
Balduinum patrio
statuunt in solio.

Hic vicinis regibus
terror fuit omnibus,
cultor suae patriae,
hostis injustitiae.

Morbo insanabili
fracta carne fragili,
Sithiu[2] fit monachus
et successit Carolus.

Quo regnante, Flandria
viguit militia;
cujus sub imperio
floruit religio.

Auxit patrum gloriam,
comitum potentiam;
plurimas Flandrensibus
terras junxit finibus.

Heu! heu! magne marchio,
digni regni solio,
forma digna principe
digna tanto nomine!

Heu! pater ecclesiae,
nostrae decus Flandriae,
ultor injustitiae
et munimen Franciae!

---

1. Cette pièce est insérée dans le *Chronicon S. Andreae Castri Cameracensis*, éd. *Mon. Germ. hist.*, Script., VII, pp. 547, 548, 549. L'auteur de la chronique l'a fait précéder de ces mots : *Super hujus comitis morte multi multa carmina flebili voce finxere. De quibus monachus unus lugubre carmen, sed memoria dignum, metricis versibus composuit, quod nos ob auctoris laudem et lectoris admirationem hic etiam inserere curavimus.* Edélestand du Méril, *op. cit.*, pp. 260 à 266, a imprimé ces vers d'après le texte de la chronique du Câteau, publié par Le Glay, en 1834 (en appendice à la chronique d'Arras et de Cambrai, dite de Baldéric), p. 383.

2. Nom ancien de l'abbaye de S. Bertin, à Saint-Omer.

Dux bonorum previus,
cleri defensor pius,
monachorum clipeus,
terror malis omnibus.

Te Flandrorum comite,
quiescebant semitae;
nec audebat quis tuam
conturbare patriam.

Preda nunc efficimur,
undique diripimur;
fit, pastore mortuo,
ovium direptio.

Nemo justum sequitur,
paxque tecum moritur,
et, abscisso capite,
membra pugnant undique.

Dole, plange, Flandria,
quasi patrem filia;
nulla sunt solatia,
perit tua gloria.

Ad lamentum convoca
quaeque regna proxima
et ad tua funera
planctus pulset aethera !

Cum facit justitiam
passus est invidiam,
et pro causa pauperum
pertulit martirium.

Ergo pro justitia
coronatur gloria,
et laetandum potius
sed tamen non possumus.

Cogit nos continuo
flere desolatio,
cujus in absentia
conturbantur omnia.

Flent Pontus et Anglia
totaque Normannia
tu[a] plus his, o Francia,
sed minus quam Flandria.

Flandria, tu misera,
tua tunde pectora;
scinde genas unguibus,
neque parcas fletibus !

Hinc dolet Italia
totaque Sicilia,
duraque Germania
atque Lotharingia.

Nostra nam miseria
terrae pulsat intima,
doletque cum Dacia
Thule remotissima.

Glacialis Rhodope
stupet tanto scelere,
Geticusque Ismarus
et exclusa Bosphorus.

Ploret et Hispania
juncta cum Galatia;
nec laetetur Graecia,
lacrimante Flandria.

O Flandrenses miseri,
porta patens inferi
devoret vos penitus
nec evomat amplius !

a. *Le texte porte* te.

Quae vos, servi, furia
compulit ad talia?
Sicut Judas proprium
tradidistis dominum.

Quae jam vestro sceleri
poena possit fieri?
quaerere non desino
nec tamen invenio.

Superatis nimium
facinus Lemniadum,
Danaique funera
vestra vincunt scelera.

Non est tam sacrilego
poena digna populo;
vos expectant omnia
tormentorum genera.

Ergo Judae perditi
facti estis socii;
secum in supplicio
vos expectat mansio;

Tantalus purgatus est,
vester ejus locus est;
et nocentum agmina
cedunt vobis omnia.

Immo pene miserum
fecistis innoxium.
Tradens enim Dominum
implet vaticinium.

Ixion jam exilit,
rotam vobis deserit;
saxumque volubile
vos oportet volvere.

Multis quippe profuit
Dominum quod tradidit;
sed vestra traditio
multis est perditio.

Stupet mundi machina;
pavent Ditis abdita;
horrent coeli sidera
tam nefanda scelera.

Fecit ergo nescius
quod prodesset pluribus;
sed vestra vesania
multis erit noxia.

Et nos exhorrescimus,
unde finem facimus,
ne sordescant saecula
talium memoria.

IV

DE B. CAROLO BONO [1]

Non lingua fari, non corde scio meditari,
auris cujusquam non tale audiit usquam.

---

1. Cette pièce a été publiée par les Bollandistes dans le *Catalogus codicum hagiographicorum latinorum... qui asservantur in bibliotheca nationali Parisiensi*, I, p. 116, d'après un ms. du xiiiᵉ siècle provenant de Saint-Germain-des-Prés (Bibl. Nat., ms. latin, 2414).

Et cui sufficerent oculi, si tale viderent?
Si datur in mundo Judam vixisse secundo,
qui Christum poenae tradens in tempore coenae,
in feria quinta nummos numerando triginta,
poenis affligi fecit simul et crucifigi;
et si majestas Herodis sive potestas
usque modo staret et adhuc regnare putaret,
qui nasci demit multis quos ense peremit,
ense secans artus, praecedens tempora partus;
et si Flandrigena gens posset vivificari,
quam fecit poena rex Francorum cruciari,
consule pro Karolo quem gens haec martyrizavit,
furtim, nocte, dolo, prece, prostratum jugulavit.

V [1]

Anglia ridet, Francia luget, Flandria languet.
  Huic lupus, huic baculus, huic pater iste fuit.
Pene puer, sed facta viri temerarius armis,
  sed prudens animo, consilioque bonus.
Arma decebant, bella favebant, castra timebant,
  cur fuit hoc? habilis, strenuus, asper erat.
Dona suis, pacemque bonis frenumque tyrannis,
  mirificus, mitis, magnanimusque dabat.
Si quid agebat, erat uterque a Caesare talis,
  non fuit ultra se, mens sua semper erat.

---

[1]. On trouve ces vers dans le *Chronicon comitum Flandrensium*, publié par De Smet, *Corpus chronicorum Flandriae*, I, p. 79.

VI

ÉPITAPHES DE CHARLES LE BON [1]

a.

Hic pupillorum pater, adjutor viduarum,
   salvator patriae, zelator et ecclesiarum.
Pax et vita suis, formido et mors inimicis.
   Rebus pace suis undique compositis,
Flandrorum consul, Dacorum regia proles,
   Carolus hic obiit, innocuus periit.
In prece prostratus, Domini mactatus ad aram,
   sit pro justitia victima grata Deo
qua vivus viguit, defunctus pace quiescat.

b.

Carolus excessit comes ense doloque suorum,
ultio successit, mors dura gravisque reorum.

c.

Per te viventem tua Flandria, Karole, fulsit
   fama, pace, bonis, clara, beata, potens.
Te moriente perit pax, fama tacet [a], bona quisque
   raptor habet, passim vis sine lege furit.

---

a. jacet, *Meyer.*

---

1. Meyer a publié ces trois épitaphes dans ses *Commentarii sive Annales rerum Flandricarum* (Anvers, 1561), fol. 39 v° et 40 r°. Il ne dit rien de la provenance des deux premières. Quant à la troisième, elle lui a été envoyée de Cologne par Cornelius Gualterus de Gand. Les Bollandistes ont réimprimé ces trois épitaphes dans les *Acta Sanctorum*, mars, I, p. 220. Wattenbach a réédité la dernière dans l'*Anzeiger für Kunde der deutschen Vorzeit* (année 1869, col. 40), d'après un manuscrit du xii° siècle provenant du monastère de Laach. C'est sans doute une copie de ce manuscrit que C. Gualterus avait envoyé à Meyer. Le monastère de Laach fut fondé en 1093 par le comte palatin Henri II qui y fit venir des moines du monastère d'Affligem en Flandre. C'est l'un de ces Flamands qui aura composé l'épitaphe de Charles le Bon.

Militis officium non judicis evacuavit
 miles judexque fortis et equus[a] eras.
Templa, Deum, viduas, reparando, colendo, cibando,
 Martha, Maria, pius Samaritanus eras.
Armis, lege, minis, hostesque tuosque domabas,
 Corripiens pena facta, futura metu.
Dona bonis, veniam miseris, poenam sceleratis,
 largus, mansuetus, jura tuenda dabas.
Armorum, pacis, quia fortiter et sapienter
 res pertractasti, Cesare major eras.
Servus, justitia, templum, Martisque secunda
 cesor, causa, locus, lux tibi mortis erant.[1]

a. *Meyer corr.* aequus.

---

1. Pour comprendre ces deux vers, il faut observer que l'auteur, suivant une habitude dont on a quelques exemples au Moyen-Âge, réunit en deux groupes et sans tenir compte de l'ordre rationnel de la phrase, les mots déterminés d'une part et leurs compléments de l'autre. La construction est donc : *servus erat cesor; justicia erat causa mortis*, etc.

TABLE DES NOMS PROPRES

ET DES

PRINCIPAUX TERMES TECHNIQUES

qui se rencontrent dans l'Histoire du meurtre de Charles le Bon, par Galbert, et dans l'appendice.

N. B. — *Les chiffres renvoient aux pages; les chiffres supérieurs* (¹),(²), *aux notes; les noms imprimés en caractères italiques sont ceux qui se rencontrent seulement dans les notes.*

A

Aardenbourg, v. *Reddenburch*.
Abbas Gandavensis, v. *Arnulf*.
Absalon, abbé de S. Amand, 121[5].
Adala, Athala, mère de Charles le Bon, 3[1], 21[2], 110, 152, 186.
Adalardus, échevin d'Ysendyk, 81.
Adélaïde de Maurienne, femme de Louis VI, 75[7].
Adèle, mère de l'évêque Simon de Noyon, 37[2].
Aganitrudis, châtelaine de S. Omer, nièce de Bertulf, 75[4].
Alardus Warnestunensis, parent de Bertulf, 75[4].
Albertus, neveu de Bertulf, 12.
Algerius, Algerus, chambrier de Bertulf, v. *Oldgerus*.
Alix, fille de Godefroid de Louvain, 146[2].
Alst, Alost, 169, 170, 171, 173. — *Comté d'Alost*, 52[3]. — v. *Baldewinus ex Alst, Iwan ex Alst, Baudouin le Gros.*
Alstra, Halstra, Aeltre, 149, 161.
Anglia, Anglia terra, 22, 75[7], 187, 189. — Anglica moneta, 78. — Rex Anglorum, v. *Henri I*.
Ansboldus, chevalier, 80, 167.
Antheus, 64.

Apulia, 179. — Dux Apuliae, v. *Roger, duc de Pouille*.
Aria, Aire, 108, 128, 178.
Arnoldus, comte de Flandre, 109, 111, 112, 113.
Arnoldus, prétendant au comté de Flandre, 138, 141, 142, 144, 145, 147, 159.
Arnoldus ex Grandberga (Grembergen), 106.
Arnoldus Wineth, 166.
Arnoldus, chambrier de Charles le Bon, 31, 32.
Arnulf, abbé de S. Pierre de Gand, 36[4], 38, 40.
Arnulf, fils d'Eustache avoué de Térouanne, 64[5], 128.
Artrica, Aertrycke, 166.
Athelardus de Straeten, 14[2].
Atrebatum, Arras, 51[1], 75, 77, 78, 81, 82[1], 84, 108[11], 114, 141, 148, 151, 157, 176.
Aubert de Beveslare, 74[1].
Audenarde, v. *Oldenarda*.
Aurintacum, Origny-Sainte-Benoîte, abbaye, 30. — Abbatissa Auriniacensis, 84.
Axla, Axel, 162.
Axpoel, 163[1].

B

Baldewinus consul, *Baudouin II, comte de Hainaut*, 113, 114.

Baldewinus, Balduinus, Balduinus ex Alst ou ex [Gent, *Baudouin d'Alost*, 34[2], 45[3], 52, 83, 89, 108, 135, 136, 144[4], 148.

Balduinus, Baldewinus, comes de Montibus, comes Flandriarum, *Baudouin VI, comte de Flandre et de Hainaut*, 108[11], 109, 110, 111.

Balduinus comes de Montibus, *Baudouin IV, comte de Hainaut*, 108, 113, 116, 124, 141, 145.

Balduinus comes, *Baudouin VII, comte de Flandre*, 3, 35[2], 114, 82[2], 186.

Balduinus ex Somerenghen (Somerghem,) 56.

Balduinus de Tulpan, magnus praeco, 79[8].

Balduinus, *chapelain de Charles le Bon*, 31, 40.

Baldwinus comes Barbatus, *Baudouin V, comte de Flandre*, 12[8], 21[3], 109, 110, 115[4].

Barizis (Aisne), 32[3].

Basilius, saint, 11, 131. — *Altare S. Basilii*, 21[1].

Basilius, moine, 159.

Basilius, *notaire de Guillaume de Normandie*, 159.

Baudouin II, roi de Jérusalem, 10[1].

Baudouin I Bras-de-Fer, comte de Flandre, 20[3].

Baudouin IV, comte de Flandre, 109[1].

Baudouin le Gros, d'Alost, 52[3].

Beatae Mariae ecclesia, *Notre-Dame de Bruges*, 15[2], 164, 165. — Doyen, v. Thancmarus.

Beatrix, fille de Baudouin de Gand, 144[4].

Benkin, Borakin Coterellus, v. Lambertus.

Berenhem, *Beernem*, 153.

Bergae, *Bergues S. Winnoc*, 108. — Châtelains, v. Froolfus, Gieelbertus.

Bertolfus, Bertolphus, Bertulfus, Bertulphus, *prévôt de Bruges*, 12, 13, 14, 15, 16, 17, 18, 19, 22, 23, 28, 33, 34, 35, 36, 37, 38, 39, 40, 42, 43, 44, 47, 53, 57, 62, 68, 74, 75, 78, 88, 90, 91, 92, 93, 99, 116, 123[2], 125, 127, 129, 130, 134, 135, 136, 183.

Blittero, *chanoine de S. Donatien*, 177[1].

Boldrannus, Boldramnus, *châtelain de Bruges*, 115, 116.

Bordsiardus, Borsiardus, Burchardus, *neveu de Bertulf*, 12, 14[2], 16, 17, 18, 19, 20, 21, 25[3], 27, 29, 30, 32, 36, 42, 48, 50, 64, 67, 68, 71, 75, 78, 88, 99, 100, 116, 124, 127, 128, 135, 160, 161, 168[4], 183. — v. Fromoldus.

Bosphorus, 187.

Brabançons, routiers, 55[4].

Breviatores comitis, v. Notarii.

Britannia, 179[1].

Brudburch, *Bourbourg*, 26, 27, 30, 159. — Châtelains, v. Thémard, Henricus. — Abbesse, v. Gisèle.

Brudgae, Brugae, Bruggae, *Bruges*, 6, 12, 15[2], 17, 19[2], 23, 25, 28, 29, 30, 42, 43, 47, 85, 89, 110, 111, 112, 116, 117, 122, 124, 126, 127, 129, 131, 135, 140, 141, 142, 144, 145, 146, 147, 148, 149, 150, 153, 156, 159, 160, 161, 164, 165, 166, 167, 168, 169, 170. — Brudgenses, Brugenses, burgenses, cives, 37, 38, 39, 40, 44, 45, 47, 48, 49, 53, 54, 56, 58, 66, 67, 70, 72, 73, 74, 77, 78, 80, 81, 82, 83, 84, 85, 87, 96, 97, 98, 106, 117, 118, 119, 121, 122, 126, 131, 132, 133, 135, 140, 141, 142, 143, 144, 145, 147, 148, 149, 151, 153, 158, 160, 161, 162, 166, 167, 169, 172. — Suburbium Brugense, 15[2], 40[4], 42, 44, 45[2], 47, 48, 49, 50, 53, 55, 58, 67, 73, 80, 83, 86, 119, 141, 147, 169. — Castrum, Castellum, burgus Br., 20[3], 38, 39, 42,

47, 48, 49 ¹, 54, 55, 56, 57, 58, 59, 60, 61, 62, 65, 66, 69, 72, 74, 78, 80, 85, 86, 98, 99, 117, 119, 124, 125, 126, 131, 143, 145, 148, 149, 169, 182, 183. — *Franchise de Bruges*, 15 ². — *Châtelains*, v. Boldrannus,
Erembaldus, Gervasius de Praet, Hacket, Robertus, Walterus. — *Echevin*, v. Folpertus.
Buchold, *Bouchaut*, 162.
Burgundia, 179.

C

Calliope, 186.
Capellani comitis, 20, 123. — v. Balduinus.
Carolus, v. Karolus.
Casletum, *Cassel*, 108, 109 ⁶, 111, 112, 113 ², 129.
Cécile ou Ingertha, *sœur de Charles le Bon*, 138 ².
Cellarium comitis, 68. — Fratrum, 68.
Christianus de Gistela (*Ghistelles*), 168.
Clémence, *comtesse de Flandre*, 3 ³, 35 ², 75 ⁷, 146 ², 174 ².

Clerici comitis, v. notarii.
Clipello, *Capelle (Zélande)*? 112.
Cnuto, Cnutio, *Canut, roi de Danemark*, 3, 21 ², 110, 186.
Coloniensis civitas, 8. — *Archevêque*, v. Frédéric.
Compendium, *Compiègne*, 154.
Cono ex Frorerdesio (*Vlaadsloo*), 143, 158.
Cortracum, *Courtrai*, 146.
Coterelli, 59 ², 140. — v. Lambertus Benkin coterellus.
Cuislara, *Couckelaere*, 166.

D

Danaus, 188.
Daniel *de Termonde*, 53, 138, 140, 141, 142, 143, 144, 145, 146, 147, 148, 149, 150, 161, 163, 168, 170, 171.
Datia, *le Danemark*, 21, 186, 187. — Daci, 190. — Rex Datiae, v. Cnuto.
Dedda, Duva, *femme de Baldramne châtelain de Bruges*, 115.
Desiderius Hacket, *châtelain de Bruges*, 27, 36, 38, 39, 40, 50, 62, 65, 68, 73, 85, 88, 116, 136 ¹, 149, 150.
Desiderius, *frère d'Isaac*, 48, 50, 53 ¹, 72, 136, 137.
Deule, *rivière*, 157 ³.

Dikasmutia, *Dixmude*, 53. — *Châtelain*, v. Theodericus.
Dinsa, Dunsa, *Deynze*, 84.
Doedin de Penduch, 133 ³.
Domus comitis (aula, lobium, camera, sedes regalis), 20, 27, 40, 49 ¹, 51, 60, 63, 66, 67, 68, 71, 72, 96, 97, 124, 125, 126, 132, 149, 150.
Domus lapidaea, v. *Steen*.
Domus praepositi (lobium), 18, 33, 34, 49 ¹, 60, 61, 68, 69, 72, 73, 74, 118, 129.
Domus scabinatus, 49 ¹.
Donatianus, *saint*, 11, 121, 149.
Dux Lovaniae, v. *Godefroid I*.

E

Eggardus, *prêtre*, 100, 165.
Eggebert, *fils de Haissina*, 74 ¹.
Elsatam, Elsatan, *l'Alsace*, 77, 109, 141, 147, 148.

Erdenburg, Erdenburch, 88.
Erembaldus de Furnis, *châtelain de Bruges*, 12 ⁶, 115, 116.
Erlo, *chevalier*, 27, 128.

Estievenon de Kayhem, 134[8].
Etienne de Blois, 108[11], 140[4], 146[3].
Euripus, 2.
Eustachius, *châtelain de Furnes*, 129.

Eustachius ex Stenvordia (*Steenvoorde*), 89.
Eustachius, *clerc de Charles le Bon*, 31.
Everardus ex Gent, *chevalier*, 131, 133.

F

Festuca, virgula, 63.
Flandria, terra Flandrensis, Flandriae, terra, regnum, comitatus Flandriarum, 1, 3, 8, 10, 21, 24, 28, 41, 44, 57, 75, 82, 83, 88, 90, 93, 108, 109, 110, 112, 113, 114, 125, 131, 134, 136, 139, 140, 141, 142, 143, 144, 145, 146, 151, 152, 153, 154, 156, 157, 158, 174, 175, 176, 177, 178, 180, 181, 182, 186, 187, 189, 190. — Flandrenses, Flandrigeni, Flandri, Flandria gens, Flandrigena gens, 28, 43, 76, 80, 84, 86, 89, 108, 115, 162, 166, 185, 186, 187, 189, 190.— Flandrenses marini, 44, 112, 142. — Mercatores Flandriae, 43. — Lex comitum Flandriae, jus comitis, 13, 44.
Florent I, comte de Hollande, 21[9].
Florent II, comte de Hollande, 56[4].
Florerdeslo, Frorerdeslo, *Vlaadsloo*, v. Cono, Walterus Butelgir.
Folket, Folketh ex Tiled (*Thielt*), *chevalier*, 162, 173.
Folpertus, *échevin de Bruges*, 80.

Formesela, *Voormezeele*, 108, 173.
Franc-de-Bruges, 44[5], 80[8], 142[6].
Francia, 9, 21, 22, 75[7], 100, 139, 152, 154, 186, 187, 189. — Rex Franciae, v. Lodewicus, *Philippe, Robert*. — Franciae principes, 82.
Frédéric, archevêque de Cologne, 8[2].
Fredericus, Frithericus, *comte*, 162, 163.
Frisia, 110[4].
Fromoldus Senior, *chanoine de S. Donatien*, 32, 33, 36, 40, 41, 57, 165.
Fromoldus, Fromaldus junior, *notaire de Charles le Bon*, 31, 32, 33, 35, 41, 42, 44, 104, 141, 153.
Fromoldus, Fromaldus, *serviteur de Borsiard*, 50.
Fromoldus, surnom de Borsiard, 12[8].
Froolfus, châtelain de Bergues, 79[4].
Froolfus ex Somerenghen (*Somerghem*), 56.
Fulco, *chanoine de S. Donatien*, 74.
Furnae, Furnum, *Furnes*, 75, 108, 123, 129. — Furnenses, 43, 147. — *Châtelain*, v. Eustachius.

G

Galatia, 187.
Galbertus, *notaire*, 58.
Gallia, 179.
Gandavum, Gend, Ghendt, Ghendt, Gand, 6, 7, 20[3], 36, 38, 50[2], 51[1], 55, 64, 66, 70, 84, 124, 131, 138, 139, 141, 143, 146, 154, 156, 160, 162, 170.— Gandenses, Gendenses, burgenses, communio, 55, 56, 65, 66, 69, 70, 79, 84, 85, 108, 117, 138, 139, 140, 143, 144, 145, 147, 148, 149, 159. — Gendense coenobium, *S. Pierre*, 80. — Abbas Gandavensis,

v. Arnulf. — Châtelains, v. Wenemar, Siger. — v. Baldewinus, Iwan ex Alst *ou* ex Gent.
Georgius, *chevalier*, 50.
Gerardus, *prétendument frère de Simon duc de Lorraine*, 109.
Gerbertus, *bourgeois de Bruges*, 78.
Germania, 187.
Gertrude ou Pétronille, comtesse de Hollande, 56, 57, 109[9], 144.
Gertrudis, Gerthrudis, *comtesse de Hollande*, 21[2], 109, 111[4].

Gertrudis, *femme de Simon duc de Lorraine*, 76⁵, 109, 152¹.

Gervasius de Praet, *chambrier de Charles le Bon, châtelain de Bruges*, 28, 45, 46, 47, 48, 49, 50, 71, 85, 95, 96, 120, 122, 131, 142, 143, 144, 145, 149, 154, 156, 159, 160, 162, 163.

Giselbertus, *châtelain de Bergues*, 79.

Giselbertus, *châtelain de Bourbourg*, 27, 133, 180.

Giselbertus, *chevalier*, 67.

Gisèle, *abbesse de Bourbourg*, 163³.

Giselher, *personnage des Niebelungen*, 19¹.

Gistela, Gistella, *Ghistelles*, 81, 151, 153. — v. Christianus.

Godebertus, *clerc de Charles le Bon*, 31, 40.

Godefridus, *Godefroi, comte de Namur?* 8.

Godefroi, *duc de Lotharingie*, 115⁴.

Godefroi I (dux Lovaniae), *duc de Brabant*, 108¹¹, 146, 147, 161, 169, 171, 173, 174.

Godescalc Thaihals, 42.

Graecia, 187.

Grandberga, *Gremberген*, v. Arnoldus.

Guillaume Atheling, *fils de Henri I, roi d'Angleterre*, 1³.

Guillaume, *duc d'Aquitaine*, 16¹.

Guillaume, *châtelain de S. Omer*, 79⁵.

H

Hacket, Haket, v. Desiderius.

Haenau, Henau, *le Hainaut*, 109, 110³. — *Comtes*, v. Baldewinus, Balduinus, Herman, Renier. — *Comtesse*, v. Richilildis.

Haiolus ex Ostburg, 81.

Haltra, v. Alstra.

Harenae, *le sablon à Bruges*, 15², 27, 48, 80, 82, 86, 122, 148, 149, 153.

Hariulf, *abbé d'Oudenbourg*, 162?

Heinricus imperator Romanorum, *Henri V*, 1, 8, 146².

Helias, *doyen de S. Donatien*, 99, 100, 127, 130.

Henri III, *empereur*, 115⁴.

Henri I, *roi d'Angleterre*, 1, 22², 78, 79, 82³, 108¹¹, 140¹, 144, 146, 147, 151⁵, 171, 176.

Henri II, *roi d'Angleterre*, 146³.

Henricus, *châtelain de Bourbourg*, 144, 147.

Henricus, *chevalier*, 27.

Horibertus, *prêtre*, 165.

Herimannus, Hermannus ferreus, *chevalier*, 94.

Herman, *abbé de S. Martin à Tournai*, 121⁵.

Herman, *comte de Hainaut*, 109⁴.

Herodes, 189.

Hierosolima, Hierusalem, Hierosolimitani, 9, 10, 21, 130, 170. — Rex, v. Baudouin II.

Hildfredus, *prévôt d'Ypres*, 161.

Hispania, 187.

Holdlandia, *la Hollande*, 110⁴, 112. — Comes, v. Florent I et II, Robertus, Thierry VI. — Comitissa, v. Gertrudis, Gertrude.

Hongrecoltra, *à S. Omer*, 107².

Hoston, *châtelain de S. Omer*, 138¹.

Hugo Campus-Avenae, *Hugue, comte de S. Pol*, 35², 108, 148.

Hugo Berlensis ex Reddonburg (Aardenbourg), 81.

Hugo Snaggaerd, 143.

Hugue le Grand, *frère de Philippe I, roi de France*, 37².

I

Jadbeca, *Jabbeke*, 81, 159, 160.

Ide, *fille de Godefroi de Brabant*, 147¹.

Ingertha, v. Cécile.

Ingrannus de Esna, 18, 64.

Insulae, *Lille*, 20³, 84, 109, 123, 124,

135, 137, 153, 157, 159, 176. — Insulenses, 137. — Châtelain, v. Roger.
Joannes episcopus Morinorum, *Jean, évêque de Térouanne*, 44.
Joannes, *serviteur de Charles le Bon*, 28
Ipra, *Ypres*, 16, 28, 35, 42, 43, 64, 90, 95, 99 4, 108, 122, 123, 129, 131, 132, 139, 140, 141, 142, 147, 148, 151, 152, 161, 172, 173. — Iprenses, 91, 92, 93, 108, 123, 150, 151, 162, 165. — *Prévôt*, v. Hildfredus.
Isaac, *chambrier de Charles*, 18, 19, 20, 30, 32, 33, 48, 50, 52, 64, 77, 94, 127, 128, 129, 136, 182.
Isaac, *ennemi de Thierry d'Alsace*, 173.
Isandica, *Ysendyck* (*Zélande*), 81, 112. — *Échevin*, v. Adalardus.
Ismarus geticus, 187.
Italia, 187.
Judas, 188, 189.
Judea, 10. — Judaei, 170.
Iwan ex Alst *ou* ex Gent, *Ivan d'Alost*, 52, 53, 83, 138, 139, 140, 141, 142, 143, 144 4, 145, 146, 147, 148, 149, 150, 159, 161, 170, 171.
Ixion, 188.

K

Kaihem, *Keyem*, 75. — v. *Estievenon*.
Karolus, Carolus bonus, pius, de Datia, *Charles le Bon, comte de Flandre*, 1, 3, 6, 8, 9, 10, 11, 12, 13, 14, 16, 17, 18, 19, 20, 21, 22, 23, 24, 25, 26, 29, 31, 36, 37, 38, 39, 40, 41, 43, 45, 48, 52, 57, 61, 66, 76, 78, 82, 85, 89, 91, 93, 94, 95, 99, 100, 104, 105, 110, 113, 114, 116, 121, 122, 124, 127, 128, 130, 131, 132, 133, 134, 135, 136, 139, 140, 141, 147, 148, 150, 152, 155, 156, 157, 160, 161, 176, 177, 178, 179, 184, 185, 186, 189, 190.
Kerseka, *Kaeskerken*, 44. — v. Robertus.

L

Lambert, abbé de S. Bertin, 163 3.
Lambertus Archei, 77, 78 3.
Lambertus Benkin, Berakin, Coterellus, 27, 59, 120, 121.
Lambertus filius Ledewif, 156.
Lambertus Nappim, Nappin, ex Reddenburg, *frère de Bertulf*, 36, 88, 116, 120, 125, 132, 149, 150, 154, 155.
Lambertus ex Ridovorda (*Ruddervoorde*), 172.
Lambertus ex Winglhina (*Winghene*), 153, 158, 172.
Langobardorum regnum, 29.
Lapsoura, *Lapschure*, 81.
Laudunum (*Laon*), Laudunenses, 22.
Laurence, fille de Thierry d'Alsace, 169 3.
Lazari, terra Lazarorum, à S. Omer, 107 3.
Lemniadae, 188.
Ledbertus, *prévôt de S. Donatien*, 91.
Legio, Legia, Leia, *la Lys*, 6.
Lens (*Nord*), 159.
Lichtervelda, *Lichtervelde*, 81.
Liswega, *Lissewegho*, 81, 85, 143. — v. Walterus Crommelin.
Littera, *chanoine de S. Donatien*, 130.
Lo, près S. Omer, 107 3.
Lobium, v. Domus comitis, domus praepositi.
Locri, *Locres*, v. Walterus.
Lodewicus, Ludewicus, Ludovicus, *Louis VI, roi de France*, 16 1, 22 2, 24, 56, 57, 75, 81, 82, 84, 86, 90, 97, 98, 99, 100, 105, 106, 117, 118, 120, 121, 122, 123, 124, 125, 126, 127, 129, 132, 148, 151, 152, 153, 154, 157, 159, 176, 181, 182, 183, 189.
Londonia civitas, 22.
Lothaire II, empereur, 36 4, 169 3.
Lotharingia, 187.

M

Maldenghem, *Maldeghem*, 143, 144.
Marguerite *de Clermont, femme de Charles le Bon*, 37[2], 108[1].
Mathilde, *fille de Robert le Frison, reine d'Angleterre*, 82[3].
Maximus, *saint*, 11, 121.
Messinae, *Messines*, 109. — *Abbesse*, v. *Ogiva*.

Michem *ou* Wichem, 78.
Middelbourg (*Zélande*), 51[1].
Montes, *Mons*, 111. — Comes de Monbus, v. Balduinus.
Mor, 69, 88.
Morini, episcopus Morinorum, v. Joannes.

N

Ninive, *Ninove*, 117.
Normannia, 9, 82, 187. — Normanni, Northmanni, 137, 141, 171[2].

Notarii, breviatores, clerici comitis, 57[4]. — v. Basilius, Eustachius, Fromoldus junior, Galbertus, Godebertus, Odgerus.

O

Odfridus, *clerc*, 166.
Odgerus, Otgerus junior, *notaire de Charles le Bon*, 31, 40.
Oedegem, v. Sancti Trudonis cellula.
Ogiva, *abbesse de Messines*, 109[8].
Oldenarda, *Audenarde*, 110[5], 108, 116, 124.
Oldenburch, Oldenburg, *Oudenbourg*, 81, 151, 159, 160, 162. — *abbé*, v. *Hariulf*.

Oldgerus, Algerus, *chambrier de Bertulf*, 58, 129, 130.
Orientale Imperium, 10.
Ostburch, Ostburg (*Zélande*), 81, 112, 154, 156. — v. Haiolus.
Ostcamp, Orscamp, 158, 159, 166, 168. — *Ruisseau d'Ostcamp*, 166, 167.
Ostkerca, Ostkerka, *Oostkerke*, 81, 143, 147, 173.

P

Pétronille, *comtesse de Hollande*, v. *Gertrude*.
Philippe I, *roi de France*, 37[2].
Philippe d'Alsace, *comte de Flandre*, 52[3].
Philippe, *père de Guillaume d'Ypres*, 3[3], 35[2], 76[2].
Pilatus, 170.

Pons castri, *d Bruges*, 49, 73, 121. — Pons versus domum praepositi (pons S. Petri ?) 49, 73. — Pons in orientali parte castri, 49.
Pontus, 187.
Praeco, magnus praeco, 79, 80, 158, 166. — v. Balduinus de Tulpan.

R

Radulfus, *moine de S. Trond d'Oedegem*, 37.
Radulphus magister, *chanoine de S. Donatien*, 130.
Rainerus, *prévôt de S. Donatien*, 91³.
Ravenschot, *Raverschoot*, 45, 46, 47, 84.
Razo butelgir, *Raes de Gavre, boutillier de Flandre*, 56, 108.
Reddenburch, Reddenburg, *Aardenbourg (Zelande)*, 36, 81, 88, 112, 120, 132, 154, 155. — v. Hugo Berlensis, Lambertus Nappim, Walterus.
Renaud de Clermont, 37².
Renier V, *comte de Hainaut*, 109⁴.
Rex Anglorum, v. *Henri I*.
Rhodope, 187.
Richildis, *comtesse de Hainaut*, 108¹¹, 109, 110, 111.
Ridevorda, *Ruddervoorde*, 172. — v. Lambertus.
Riningels, 94¹.
Riquardus Gualnensis, ex Woldman, ex Vroldman, *Richard de Woumen*, 28, 53, 163.
Robelin Mudersoth, 133³.
Robert, *roi de France*, 21².
Robert, *duc de Normandie*, 82², 171².
Robertus Frisio, barbatus, consul aquaticus, comes Holdlandensis, comes aquarum, *Robert le Frison, comte de Flandre*, 3³, 21², 35⁸, 56⁵, 82², 107², 108¹¹, 109, 110, 111, 112, 113, 114, 115¹, 186.
Robertus, *Robert II, comte de Flandre*, 3³, 86⁴, 114, 174², 186.
Robertus, *châtelain de Bruges*, 12⁹, 115², 116.
Robertus puer, *neveu de Bertulf*, 12, 18, 19, 46, 48, 62, 64, 67, 68, 72, 73, 88, 98, 99, 100, 106, 117, 118, 124, 126, 127, 129, 130.
Robertus, *frère de Borsiard*, 27.
Robertus filius Lidgardis, 130.
Robertus Betuniae, 83.
Robertus de Kerseka, *parent de Bertulf*, 13¹, 44.
Robertus, *serviteur de Hacket*, 50.
Robertus custos, *chanoine de S. Donatien*, 130.
Rodgerus, *prévôt de S. Donatien*, 122.
Rodolphe, *abbé de S. Trond, dans l'évêché de Liège*, 373.
Roger, *duc de Pouille*, 110.
Roger, *châtelain de Lille*, 83³, 135.
Romani, 170.
Romanorum regnum, imperium, 8, 21. — rex, 9. — Romani pontifices, 86.
Roslara, *Roulers*, 140.
Ruplemonda, *Rupelmonde*, 161.

S

Saint Jean, *monastère à Térouanne*, 64¹.
Saint Trond, *monastère dans l'évêché de Liège*, 37³. — Abbé, v. *Rodolphe*.
Salernino dux, v. *Roger, duc de Pouille*.
Sancti Bertini ecclesia, *à S. Omer*, 142, 171², 172.
Sancti Christophori ecclesia, *à Bruges*, 15², 57, 99, 121, 122.
Sancti Donatiani ecclesia, *à Bruges* 20, 23, 25, 26, 29, 36, 37, 38, 39, 40, 49¹, 57, 60, 61, 66, 67, 68, 69, 70, 71, 72, 85, 95, 97, 98, 99, 100, 101, 102, 103, 104, 105, 111, 114⁴, 120, 122, 127, 149. — Canonici, fratres S. D., 23, 32, 33, 36, 39, 40, 44, 57, 58, 85, 86, 87, 105, 121, 122, 124, 130, v. Blittero, Helias, Littera, Robertus, Radulfus. — Organistrum, 29. — Sanctuarium, 31, 33,

69, 70, 71. — Claustrum, 15, 49[1], 60, 61, 68, 70, 73, 74. — Refectorium, 49[1], 60, 74. — Dormitorium, 49[1], 61, 68, 74, 97, 100, 102. — Scholae, 30, 49[1], 69. — Solarium, 21, 26, 29, 30, 36, 37, 41, 70, 71, 80, 97, 98, 105, 121, 148. — Prévôts, v. Bertulfus, Letbertus, Rainerus, Rogerus.

Sancti Petri ecclesia, à Bruges, 15[2], 40, 73[1]. — Pons sancti Petri, 73.

Sancti Salvatoris ecclesia, à Bruges, 15[2], 100, 122.

Sanctus Aegidius, *S. Gilles en Provence*, 56.

Sanctus Audomarus, *S. Omer*, 20[3], 51[1], 83[5], 87[2], 88[2], 89, 90, 96[1], 106, 107, 111, 113, 114, 137, 138, 139[1], 140[4], 141, 142, 144, 145, 148[2], 172, 176. — Burgenses, cives, 107, 137, 138, 139, 142, 145. — *Châtelains*, v. Guillaume, Hoston, Wilfricus Rabel. — *Châtelaine*, v. Aganitrudis.

Sancti Trudonis cellula, *dépendance du monastère d'Eekhout à Oedegem, près de Bruges*, 37, 167.

Saraceni, 10.

Sarran, *Zarren*, v. Walterus.

Scabini, 80[6], 133, 148, 157. — V. Adalardus, Folpertus. — *Domus scabinatus*, 49[1].

Scaldis, Scaldus, *l'Escaut*, 6, 115.

Sibylla, *mère de Guillaume de Normandie*, 171[2].

Sicilia, 187.

Sigebodo, *prêtre*, 165.

Siger, *châtelain de Gand*, 52, 53, 55, 106, 138. — v. Wenemar.

Simon, *évêque de Noyon-Tournai*, 37, 38, 43, 62, 121, 122, 128, 154.

Simon, *duc de Lorraine*, 109, 169[2].

Sithiu, *S. Bertin*, 166. — *Abbé* v. Lambert.

Slipen, *Slype*, 81.

Solarium, v. Sancti Donatiani ecclesia.

Someringhen, *Somerghem*, v. Balduinus, Froolfus, Walterus.

Stathan, *Staden*, 122.

Steen (domus lapidea), 50[2].

Steenvorda, Stainvordu, *Steenvoorde*, 64, v. Eustachius, Wido.

Steven ex Boulara (*Neder-Boulaere*), 145.

Straten, *S. Anne-ter-Straeten*, 34, 146, 160. — v. Athelardus, Thancmarus.

Suburbium, v. Brudgae. — Suburbani, 83.

T

Tancmarus, Thancmarus, Thangmarus, *Thancmar de Straeten*, 14, 15, 17, 28, 34, 35, 42, 73, 74, 145, 146, 160. — Nepotes Tancmari, 28, 72, 73, 74, 146, 153, v. Walterus.

Tantalus, 188.

Teruanna, Teruannia, Teruannorum urbs, *Térouanne*, 64, 107, 176. — *Avoué*, v. Arnulf, *fils d'Eustache*.

Teutonicorum imperium, regnum, 8, 9.

Thancrannus, *doyen de Notre-Dame à Bruges*, 165.

Thémard, *châtelain de Bourbourg*, 26, 30, 34, 36, 133, 180.

Theodericus, Theodoricus, *Thierry d'Alsace, comte de Flandre*, 3[2], 56[5], 76[5], 77, 109[2], 141, 144, 145, 146, 147, 148, 149, 150, 151, 152, 153, 154, 155, 156, 157, 158, 159, 160, 161, 162, 163, 164, 165, 166, 167, 168, 169, 170, 171, 172, 173, 174, 175, 176.

Theodericus, Theodoricus, *châtelain de Dixmude*, 18[2], 53, 67, 141.

Theodoricus, *duc de Lorraine*, 56[4], 76[5], 109.

Theodoricus, *prêtre*, 165.

thesaurus comitis, regni, 35, 51, 52, 63, 68, 78, 99, 100, 103, 120, 127, 130, 132.

Thiebaldus Sorel, 131.

TABLE DES NOMS PROPRES

Thierry VI, *comte de Hollande*, 56[4].
Thomas de Coucy, 108[11].
Thule, 187.

Tiled, *Thielt*, 162. — v. Folket.
Toraholt, Toroholt, *Thourout*, 142.

V

Vudestoc (*Angleterre*), 22[3].
Vicecomitatus, vicecomites, 97[1], 116, 142, 150.

Virgula, v. festuca.
Utkerka, *Uytkerke*, 81.
Utrecht, évêché d', 164[1].

W

Waleran de Limbourg, duc de Lotharingie, 169[2].
Walterus, châtelain de Bruges, 116.
Walterus hutelgir ex Frorerdeslo, Frorerdeflo, Florerdeslo (*Vlaadsloo*), 34[2], 37, 53, 68, 73, 74, 75, 82, 108, 131, 134, 135, 143, 148.
Walterus Crommelin ex Liswega, gendre de Hacket, 85[3], 143, 149.
Walterus ex Locris (*Locres*), 27, 29, 30, 31, 34.
Walterus Pennati-Mendacii (*Penduch?*), 168, 170.
Walterus, *fils de Lambert de Reddenbourg*, 36, 68, 125.
Walterus ex Sarran (*Zarren*), chevalier, 93.
Walterus ex Someregen (*Sommergem*) chevalier, 161.
Walterus, *fils de Thémard, châtelain de Bourbourg*, 27, 133, 180.
Walterus, neveu de Thancmar, 160, 161
Walterus, chevalier, 19.
Walterus, *chevalier de Gervais de Praet*, 50, 63.
Warnestum, *Warneton*, 75. — v. Alardus Warnestunensis.
Was, *Waes*, pays en Flandre, 102.
Watier de Penduch, 133[3], v. Walterus Pennatum-Mendacium.
Wenemar, *châtelain de Gand*, 52, 53, 55, 106, 138. — v. Siger.
Werlot, chevalier, 59.
Wervi, *Wervicq*, v. Willelmus.
Wichem, v. Michem.

Wido, *Guy de Steenvoorde beau-frère d'Isaac*, 17[3], 64, 93, 94, 95.
Wilfricus, Wlfricus Rabel, *châtelain de S. Omer*, 113.
Willelmus Northmannensis, ex Normannia, puer, *Guillaume de Normandie, comte de Flandre*, 18[4], 22[3], 82, 83, 84, 85, 86, 87, 88, 89, 106, 107, 108[11], 122, 123, 124, 125, 128, 129, 130, 131, 132, 133, 134, 135, 137, 138, 139, 140, 141, 142, 143, 144, 145, 146, 147, 148, 150, 151, 152, 153, 154, 156, 157, 158, 159, 160, 161, 162, 163, 164, 165, 166, 167, 169, 170, 171, 172, 173, 174, 175, 176.
Willelmus Iprensis, ex Ipra, *Guillaume d'Ypres ou de Loo, prétendant au comté de Flandre*, 3[3], 35, 42, 43, 44, 56, 57, 71, 76, 78, 79, 90, 93, 94, 108, 123, 128, 131, 135, 146, 148.
Willelmus ex Wervi (*Wervicq*), 18, 42, 64.
Winendala, *Winendael*, 90, 158, 159, 173.
Wingebina, Wingibina, Winebina, *Wynghene*, 156, 158. — v. Lambertus.
Woldman, *Woumen*, v. Riquardus.
Woltra, Voltra Cruual, 78.
Wulfricus, Wlfricus, Vulfricus, Knop, Cnop, *frère de Bertulf*, 47, 64, 68, 88, 116, 125, 126[1].
Wulpen, Wlpem, *île en Zélande*, 120.

ERRATA

P. 1, variantes, *ajoutez après les mots* Galbertus Notarius Brudgensis : *On lit dans l'édition des Bollandistes :* Vita (alia) auctore Galberto notario, *et dans celle de Köpke :* Passio *etc.*

P. 18, note 4, *au lieu de* 24 ans, *lisez :* une trentaine d'années.

P. 64, note 3, *remplacez cette note par la suivante :* Guy de Steenvoorde avait épousé la sœur d'Isaac (v. Walter, § 34 et Galbert, § 58). Le mot *gener* a donc ici le sens non de gendre, mais de beau-frère.

P. 83, note 3, *ajoutez :* Voy. Leuridan, *Les châtelains de Lille*, p. 179.

P. 116, note 1, *au lieu de* Waterloos, *lisez :* Waterlos.

P. 168, § 117, *Ajoutez en note :* Walterus Pennati mendacii est probablement la même personne que Watier de Penduch mentionné p. 133, n. 2.

TABLE DES MATIÈRES

	Pages.
Préface	1
Sommaire	XXVII
Tableaux généalogiques des comtes de Flandre et de la famille de Bertulf	XLI
Plan de Bruges au XIIe siècle	XLII
Histoire du Meurtre de Charles le Bon	1
Appendice : Poésies latines sur le meurtre du comte Charles le Bon	177
Table des noms propres, etc.	193
Errata	203

www.ingramcontent.com/pod-product-compliance
Lightning Source LLC
Chambersburg PA
CBHW070526170426
43200CB00011B/2336